HISTOIRE

DES

MARINS ILLUSTRES

1ʳᵉ SÉRIE GRAND IN-8°

HISTOIRE

DES

MARINS ILLUSTRES

DE LA FRANCE

DE L'ANGLETERRE ET DE LA HOLLANDE

PAR BESCHERELLE.

DEUXIÈME ÉDITION SOIGNEUSEMENT REVUE.

LIMOGES
EUGÈNE ARDANT et Cⁱᵉ, ÉDITEURS.
—

PRÉFACE.

Thémistocle avait dit, bien des siècles avant notre poëte Lemierre :

et l'histoire nous montre que les peuples qui ont su s'emparer de l'empire de la mer ont surpassé tous les autres en richesse, en puissance, en civilisation. Quels peuples que les Phéniciens, les Grecs et les Carthaginois, dans l'antiquité ! Au moyen-âge, Venise, Pise et Gênes, ne sont que de simples cités, mais elles se sont créé une marine active et florissante, et elles sont tour à tour les reines de la Méditerranée, brillant comme des phares splendides au milieu des déchirements de la barbarie féodale. Cristophe Colomb a plus fait que Charles-Quint pour la gloire et la grandeur de l'Espagne. C'est par leurs vaisseaux que les Portugais et les Hollandais, ces peuples qui ont à peine un territoire sur notre continent, deviennent, aux seizième et dix-septième siècles, les dominateurs de l'Inde et

les facteurs du monde. Demandez à l'Angleterre d'où lui viennent et sa puissance gigantesque, et sa prospérité fabuleuse, et
sa prépondérance universelle : elle vous montrera ses chantiers
de Woolwich et de Deptford, et son hôpital de Greenwich,
l'asile de ses vieux marins. Oh! que la France aurait encore
plus de motifs d'être orgueilleuse et fière de son rôle dans le
monde moderne, si le génie de Colbert s'était perpétué avec la
même persévérance que le génie de la reine Elisabeth chez nos
voisins d'outre-Manche; si la France, qui a des ports ouverts
sur l'Océan, sur la mer du Nord et sur la Méditerranée, s'était
constamment préoccupée de la grandeur et de la prospérité de
sa marine !

Un instinct secret a toujours averti les peuples riverains de la
mer que c'est là le plus noble théâtre que Dieu ait offert à
l'audace et à l'industrie de l'homme. Aussi voyons-nous que,
dans tous les temps et chez tous les peuples, les grands marins
ont toujours joui du privilége d'une admiration sans réserve et
d'une sympathie unanime. C'est surtout dans leurs rangs qu'a-
bondent les noms vraiment populaires. Vous ne rencontrerez
pas un Hollandais qui ne se découvre au nom de Tromp ou de
Ruyter. Quel Génois ne prononce avec orgueil celui de Doria ?
Beaucoup de Français, sans doute, ignorent encore à quels
souvenirs glorieux de notre histoire se rattachent les noms des
Turenne, des Condé, des Vauban ; mais nommez-leur ou Jean
Bart, ou Duquesne, ou Duguay-Trouin, et vous verrez s'ils ne
savent pas que ce sont là trois noms des plus illustres de la
marine française, sous le règne d'un grand roi qui s'appelait
Louis XIV.

Le peuple, dans sa justice plus forte que les sophismes, mesure la gloire du marin à la somme d'abnégation et de courage
qu'il est tenu de dépenser dans sa rude carrière. Sur la mer, il

semble que l'homme s'élève du premier bond à des proportions surhumaines ; il grandit, à nos yeux, de toute l'immensité de l'élément qu'il domine, de toute la grandeur des périls qu'il affronte. D'ailleurs, la supériorité du marin procède de tant de qualités et de talents divers, qu'elle ne saurait jamais être le partage d'un cœur et d'un esprit d'une trempe vulgaire. « Qu'est-ce qu'un homme de mer ? a dit Thomas. — C'est un homme qui, placé sur un élément orageux, où il a des ennemis à combattre, doit mettre toute la nature d'intelligence avec lui-même ;… commander à son navire, comme l'âme commande au corps, avec le même empire et la même rapidité ; distinguer la direction réelle des vents dans leur direction apparente ; diminuer ou augmenter à son gré leur impulsion ; tirer de la même force des effets tout contraires ; se rendre maître de l'agitation des vagues, ou même la faire concourir à la victoire ; enchaîner l'inconstance de tant de causes différentes, de la combinaison desquelles résulte le succès ; enfin, calculer les probabilités et maîtriser les hasards, tel est l'art d'un homme de mer. »

Encore l'académicien a-t-il oublié de nous montrer son héros dirigeant, intrépide et calme au milieu des éléments de ruine et de mort qui l'environnent de toutes parts, la foudre multiple que recèlent les flancs de son navire. Ainsi, vous voyez bien que cet art si complexe de l'homme de mer a quelque chose de sublime, de divin même, qui saisit et captive l'imagination, qui commande à bon droit l'admiration et le respect !

C'est à ce double sentiment que nous avons voulu répondre en offrant à nos lecteurs une galerie des marins les plus illustres. Nous aurions pu la rendre plus nombreuse ; mais, obligé de nous restreindre, nous avons mieux aimé réduire le nombre de nos portraits que d'en tronquer le dessin. Il nous a semblé que ce n'était pas faire connaître un personnage que de placer sous son nom un sommaire aride de ses faits et gestes depuis sa naissance jusqu'à sa mort. Une biographie ainsi faite ressemble trop à une collection d'épitaphes ; nous voulions promener notre lecteur dans un musée, et non pas dans un cimetière ; lui montrer de nobles figures animées de leur auréole de gloire, et non pas de froids squelettes enveloppés de leur linceul. Nous avons compris la biographie comme Plutarque et Cornelius Nepos, et nous avons essayé de faire aussi de l'histoire sous des noms propres.

On regrettera, sans doute, plus d'un nom obscur de cette galerie. Nous croyons qu'on ne nous reprochera pas d'avoir laissé usurper à une célébrité secondaire la place d'une illustration de premier ordre.

Cet essai, exclusivement consacré aux plus grands noms de la marine militaire dans les temps modernes, appellerait pour pendant une galerie de grands *navigateurs*. Nous y avons pensé, et cette pensée nous la réaliserons, si l'accueil fait à ce premier travail nous autorise à croire que le public ne trouverait pas nos efforts trop au-dessous d'un si beau sujet.

AD. MICHEL.

HISTOIRE
DES MARINS ILLUSTRES.

ANSON (Georges), amiral anglais, né dans le Stafford-Shire,
en 1697, mort en 1762.

La marine britannique n'a pas de nom plus illustre que celui
de Georges Anson. Issu d'une famille noble et aisée, qui l'éleva
noblement, il manifesta, dès l'âge le plus tendre, une vocation
très prononcée pour la carrière maritime. A peine eut-il parcouru
le cercle des études qui entrent dans l'éducation d'un parfait
gentleman, qu'il s'arracha aux douceurs de la maison paternelle,
à l'existence facile et brillante que lui permettait un riche patri-
moine, pour se livrer avec ardeur aux rudes fatigues de la vie de
bord. Il y révéla promptement les éminentes qualités qui devaient

le conduire au faîte de la hiérarchie navale. Hâtons-nous de
constater qu'avant d'y arriver il passa successivement par tous
les grades subalternes, et que si sa naissance aristocratique put
aplanir sous ses pas certaines difficultés, son avancement n'eut
rien de cette rapidité qui décèle la faveur, et que la justice n'en
fut jamais contestée. Chacun de ses grades fut le prix d'une action
d'éclat, ou d'une mission laborieuse et difficile, honorablement
remplie. Le gouvernement anglais a toujours trop compris l'importance du rôle de la marine militaire pour le progrès de sa
puissance et de sa grandeur nationale, pour abandonner le choix
de ses officiers aux influences de cour et aux caprices du favo-
ritisme. Chez nos voisins, on pouvait être officier par droit de
naissance dans l'armée de terre; dans l'armée navale, on ne le
devenait que par droit de mérite.

En 1730, Georges Anson comptait déjà dix-huit années de services de mer, et il n'était encore que capitaine de vaisseau; il
resta neuf années dans cette position. Sa carrière, cependant,
n'avait pas cessé d'être aussi active que brillante; il avait assisté
à de nombreux combats, et rempli diverses missions importantes
dans toutes les mers sillonnées par les escadres de sa nation. Il
avait été chargé d'un gouvernement dans une partie de la Caroline
du Sud, et y avait même fondé une ville qui porte son nom.
Promu, en 1739, au grade de commodore, qui donne le droit de
commander une division, il reçut, cette même année, le commandement d'une escadre destinée à attaquer les établissements espagnols dans les Indes occidentales par la mer du Sud, en même
temps que l'amiral Vernon les attaquerait par la mer Atlantique.
Tous les deux devaient s'avancer jusqu'à l'isthme étroit qui réunit
les deux Amériques et qui ferme à l'ouest le golfe de Panama, à
l'est le golfe du Darien. Là les deux champions de l'ambition
britannique auraient pu se toucher la main, l'un riche des dépouilles recueillies le long des côtes du Chili et du Pérou, l'autre
ceint des lauriers moissonnés sur les ruines de Carthagène. Cette
ville était alors le boulevard de la puissance espagnole dans la
mer des Antilles, et le rendez-vous général des galions qui
transportaient en Espagne les trésors du nouveau monde.

Mais il n'en fut point ainsi. Le ciel ne protégea point cette
double expédition, entreprise contre la foi des traités, dans un
intérêt purement mercantile et pour l'unique profit des trafiquants
de Londres et de Liverpool. Vernon, après un long siège, échoua

devant Carthagène ; de nombreux désastres empêchèrent Anson de rien entreprendre de décisif et de sérieux. Toutefois, cette expédition ne laissa pas d'être honorable et glorieuse pour ce dernier ; elle lui fournit plus d'une occasion de développer toute l'énergie de son caractère et toutes les ressources de son génie, et nous verrons qu'en fin de compte elle ne fut pas sans profit pour sa fortune particulière.

Bien qu'il eût reçu sa commission dès 1739, Anson ne put mettre à la voile que le 18 septembre de l'année suivante. Son escadre se composait de cinq vaisseaux de guerre (1) d'une chaloupe et de deux autres petits bâtiments chargés de vivres, le tout portant quatorze cents hommes, parmi lesquels on comptait de vieux invalides et deux cents jeunes gens de recrue.

Le 19 février 1741, l'escadre avait atteint la côte des Patagons, à l'extrémité de laquelle se trouve le détroit de Magellan. Pour éviter ce passage dangereux et fertile en naufrages, elle poussa plus au sud encore, et arriva, le 7 mars, à l'entrée du détroit de Lemaire, qui s'ouvre entre la terre de Feu et celle des États ; affreux parages où la mer, semée d'écueils, est incessamment sillonnée par des courants rapides, soulevée par des vents impétueux ; où la terre, aride et sauvage, ne se montre, à travers les brumes épaisses, que sous un éternel manteau de neige. Au-delà se déploie le grand Océan austral, dont les limites sont inconnues. Bientôt l'escadre eut à lutter contre les horribles tempêtes qui grondent sans relâche autour du cap Horn, pointe méridionale de la terre de Feu. C'est là surtout que l'Océan semble avoir accumulé toutes ses fureurs, pour mettre au défi l'audace et la témérité du génie de l'homme.

Pendant sept semaines, le commodore Anson et son escadre se trouvèrent assaillis par tous les éléments de destruction : roulis atroce qui précipitait les hommes sur le tillac ou contre les bords des navires en les brisant, ou qui les lançait à la mer pour s'engloutir dans les replis de ses vagues ; pluie froide et neigeuse qui couvrait de glace tous les agrès, gelait les voiles que le vent rompait ensuite comme du verre, qui engourdissait jusqu'à la gangrène les membres des matelots ; irrésistible vent d'ouest qui

---

(1) Le *Centurion*, frégate de soixante canons, que montait le commodor ; le *Glocester*, la *Severn*, la *Perle* et le *Trial* ; ce dernier, brik-goëlette, armé de huit canons seulement ; c'était un bâtiment d'un modèle nouveau ; son nom anglais signifie *épreuve* ou *essai*.

semblait interdire aux efforts les plus désespérés le doublement
du cap, qui rompait avec fureur vergues, mâts et cordages ! Ce
ne fut que le 24 avril que l'escadre parvint à franchir ce terrible
pas, ayant perdu deux de ses principaux bâtiments, la *Severn*
et la *Perle*, que la tempête avait séparés d'elle, et qu'elle ne revit
plus. On apprit depuis que ces deux bâtiments étaient retournés
au Brésil, et de là en Angleterre.

L'escadre ainsi réduite, et entrée dans la mer du Sud, éprouva
encore les plus rudes assauts en remontant vers le tropique du
Capricorne. Elle fut entièrement dispersée, et, le 9 juin, Anson
arriva, avec son seul vaisseau le *Centurion*, devant l'île de Juan-
Fernandez. Cette île est située vers le trente-quatrième degré de
latitude méridionale, à soixante-quinze myriamètres environ de
la côte du Chili (1). Elle offrait au moins un bon mouillage pour
les vaisseaux, et, pour les hommes, un lieu de repos sûr et salubre. Le commodore n'hésita pas à y relâcher, car son équipage
avait grand besoin de prendre du repos et de quitter son navire,
où le scorbut exerçait d'affreux ravages. Déjà cette maladie lui
avait enlevé quatre-vingts hommes ; le reste était si affaibli par
le mal ou par la fatigue, qu'à peine comptait-on dix hommes à
bord en état de faire le service. L'aspect de cette île verdoyante,
où coulaient en abondance des eaux pures et limpides, ranima
les courages abattus, et fit renaître l'espérance au cœur de ces
hommes, qui n'avaient encore rencontré que des vents contraires
et une mer inclémente. Ce qui ajouta à leur joie, ce fut de voir
arriver, le même jour, au même rivage, le *Trial*, un des bâtiments
qui s'étaient séparés d'eux en dernier lieu. Six jours après, ils
étaient encore ralliés par le *Glocester*, dont l'équipage, réduit
des deux tiers, était dans un état si déplorable, que les officiers
et leurs domestiques étaient obligés de s'employer aux manœuvres. Enfin, le lendemain, 16 juin, un troisième bâtiment rejoi-
gnait son pavillon ; c'était un de ceux qui portaient les vivres ;
ce qui permit de rendre à tous les équipages leur ration entière
de pain, qu'il avait fallu considérablement réduire depuis deux
mois. On attendit en vain le quatrième des vaisseaux égarés, et
qui était aussi chargé de vivres ; il ne revint pas, et l'on sut depuis
qu'il avait échoué vers le quarante-septième degré de latitude

(1) Son nom de *Juan-Fernandez* lui vient du pilote espagnol qui la découvrit
en 1565.

méridionale, entre deux petites îles voisines de la côte du Chili.

Anson fit un séjour de trois mois dans l'île de Juan-Fernandez. Il avait posé ses tentes près de la mer, dans une clairière au milieu des bois, enceinte de grands myrtes disposés en amphithéâtre, dominée par les sommets des hauteurs voisines et rafraîchie par l'eau limpide de deux petits ruisseaux, dont le lit et les bords étaient abondamment pourvus de végétaux les plus antiscorbutiques, tels que le cresson, le pourpier et l'oseille sauvage. Des chèvres qu'ils y trouvèrent, et dont quelques-unes portaient une coupure à l'oreille, leur confirmèrent la vérité du récit publié par le capitaine Rogers, en 1712, sur les aventures et le séjour dans cette île du matelot Selkirk. C'est ce matelot écossais, ramené en Angleterre après quatre ans et demi d'isolement dans cette île, qui a fourni le type du roman si célèbre de *Robinson Crusoë*. La race de ces chèvres, qui fut d'une si grande ressource pour les équipages d'Anson, avait été introduite, depuis un siècle et demi, dans cette oasis de l'Océan austral, par le premier navigateur espagnol qui en avait fait la découverte. Anson voulut laisser, à son tour, quelque trace durable de son passage, et qui pût aussi faire bénir son nom aux Européens que la tempête ferait échouer sur cette côte : il fit répandre dans l'île une grande variété de semences potagères, et de noyaux d'abricots, de prunes et de pêches, ajoutant ainsi à la végétation indigène une végétation nouvelle et utile, qui s'y est multipliée à ravir sous l'influence d'un climat doux et tempéré.

Le commodore Anson quitta l'île de Juan-Fernandez dans les premiers jours de septembre (1741). A peine en mer, l'escadre signala un bâtiment qui fut bientôt reconnu pour être espagnol. On lui fit la chasse et l'on s'en rendit maître sans beaucoup d'efforts. C'était un vaisseau marchand, dont la cargaison ne laissait pas d'avoir de l'importance. Cette première prise fut suivie de plusieurs autres. L'une d'elles entraîna la perte du *Trial*, qui, s'étant mesuré corps à corps avec un gros bâtiment, dont il avait fini par s'emparer à l'abordage, éprouva de telles avaries dans sa coque, que le commodore dut prendre le parti de le brûler. Il en fit passer l'équipage et les munitions à bord du bâtiment capturé, qu'il nomma la *Prise-du-Trial*.

Informé, par ses prisonniers, que la ville de Païta, sur la côte du Pérou, vers le sixième degré de latitude méridionale, renfer-

mait de grandes richesses, il forma le hardi projet de s'en rendre
maître. « Il ne se servit, dit Voltaire, ni de ses vaisseaux de
guerre, ni de tout ce qui lui restait d'hommes, pour tenter ce
coup hardi. Cinquante soldats, dans une chaloupe à rames, firent
l'expédition. Ils abordèrent pendant la nuit. Cette surprise subite,
la confusion et le désordre que l'obscurité redouble, multiplient
et augmentent le danger. Le gouverneur, la garnison, les habitants, fuient de tous côtés. Le gouverneur va dans les terres ras-
sembler trois cents hommes de cavalerie et la milice des environs.
Les cinquante Anglais, cependant, font transporter paisiblement,
pendant trois jours, les trésors qu'ils trouvent dans la douane et
dans les maisons. Des esclaves nègres, qui n'avaient pas fui,
espèces d'animaux appartenant au premier qui s'en saisit, aident
à enlever les richesses de leurs anciens maîtres. Les vaisseaux de
guerre abordent. Le gouverneur n'eut ni la hardiesse de descendre dans la ville et d'y combattre, ni la prudence de traiter avec
les vainqueurs pour le rachat de la ville et des effets qui restaient
encore. Anson fit réduire Païta en cendres (novembre 1741), et
partit, ayant dépouillé aussi aisément les Espagnols que ceux-ci
avaient autrefois dépouillé les Américains (1). » Une autre relation
ajoute qu'avant de s'éloigner, le commodore anglais eut la précaution de faire enclouer les canons du fort et de faire couler à
fond cinq vaisseaux espagnols qui se trouvaient dans le port.

Pendant cette expédition, le *Glocester* se rendit maître, à quelque distance de la rade, de deux bâtiments espagnols, à bord
desquels on trouva, indépendamment de marchandises précieuses, près de quatre-vingt mille piastres (quatre cent mille francs)
en argent.

Ainsi l'expédition d'Anson, malgré les désastres qui l'avaient
tant affaiblie, ne laissait pas de jeter la terreur sur les côtes du
Pérou, si mal gardées, si mal défendues surtout, et de porter un
tort considérable au commerce espagnol. Le pillage et l'incendie
de Païta leur coûtaient déjà plus de dix millions de notre monnaie.

Cependant le commodore avait appris, par ses prisonniers, le
mauvais succès du siége de Carthagène, entrepris de l'autre côté
de l'isthme par l'amiral Vernon. D'après ces nouvelles, il comprit
qu'il n'y avait pas lieu pour lui de concourir à la conquête du

(1) *Précis du règne de Louis XV*, ch. xxcii.

Mexique, et il borna son ambition à s'emparer d'un galion immense, chargé d'argent, que le Mexique envoie tous les ans du port d'Acapulco à l'île de Manille, capitale des Philippines (1). Dans ce but, il remonta vers la baie de Panama, et se tint pendant plusieurs mois à la hauteur d'Acapulco, espérant que le galion ne manquerait pas de tomber au milieu de son escadre. Mais sans doute que la croisière anglaise avait été signalée aux Espagnols, et le galion retarda son départ. Après plusieurs mois d'une vaine attente, Anson quitta ces parages, et s'enfonça dans l'océan Pacifique, pour gagner les Indes orientales. On était au 6 mai 1742.

Dans le cours de cette longue traversée entre le tropique du Cancer et l'équateur, il fut obligé de sacrifier le *Glocester*, qui ne pouvait plus se soutenir en mer et qu'il n'avait aucun moyen de faire réparer. Il y fit mettre le feu, après avoir fait passer sur le *Centurion* l'argent, les vivres, le matériel et l'équipage, considérablement réduit par le scorbut, qui avait de nouveau envahi cette escadre aventureuse.

Anson n'avait donc plus qu'un seul vaisseau, suivi de deux espèces de chaloupes, dont l'une était, nous le supposons, le bâtiment espagnol qu'il avait décoré du nom de la *Prise-du-Trial*. Le *Centurion* n'était pas lui-même en très bon état, le scorbut faisait des ravages épouvantables dans son équipage, et bientôt les bras allaient manquer pour les manœuvres. On ne comptait plus que soixante-douze hommes en état de rendre quelque service ; misérable reste du personnel réuni de trois vaisseaux de ligne, qui, à leur départ d'Angleterre, présentaient ensemble un effectif de près de mille hommes ! Parvenu, au mois d'octobre, dans l'archipel des Mariannes, Anson se hâta de relâcher dans une des îles de ce groupe, appelée Tinian, située vers le quinzième degré de latitude septentrionale. Cette île, que les Espagnols avaient abandonnée depuis un demi-siècle à la suite d'une épidémie, était alors presque entièrement déserte. Les Anglais y trouvèrent un refuge non moins salubre que celui que leur avait procuré vers l'autre tropique l'île de Juan-Fernandez. Tinian possède des sources d'une eau excellente ; elle foisonne en gibier de toute espèce ; les Espagnols venaient même s'y approvisionner de cochons, de volailles et de bétail, dont l'île est couverte ; l'oran-

(1) Les *Philippines* furent ainsi nommées en l'honneur de Philippe II, sous le règne duquel elles furent découvertes par les Espagnols.

ger, le citronnier, le cocotier, y sont indigènes ainsi que l'arbre à
pain, et fournissent en abondance des fruits délicieux et une
nourriture rafraîchissante. Anson et ses compagnons, tant
éprouvés par la fortune, eurent donc encore ici une occasion de
bénir la Providence. « Tout, dit l'auteur de la relation du voyage
d'Anson, réveillait chez nous des idées de fermes, de villages, et
rappelait à chaque instant l'image de la patrie absente. » Nous
devons avertir, cependant, que ce tableau enchanteur n'est pas
exempt d'exagération.

A l'approche du vaisseau anglais, le petit nombre d'Indiens qui
étaient restés dans l'île s'étaient enfuis dans les bois, abandonnant leurs cabanes, ce qui épargna aux arrivants la peine de
dresser des tentes. La plus grande fut disposée en infirmerie pour
les malades. Tous les officiers, Anson lui-même, aidèrent à les
transporter; la plupart étaient dans un état si désespéré, qu'il en
mourut vingt-et-un pendant les deux jours que dura l'opération
du débarquement.

Le commodore lui-même avait été atteint par le mal qui avait
si cruellement décimé ses équipages ; si, chez lui, la force morale
domptait la douleur physique, il n'en avait pas moins besoin des
mêmes soins qu'il faisait prodiguer à ses compagnons. Il se fit
dresser une tente sur le rivage, d'où, couché sur son lit de douleur, il pouvait présider aux travaux qu'exigeait l'état du *Centurion*, et avoir l'œil constamment fixé sur la mer ; car il se défiait
des Espagnols, qui entretenaient une garnison au fort Gouaham,
à une assez petite distance de Tinian. Mais la tempête, qui avait
été jusque-là sa plus redoutable et presque son unique ennemie,
lui préparait encore une catastrophe. On était au mois de septembre, et le commodore, prévoyant une mer houleuse pour les jours
de la pleine lune, avait fait prendre toutes les précautions que la
prudence et l'expérience peuvent suggérer, pour fixer fortement
le *Centurion* au rivage. Mais, dans la journée du 22, un ouragan
épouvantable rompit tous les câbles et poussa le vaisseau en
pleine mer. Pendant la nuit, l'orage redoubla de fureur. La pluie
tombait par torrents, le tonnerre grondait avec un fracas horrible,
la rafale fouettait l'air de ses sifflements aigus, de fauves et rapides éclairs sillonnaient l'obscurité profonde de leurs lueurs si-
nistres. En vain, sur le rivage, toutes les oreilles étaient tendues,
tous les regards fixés sur l'horizon de la mer : on n'entendit aucun

signal de détresse, on n'aperçut aucun feu du vaisseau que la tempête venait d'emporter! Puis, à l'aube du jour, quand on se fut assuré que le *Centurion* avait disparu, sombré peut-être sur un des écueils dont cette mer est semée, ce fut un désespoir immense, un découragement général. Tous se voyaient condamnés à finir misérablement leur vie sur cet écueil perdu aux extrémités de l'océan Indien.

Un seul homme se montrait calme et plein de courage et de fermeté : c'était Anson. Il fit comprendre à ses compagnons qu'il y avait quelque chose de mieux à faire pour eux, dans une conjoncture aussi grave, que de se lamenter et de s'abandonner à un stérile désespoir. « Ce n'est point en nous croisant les bras pour pleurer comme des femmes, leur dit-il, que nous sortirons d'ici. Soyons hommes, ingénions-nous, mettons-nous à l'œuvre sans perte de temps! Nous ne sommes pas si loin de la mer de Chine que nous ne puissions, avec les moyens qui nous restent, y gagner un port. Là nous trouverons toute espèce de ressources pour assurer notre retour en Europe. Il faut nous hâter de déloger d'ici, où nous sommes trop voisins des Espagnols pour être en sûreté. » Il ajouta, quant au *Centurion*, que, si ce vaisseau n'avait pas péri, ce qu'il était permis d'espérer, car il était de taille à lutter contre la fureur des éléments, ou bien il reparaîtrait dans quelques jours, ou bien on ne manquerait pas de le rejoindre ou de recevoir de ses nouvelles en cinglant vers la Chine.

Ayant ainsi relevé le courage de ses gens, le commodore résolut de transformer sa chaloupe en flûte ou gabarre du port de quatre cents tonneaux, en la faisant scier en deux pour l'allonger de quatre à cinq mètres. A la condition d'être ponté, un pareil bâtiment était capable de les transporter jusqu'en Chine, quoique la distance à parcourir fût de plus de vingt-cinq degrés. Un hasard providentiel avait fait que les charpentiers et le serrurier du *Centurion* se trouvassent à terre avec une grande partie de leurs outils. On se mit donc immédiatement à l'œuvre, recourant aux expédients les plus ingénieux pour suppléer aux instruments ou aux matériaux dont on manquait. Anson déploya dans cette circonstance toutes les ressources d'un ingénieur inventif et habile. Il ne dirigeait pas seulement les ouvriers par ses conseils, il donnait lui-même l'exemple de la diligence et de l'activité, prenant alternativement la hache et le marteau, toujours le premier et le dernier à l'ouvrage. On arriva à fin d'œuvre en moins de vingt jours.

Déjà, il ne s'agissait plus que de mettre à flot la chaloupe allongée, exhaussée, pontée, transformée enfin comme par enchantement, et l'on se livrait aux préliminaires de cette opération lorsqu'un matelot, descendu de l'une des hauteurs de l'île, accourut précipitamment vers le rivage, montrant la mer et criant de toute la force de ses poumons : *Vaisseau ! vaisseau !* Et chacun de se précipiter vers la direction indiquée, et toutes les voix de se confondre dans un seul cri de joie à l'aspect d'un point noir qui se montrait à l'horizon ; car on ne doutait pas que ce ne fût le *Centurion*, ce vaisseau tant regretté. C'était lui en effet ! et les acclamations redoublèrent dès que l'espérance fut devenue une certitude, dès que, par ses signaux et ses hourras frénétiques, l'équipage du *Centurion* eut répondu aux signaux, aux cris de joie qui partaient du rivage !

Ayant vent arrière et toutes voiles dehors, il fut bientôt dans la rade de l'île. Il rentrait après dix-neuf jours d'absence, pendant lesquels il avait subi toutes les rigueurs d'une mer inclémente. Dix jours suffirent pour remettre de ses fatigues l'équipage harassé, réparer les avaries du navire, et l'appareiller pour une nouvelle course. On reprit la mer le 21 octobre, avec vent en poupe, vent frais et constant, qui permit de faire quarante à cinquante lieues par jour. Jamais encore il ne leur était arrivé, depuis leur départ d'Angleterre, de rencontrer une mer si constamment bénigne, un ciel si constamment propice. Après une traversée aussi rapide qu'heureuse, ils purent mouiller, le 9 novembre, dans la rade de Macao. C'est une ville assez considérable, bâtie par les Portugais dans une île qui fait face à la célèbre ville de Canton, et qui n'en est séparée que par un étroit canal. Depuis plus de deux ans qu'ils erraient sur l'Océan, c'était la première fois qu'il arrivait aux Anglais du *Centurion* d'aborder dans un port ami, au milieu d'un pays civilisé. Et il était temps qu'il en fût ainsi ; car tout commençait à leur manquer : l'argent et les marchandises précieuses dont ils avaient dépouillé les Espagnols dans la mer du Sud n'avaient été pour eux, jusqu'à présent, qu'un lest inutile et un embarras de plus.

Anson fut très bien accueilli par le gouverneur portugais, qui lui promit de lui procurer toutes les ressources que le pays fournit. Mais les Portugais ne sont à Macao que sous le bon plaisir du gouvernement chinois, et le gouverneur fit observer au commodore anglais qu'il ne pouvait rien faire sans une autorisation formelle du vice-roi de Canton. Il fit cependant conduire son vaisseau à Typa, port situé en-dehors du canal, et où il serait facile à Anson de faire radouber son vaisseau. Celui-ci traita à cet effet avec des ouvriers chinois; mais l'opération prit beaucoup de temps; non-seulement parce que les Chinois sont très minutieux et peu expéditifs dans tout ce qu'ils font, mais encore parce qu'il fallut passer par une longue filière de négociations et de formalités pour obtenir des autorités chinoises les ordres nécessaires. Le *Centurion* ne fut entièrement radoubé que dans les premiers jours d'avril 1743.

Anson n'avait pas renoncé au projet de s'emparer du galion de Manille. Conjecturant que le temps de son arrivée approchait, il se mit en mesure de gouverner vers les Philippines à sa poursuite. Ayant renforcé son équipage de quelques matelots indiens et hollandais, qui lui parurent propres à faire un bon service, il remit à la voile le 19 avril, feignant d'aller à Batavia, l'annonçant même à son équipage; mais, dès qu'il fut en pleine mer, il révéla le véritable but de cette excursion. Il ne trouva à son bord que des approbateurs et des hommes bien disposés à concourir vaillamment à la conquête du riche butin qu'il leur montrait en perspective.

Enfin, le 9 juin suivant, ils découvrirent, à la hauteur du cap Espiritu-Santo de l'île de Samer (l'une des Philippines), et se dirigeant sur Manille, ce galion, que, depuis plus de quinze mois, ils poursuivaient d'un hémisphère à l'autre. Dès que le *Centurion* fut arrivé à la portée du canon, il arbora son pavillon de guerre, et le combat s'engagea avec beaucoup de résolution des deux parts. Le galion était commandé par le Portugais Montéro, le plus brave et le plus habile officier que les Espagnols eussent dans les Philippines. Non-seulement ce vaisseau l'emportait sur son adversaire par ses dimensions, mais il avait à bord cinq cent cinquante hommes, c'est-à-dire beaucoup plus que le double de l'équipage du *Centurion*, qui n'était que de deux cent quarante hommes; il était armé de trente-six pièces de canon et de vingt-huit pierriers. Toutefois l'attaque fut conduite avec tant de vigueur et d'habileté par le commodore anglais; l'appât du butin qu'ils avaient sous les yeux avait tellement exalté le courage de ses hommes, qu'il se rendit maître du galion après une heure et domie de combat. Les Espagnols eurent soixante-sept des leurs tués et quatre-vingt-quatre blessés; à bord du *Centurion*, on ne compta que deux tués et dix-sept blessés. Cette grande disproportion s'explique par la précaution qu'avait eue Anson de faire placer dans les hunes de son navire trente de ses meilleurs tireurs, qui firent un grand ravage sur le pont ennemi.

Le trésor que portait le galion était d'environ quinze cent mille piastres, ou huit millions de notre monnaie; il contenait, en outre, une assez forte partie de cochenille. Anson se hâta de retourner avec sa prise dans la rivière de Canton, et, le 4 juillet, il entra d'autorité dans le port chinois, après avoir refusé formellement d'acquitter aucun droit, prétendant que c'était le privilége de tout vaisseau de guerre, et déclarant qu'il brûlerait plutôt la ville que de se soumettre à une exigence humiliante pour sa nation. Les mandarins pensèrent qu'il n'était pas prudent d'insister; mais ils lui demandèrent la remise des prisonniers espagnols, qui appartenaient à un pays allié de la Chine; ce qu'Anson leur accorda d'autant plus volontiers, que déjà il commençait à s'inquiéter de la nécessité où il allait se trouver de nourrir tant d'étrangers.

Pendant son séjour dans le port de Canton, il eut occasion de sauver la ville d'un effroyable incendie qui s'y était manifesté, et qui l'eût dévorée tout entière, sans le courage, l'intrépidité et l'adresse des marins du *Centurion*, dirigés par l'intelligence et le sang-froid de leur capitaine. Cette circonstance, jointe à la considération que lui donnait la force imposante du *Centurion*, le premier vaisseau de guerre qui eût encore mouillé dans ces parages, lui procura les honneurs d'une audience solennelle du vice-roi. Cette audience eut lieu avec tout le cérémonial usité pour la réception des ambassadeurs des grandes nations, trouvées dignes d'entrer en relation avec le céleste empire. Une escorte de deux cents soldats, ayant plusieurs mandarins à leur tête, attendait le commodore à la porte de la ville, et l'accompagna jusqu'à la grande place du palais, où étaient rangés en bataille dix mille hommes sous les armes, et tous habillés de neuf. C'est au milieu de cette armée qu'Anson fut conduit jusqu'à la salle d'audience. Il y trouva le vice-roi, trônant dans un fauteuil de parade, sous un dais d'une grande richesse, ayant à ses côtés tous les mandarins du conseil. Un siége vide attendait le commodore; il s'y plaça, n'ayant entre le vice-roi et lui que le chef de la loi et celui de la trésorerie. Anson obtint dans cette audience tout ce qu'il crut devoir demander au grand dignitaire du céleste empire; et ce résultat mit un terme à une infinité de lenteurs, de difficultés et de chicanes qui entravaient ses relations, soit avec les autorités secondaires, soit avec les négociations du pays.

L'époque des vents favorables à son retour en Europe étant arrivée, Anson quitta la ville de Canton, séjourna une semaine seulement à Macao pour y vendre le galion espagnol et ce qu'il ne jugea pas à propos d'emporter de ses prises en marchandises, et appareilla de ce port pour l'Angleterre, le 15 décembre 1743. Le 15 juin de l'année suivante, après une heureuse navigation de six mois, coupée par une station de trois semaines dans la colonie hollandaise du cap de Bonne-Espérance, il rentrait dans la rade de Spithead. Il avait accompli le tour du monde en faisant la guerre, une guerre de forban, il faut bien le dire, au commerce espagnol, d'un tropique à l'autre; et cette circumnavigation militaire, qui fut la première, et, pour l'honneur de la civilisation, la dernière de ce genre, avait duré trois ans et neuf mois moins trois jours. Elle avait coûté aux Espagnols plus de trente millions de perles, aux Anglais deux vaisseaux de guerre et quelques centaines d'hommes, elle assurait la fortune du chef qui l'avait conduite et de ceux de ses compagnons qui avaient survécu comme lui à tant de fatigues et de dangers.

Le retour de cette célèbre expédition fit une grande sensation en Angleterre. « Anson fit porter à Londres, en triomphe, sur trente-deux chariots, au son des tambours et des trompettes, et aux acclamations de la multitude, les richesses qu'il avait conquises. Ses prises se montaient en argent et en or à dix millions, monnaie de France, qui furent le prix du commodore, de ses officiers, des matelots et des soldats, sans que le roi entrât en partage du fruit de leurs fatigues et de leur valeur (1). » Le pays applaudit avec enthousiasme à cette munificence intelligente de son gouvernement.

Bien que le voyage dont nous venons de rappeler les principaux incidents appartienne spécialement aux expéditions militaires, il ne fut pas sans intérêt pour la science. Anson y recueillit une foule d'observations faites avec soin, et dont les domaines de la physique générale et de l'ethnographie se sont enrichis.

(1) Voltaire, ouvrage cité.

L'une des plus importantes, comme l'a écrit Voltaire, fut celle de la variation de la boussole, qu'on trouva conforme au système de Halley. « L'aiguille aimantée, dit un peu témérairement notre philosophe, suivait exactement la route que ce grand astronome lui avait tracée... Et cette petite escadre, qui n'allait franchir des mers inconnues que dans l'espérance du pillage, servait la philosophie sans le savoir. »

Anson, à son retour en Angleterre, fut élevé au grade de contre-amiral, et deux ans plus tard à celui de vice-amiral. En 1747, année désastreuse pour la marine française, il commandait, ayant sous ses ordres le contre-amiral Warren, une escadre de seize vaisseaux de ligne et de plusieurs frégates, qui croisait dans la Méditerranée. Le 14 juin, à la hauteur du cap Finisterre, en Galice, les deux amiraux se trouvèrent en présence d'un convoi considérable destiné pour les Indes Orientales, et qu'escortait le capitaine la Jonquière avec une escadre de cinq vaisseaux de ligne et une frégate. Cette escadre, après une défense héroïque, et qui sauvait au moins l'honneur de notre marine, tomba tout entière au pouvoir de la flotte ennemie. Il faut convenir, et les historiens anglais le reconnaissent eux-mêmes, que la grande supériorité de forces dont disposait l'amiral vainqueur ôte beaucoup à la gloire de son triomphe. La plus grande partie du convoi put s'échapper pendant que son escorte se sacrifiait si généreusement dans une lutte désespérée ; seize bâtiments seulement tombèrent au pouvoir des Anglais ; mais ce n'étaient pas les moins richement chargés, puisque de l'or et de l'argent en lingots qu'ils portaient, on remplit seize chariots qui furent conduits à la bourse de Londres. Cette affaire valut à l'amiral Anson d'être promu à la pairie. Quatre ans plus tard (1751), il fut nommé premier lord de l'amirauté, ou ministre de la marine.

Sous son administration éclata la rupture de la paix d'Aix-la-Chapelle, et la guerre de 1756 entre la France et l'Angleterre. L'opinion publique, dans ce dernier pays, fit peser sur lord Anson une partie de la responsabilité de la défaite de l'amiral Byng en vue de Minorque, et de la perte du Port-Mahon, si intrépidement enlevé par les bataillons français que commandait le duc de Richelieu. On lui reprochait le mauvais choix de l'amiral, les retards apportés dans le départ de la flotte, et sa trop faible composition. Après la chute du ministère dont il faisait partie, une enquête parlementaire fut ouverte sur cette expédition malheureuse ; elle eut pour résultat de faire décharger lord Anson et ses collègues de toute accusation. On abandonna cependant une victime au ressentiment national, et l'amiral Byng fut condamné à mort.

Au mois de juin 1758, une flotte anglaise, composée de vingt-deux vaisseaux, vint mouiller dans la baie de Cancale, près de Saint-Malo, en Bretagne, et débarqua sur le rivage quinze bataillons de troupes légères et d'artillerie. La flotte était commandée par lord Anson, et les troupes par le duc de Marlborough fils du célèbre général de la reine Anne. Les ennemis s'avancèrent jusqu'à Saint-Servan, faubourg de la ville, avec un port, où ils brûlèrent trois frégates de la marine royale, plus de cent trente bâtiments d'armateurs ou de pêcheurs, et quelques magasins d'approvisionnements maritimes. Au bout de huit jours, les Anglais se rembarquèrent, bornant leur expédition à ce dégât ; résultat bien peu digne, il faut le dire, de l'appareil qu'on avait déployé dans cette entreprise, et des chefs qu'on lui avait donnés. Un fait, cependant, doit être constaté à la gloire de ces derniers, c'est qu'ils donnèrent des ordres sévères pour qu'aucun acte de violence et de brigandage ne fût commis par leurs soldats au préjudice des habitants. Sept matelots et un soldat, convaincus d'avoir enfreint ces ordres, furent impitoyablement pendus aux vergues des vaisseaux.

C'est en 1761 que Georges Anson fut élevé à la dignité d'amiral. Il jouit peu des honneurs attachés à cette dignité ; il succomba, au mois de juin de l'année suivante (1762) à une attaque d'apoplexie.

« Anson, dit l'auteur de son article dans la *Biographie universelle* des frères Michaud, avait toutes les qualités qui constituent le marin : un sang-froid à toute épreuve, une intrépidité réfléchie, une connaissance profonde de la tactique navale. Il respectait l'humanité au milieu des horreurs de la guerre. Il n'eut qu'un seul défaut, ce fut sa trop grande confiance ; elle le rendit quelquefois la dupe des intrigants et des fripons. Il ne connaissait ni les hommes ni la société ; aussi a-t-on dit de lui qu'il avait fait le tour du monde, et qu'il n'y était jamais entré. »

BART (Jean), chef d'escadre, né en 1650,
mort en 1702.

Des illustres marins qu'a produits en si grand nombre le siècle
de Louis XIV, il n'en est point dont le nom soit resté aussi populaire que Jean Bart. Ce héros naquit à Dunkerque, en 1650, douze
ans avant que sa ville natale, successivement espagnole, française
et anglaise, fût définitivement restituée à la France. Jean Bart,
Français dans l'âme, se dédommagea bien, depuis, de la fatalité
qui l'avait fait naître sujet anglais. Sur la foi des mémoires rédigés sous le nom du chevalier de Forbin, on a répété, dans beaucoup d'histoires et de biographies, que le père de l'illustre marin
n'était qu'un pauvre pêcheur si misérable, qu'il n'avait même pu
faire apprendre à son fils la lecture et l'écriture, ces premiers
éléments de toute instruction. Cela fût-il vrai, que nous n'y trou-
verions qu'un motif de plus d'admirer ce fils de ses œuvres, dont
le génie se serait ainsi développé malgré le double obstacle de
l'extrême pauvreté et de l'extrême ignorance. Mais il n'en est rien :
Jean Bart naquit au sein d'une famille aisée et considérée. Son
père était un de ces intrépides armateurs, comme Dunkerque était

en possession d'en produire depuis un temps immémorial, se livrant à la pêche du hareng ou armant en course, suivant les circonstances de la paix ou de la guerre. On sait même que Corneille Bart, père de notre héros, était mort à la suite d'une affaire en mer, où il avait été grièvement blessé en commandant un abordage. Il laissait deux fils en bas âge, dont Jean Bart était l'aîné. Outre qu'on a la preuve que ce chef d'escadre, non-seulement écrivait d'une manière très nette, mais encore rédigeait en fort bon style ses dépêches et ses rapports officiels, comment admettre que l'enfant, né dans une condition aussi honorable, n'eût pas même reçu l'instruction la plus élémentaire avant d'être lancé dans la rude carrière où l'appelaient également les traditions de sa famille et sa vocation personnelle ? Ce qui est certain, c'est que Jean Bart commença de très bonne heure son apprentissage de la mer; et ce fut sous un maître qui ne pouvait lui donner que de grandes et profitables leçons; car ce n'était rien moins que le grand et illustre Michel Ruyter. (*Voy.* ce nom.)

Le patronage de l'amiral hollandais assurait au jeune marin dunkerquois une rapide et brillante fortune, et il ne tenait qu'à lui d'avancer immédiatement dans cette voie, en consacrant son courage et son activité au service des Provinces-Unies. Mais la guerre s'étant déclarée entre la France et la Hollande (1671), il aima mieux renoncer aux avantages qui lui étaient offerts de ce côté que de s'exposer à servir contre son pays. Rentré à Dunkerque, il s'engagea comme second sur un bâtiment armé pour la course. Il s'y fit bientôt une réputation d'audace et d'intrépidité qui le rendit cher aux armateurs. C'était à qui pourrait l'enrôler sur son bâtiment. Mais un rôle subalterne nuisait à l'essor de son génie : en 1674, du produit de ses parts de prise, il acheta et arma un petit bâtiment, dont il forma l'équipage de trente-six hommes bien déterminés et qui avaient toute confiance dans leur jeune capitaine. Sa première sortie fut inaugurée par un brillant succès: au bout de quelques jours, on le vit rentrer au port de Dunkerque avec une frégate hollandaise de dix-huit canons, qu'il avait prise à l'abordage dans la rade du Texel. Une société d'armateurs lui confie aussitôt le commandement d'une frégate de six canons, et de nouveaux succès couronnent son audace et son intrépidité. Plein de confiance dans sa bonne étoile, il s'est lancé jusque dans la Baltique, et tombe inopinément au milieu d'une flotte marchande qu'escortaient deux frégates de guerre. L'une est prise de vive force, et l'autre n'échappe au même sort qu'en gagnant honteusement le large. Du convoi marchand, une partie a été brûlée ou coulée à fond pendant l'action ; mais la plus considérable et la plus riche devient la proie du jeune corsaire dunkerquois.

Les associés de Jean Bart, en bons spéculateurs qu'ils étaient, se hâtent d'ajouter quatre nouveaux bâtiments respectablement armés à sa petite frégate, et lui forment ainsi une véritable escadre, à la tête de laquelle le hardi capitaine devient la terreur et le fléau de la marine anglo-batave. Pas une de ses sorties du port de Dunkerque qui ne fût marquée par un désastre pour les ennemis de la France. Nul vaisseau de commerce n'osait plus se hasarder sur les mers explorées par sa redoutable flottille. La paix de Nimègue, signée en 1678, put seule mettre un terme à ses courses et à ses exploits.

La réputation que Jean Bart venait d'acquérir au service des armateurs de sa ville natale avait marqué sa place dans les cadres de la marine royale : il y entra, comme lieutenant de vaisseau, sous le ministère de Seignelay, fils du grand Colbert, et son digne successeur dans l'administration de la marine française. La fortune du marin flamand, au service de la flotte, resta longtemps liée à celle du Provençal Forbin. Tous les deux égaux d'âge et de grade, entrés pour ainsi dire le même jour au service du roi et attachés à la même escadre ; tous les deux également intrépides et résolus dans l'action, profondément séparés, néanmoins, quant au caractère moral, par ces nuances si tranchées que la nature a mises entre l'homme du Nord et celui du Midi : celui-ci emporté, tranchant, vantard ; celui-là toujours plein de flegme, de réserve et de simplicité ; l'un plus brillant que solide, l'autre, au contraire, plus solide que brillant : on les vit pendant plusieurs années, associés aux mêmes entreprises, mêlés aux mêmes aventures, rivaux ou plutôt émules de courage et d'audace dans les conjonctures périlleuses, et avançant à peu près du même pas dans la noble carrière où ils se signalaient à l'envi. Seulement le chevalier de Forbin, né gentilhomme, sut porter avec aisance l'habit de cour ; le chevalier Bart ne put y assouplir sa rude encolure et resta toujours un vrai marin d'eau salée, plus à l'aise sur son tillac que sur les parquets glissants de Versailles.

La nécessité d'abréger et la crainte surtout de paraître tomber dans les redites, nous forcent de passer sur un grand nombre des prouesses maritimes de notre héros. Nous noterons, cependant,

Par la sainte-barbe, dit Jean Bart à son fils, le bruit et la fumée de la poudre
te font peur.

un trait entre mille, trop caractéristique pour être négligé. C'était
en 1689; Jean Bart et Forbin, montés chacun sur une petite fré-
ate, escortaient des convois de guerre et de commerce, de Dunkerque aux ports de la Normandie ou de la Bretagne. Dans une
de ces expéditions, un corsaire hollandais était tombé sur leur
route ; ils s'en étaient rendus maîtres après un sanglant abordage
et l'avaient conduit à Brest. Jean Bart avait à son bord son fils,
enfant de douze ans, auquel il faisait déjà faire, sous ses yeux, le
terrible noviciat de l'homme de mer. Au signal du branle-bas de
combat, l'enfant n'avait pu maîtriser son émotion, et son père
l'avait vu pâlir au bruit de la première volée de canon lancée par
l'ennemi. — « Par la sainte-barbe, dit Jean Bart en lançant un
regard sévère à son fils, le bruit et la fumée de la poudre te font
peur ! C'est un vilain mal pour un marin que la peur, et je vais t'en
guérir pour toujours ! » Aussitôt, il l'amène au pied du grand
mât, l'y attache et l'y laisse jusqu'à la fin du combat. Nous repro-

duisons ce trait sans aucun commentaire, persuadé, toutefois, qu'il se trouvera peu de mères assez dénaturées pour l'admirer.

La même année 1689 manqua d'être fatale à Jean Bart ainsi qu'à son camarade Forbin. Tous les deux escortaient de conserve, dans la Manche, un convoi de vingt bâtiments marchands partis du port du Havre, lorsque, par le travers de l'île de Wight, ils se virent poursuivis par deux vaisseaux anglais, portant chacun cinquante pièces de canon. Dans des conditions aussi inégales, leur perte était inévitable s'ils se laissaient atteindre ; la prudence leur conseillait donc de prendre le large à toutes voiles ; mais le convoi était perdu, et l'honneur leur prescrivait de tenter de le sauver, même en se sacrifiant. Ils n'hésitèrent pas un seul instant, et, comprenant que l'audace seule pouvait compenser l'infériorité de leurs forces, ils se décidèrent à prendre résolûment l'offensive, et à se précipiter aveuglément à l'abordage dès qu'ils auraient pu prendre le vent sur l'ennemi. Pour occuper l'un des vaisseaux anglais pendant qu'ils entreprendraient l'assaut de l'autre, ils avaient eu le soin préalable d'armer trois des plus gros navires de leur convoi ; précaution que rendit inutile celle que prirent les équipages de ces navires de se dérober au combat, dès que le signal en fut donné par les chefs de l'escorte. Jean Bart et Forbin restèrent donc seuls aux prises avec l'ennemi. La lutte fut terrible et longue ; car les deux officiers français, tenant à donner à la flotte marchande le temps de gagner le large et de se mettre hors de toute atteinte, avaient juré de n'amener leur pavillon qu'à toute extrémité. Tant qu'ils purent combattre et soutenir de leur parole et de leur exemple le courage de leurs équipages, la victoire demeura indécise ; enfin, grièvement blessés l'un et l'autre, ils se trouvent réduits à l'impossibilité d'agir ou de donner des ordres ; les deux tiers de leurs équipages sont étendus morts sur les ponts, ce qui reste est à peu près mis hors de combat ; les deux frégates, rasées de l'avant et de l'arrière, ne présentent plus que deux misérables carcasses prêtes à sombrer. Toute satisfaction ayant ainsi été donnée à l'honneur et au devoir, il ne reste plus aux deux braves officiers qu'à se résigner à leur mauvaise fortune : ils ne capitulent pas, ils se laissent emmener. Du moins leur dévouement n'avait pas été stérile : le convoi pour lequel ils avaient si généreusement combattu était sauvé ; pas un seul de ses bâtiments n'était tombé au pouvoir de l'ennemi.

Jean Bart et Forbin furent conduits à Plymouth, en Angleterre,

où on leur donna pour prison une chambre d'auberge, aux fenê-
tres étroitement grillées par de lourds barreaux de fer, et dont la
porte fut soigneusement gardée par une sentinelle. La nouvelle
de la mésaventure arrivée à ces deux braves officiers ne fut point
reçue en France avec indifférence. Le gouvernement songea aussitôt à les faire sortir de prison par voie d'échange, et Seignelay
n'était pas homme à marchander leur rançon. Il laissa échapper
à cette occasion un mot qui peint bien le grand cas qu'il faisait de
notre héros, et que nous devons consigner ici à la gloire du Dunkerquois et du ministre. « Nous ne devons pas hésiter, disait le
ministre, à rendre au plus vite deux si braves officiers à la flotte;
mais Jean Bart d'abord, Jean Bart surtout! »

Les deux prisonniers ne crurent pas devoir attendre le résultat
des négociations dont ils étaient l'objet, et, dès qu'ils se sentirent
assez remis de leurs blessures pour pouvoir supporter les fatigues
d'une traversée, ils songèrent à s'évader. Grâce à l'intérêt qu'ils
surent inspirer au chirurgien qui les soignait, et à ceux-là mêmes
qui avaient mission de les garder, ils s'en procurèrent facilement
les moyens. Ce fut l'affaire de quelques barreaux coupés à la grille
de leur prison, d'une nuit obscure et d'un canot qui les attendait
dans un endroit écarté du port. La rade qu'ils avaient à traverser
était couverte de bâtiments : de nombreuses vigies, en les voyant
glisser rapidement sous cette forêt de mâts, ne cessaient de leur
crier *qui vive ?* à quoi ils répondaient par ce simple mot : *Pêcheurs !*
que Jean Bart prononçait en anglais d'un accent assez irrépro-
chable pour tromper la vigilance des sentinelles. Ils étaient
d'ailleurs protégés par un épais brouillard.

Ils mirent deux jours et demi à traverser la Manche sur leur
frêle embarcation. Leur arrivée à Saint-Malo, qui allait bientôt
avoir son Duguay-Trouin, fut célébrée par la marine marchande
et la marine militaire comme une fête de famille et une solennité
publique tout à la fois. Cette aventure valut à chacun de nos
deux héros le grade de capitaine de vaisseau et une gratification
de quatre cents écus. « Avant la fin de l'année, dit un historien
moderne, Jean Bart et Forbin avaient déjà pris leur revanche, en
enlevant, dans leurs courses incessantes, nombre de bâtiments
ennemis (1). »

La révolution politique qui s'était opérée en Angleterre

(1) Louis Guérin, *Histoire maritime de France.*

en 1688, et l'intérêt que prenait Louis XIV à la restauration de
Jacques II, qu'il avait royalement abrité dans le palais de Saint-
Germain, avaient rallumé la guerre entre les deux nations.
En 1690, l'amiral Tourville était sorti du port de Brest, à la tête
d'une flotte imposante, pour se porter à la rencontre de la flotte
anglo-batave, jusque dans les eaux britanniques. Jean Bart commandait, dans cette expédition, l'*Alcyon*, frégate de quarante
canons. La flotte ennemie ayant été signalée au-delà de l'île de
Wight, à la hauteur du cap Beachy-Head, autrement dit de Bévezières, Tourville demande un officier de bonne volonté, à la
fois hardi et expert, pour aller la reconnaître, et lui rapporter un
compte exact de sa force et de ses dispositions. Jean Bart se présente. Il monte dans une petite chaloupe, où il fait mettre des
filets, et s'avance pendant la nuit vers les vaisseaux anglais. On
lui jette le qui vive? Là, comme dans la rade de Plymouth, il répond : *Pêcheur!* en bon anglais, et on le laisse tranquille. Il
parcourt avec soin et sans trouble toutes les positions de la flotte,
prend les notes les plus exactes et les plus précises. Fort des
bons renseignements qu'il lui a rapportés, l'amiral français prend
ses mesures et donne l'ordre de combat pour le lendemain matin.
Nous n'avons point à entrer ici dans les détails de l'affaire de
Bévezières, qui fut une débâcle réelle pour la flotte anglo-batave,
laquelle n'échappa à une destruction complète que parce que la
flotte française eut toujours le vent contre elle.

Tourville étant rentré à Brest pour faire réparer ses vaisseaux,
Jean Bart fut envoyé dans le Zuyderzée avec ordre de faire la
chasse aux pêcheurs hollandais, dont il coula bas presque tous les
bateaux. Sa mission remplie, il revenait vers Dunkerque lorsqu'il
fait la rencontre de deux vaisseaux anglais; les attaquer et les
enlever ne furent pour lui que l'affaire d'un instant. Il eût été
inouï que ses compatriotes le vissent rentrer au port sans la moindre prise! A peine arrivé, il se remit en campagne avec quatre
bâtiments et deux brûlots, pour appuyer les partisans de Jacques II, en croisant sur les côtes d'Irlande. Cette petite escadre
ne servit guère qu'à ramener une partie des vaincus de la bataille
de la Boyne, si funeste à la cause des Stuarts.

L'année suivante (1691), Jean Bart attendait à Dunkerque les
ordres du roi, lorsque ce port fut bloqué par les forces réunies
de l'Angleterre et de la Hollande. Fatigné de son inactivité, notre
capitaine arme pour la course une flottille de bâtiments légers,

Ce n'est pas sans beaucoup de difficultés qu'il obtient du ministre l'autorisation de la mettre en campagne ; mais, cette autorisation obtenue, il ne perd pas un instant, et profite de la première nuit favorable pour sortir du port et franchir la ligne du blocus. Le matin même, il se trouve en présence de trois bâtiments de commerce anglais, escortés par un vaisseau de guerre. Il attaque celui-ci à sa manière, c'est-à-dire par un abordage immédiat, et s'en rend maître ainsi que du convoi, et va mettre sa prise en sûreté dans le port de Bergue (Bergen) en Norwège. A deux jours de là, il surprend, dans la mer du Nord, un autre vaisseau de guerre protégeant une flotte hollandaise chargée de harengs. Le vaisseau est enlevé, et la flotte brûlée.

On raconte, à l'occasion de cette campagne, l'anecdote assez curieuse que voici. Jean Bart, après avoir croisé quelque temps devant les côtes d'Ecosse, était rentré au port de Bergen pour y reprendre sa capture et la ramener en France. Il est rencontré sur le port par un capitaine anglais qui l'aborde, et le dialogue suivant s'établit entre eux : « N'êtes-vous pas Jean Bart ? — Lui-même pour vous servir. — J'ai résolu de me battre avec vous. — Rien n'est plus facile ; mais j'attends des provisions, et je ne me remettrai en mer qu'après les avoir reçues. — Qu'à cela ne tienne ; je vous attendrai. Promettez-moi de me prévenir quand vous serez prêt à partir. — Je vous le promets. »

Fidèle à sa parole, Jean Bart, ayant ses provisions faites, vient prévenir le capitaine anglais que rien ne le retient plus au port, et qu'il est sur le point de lever l'ancre. L'Anglais l'invite à déjeuner à son bord. « Ce sera du temps perdu. Le vent est bon ; hâtons-nous d'en profiter, répond Jean Bart. » L'Anglais insiste ; le Français cède à ses instances. On s'attable, et le repas s'accomplit avec beaucoup de gaieté et d'entrain. Au dessert, la conversation se prolonge le temps nécessaire pour brûler une pipe convenablement arrosée de quelques petits verres de vieux rhum. Enfin, Jean Bart lève le premier la séance en disant à son amphitryon : « Savez-vous bien, capitaine, que, si nous voulons jouer notre partie avant la nuit, il est grand temps que nous mettions toutes voiles dehors. Au revoir ! — Vous êtes mon prisonnier, répond l'Anglais. Vous n'avez pas payé votre rançon de Plymouth, et je me suis engagé à vous conduire en Angleterre. »

A ces mots, Jean Bart lance sur son interlocuteur un de ces regards qui brillent comme l'éclair et annoncent la foudre ! Il saisit une mèche, l'allume, et, se tournant du côté de ses navires, il crie d'une voix terrible : « A moi, l'*Entendu !* » C'était le nom du vaisseau qui portait son pavillon. Puis, s'adressant au perfide Anglais : « Ah ! double traître, tu dis que Jean Bart est ton prisonnier ! Eh bien ! tu en as menti, et c'est moi qui suis maître de ton vaisseau, et qui vais le faire sauter ! » Parlant ainsi, il se dirige avec sa mèche enflammée vers un baril de poudre ; et, tandis que les Anglais éperdus s'efforcent de le retenir, les Français de l'*Entendu*, accourus à la voix de leur capitaine, escaladent précipitamment le bord ennemi, taillent en pièces une partie de l'équipage, et se rendent maîtres du bâtiment. Le capitaine anglais devenu à son tour, mais sérieusement et loyalement, le prisonnier de Jean Bart, est conduit au port de Brest avec les autres prises effectuées par le capitaine dunkerquois.

Louis XIV fut curieux de connaître ce marin de la côte de Flandre qui faisait tant d'honneur à sa flotte, et dont il entendait raconter tant de traits merveilleux et souvent sublimes d'audace et d'intrépidité. Jean Bart fut invité à se présenter à Versailles. Ce fut son camarade d'escadre, Forbin, l'adroit et vaniteux Provençal, qui lui servit d'introducteur à la cour. Jean Bart, que sa vie de bord avait mal préparé aux pompes et aux délicatesses de Versailles, s'y trouva fort dépaysé. Sa bonhomie toute flamande, sa parole pleine de franchise, mais dépourvue de toute élégance, et la rudesse native de ses manières, ne pouvaient paraître que des excentricités bien étranges à la foule des courtisans. Mais le grand roi, qui sentait le héros sous la rude écorce du marin, accueillait fort mal les épigrammes des beaux esprits de son entourage. « Son langage est un peu trivial et ses façons d'agir un peu vulgaires, disait Louis XIV ; mais il me sert bien noblement, et je n'en connais pas qui soit plus digne de mon estime. » Nous rapportons ce mot, moins pour la gloire de Jean Bart que pour celle du monarque qui savait si bien l'apprécier.

L'intrépide marin se sentait trop déplacé dans les antichambres ou les salons de Versailles pour y faire un long séjour. Il se lassa bientôt de n'être pour ce monde élégant, fardé et frivole, que l'*Ours de M. de Forbin* ; car il était de mode à Versailles, pourvu que le roi ne l'entendît pas, de désigner ainsi l'homme qui était déjà une des gloires de la marine française ! Jean Bart revint donc le plus tôt qu'il put dans sa bonne et chère ville de Dunkerque, au milieu de ses braves compatriotes, si bien faits pour l'aimer et

Parlant ainsi, il se dirige avec sa mèche enflammée vers un baril de poudre. (Page 32.)

l'admirer, au milieu de ses intrépides marins, si dévoués, si fiers de l'avoir pour capitaine et pour ami !

Jean Bart ne prit aucune part à la campagne de 1692 dans la Manche, signalée par le désastre de la Hogue ; mais il servit avec distinction dans celle de l'année suivante, où Tourville (*voy.* ce nom) prit une brillante revanche dans la Méditerranée. Avec un seul vaisseau de soixante-deux canons qu'il commandait, le *Glorieux*, Jean Bart attaqua près de Faro (Portugal) six bâtiments hollandais faisant partie de la flotte de Smyrne, qui venait d'être dispersée ou détruite dans la baie de Lagos. Ils réunissaient entre eux près de deux cent cinquante canons, et avaient à défendre une riche cargaison. Le capitaine du *Glorieux* les poursuivit si vivement et avec tant de bonheur, qu'il les fit échouer et les brûla ensuite.

Au retour de cette expédition dans la Méditerranée, Jean Bart alla prendre, dans sa ville natale, le commandement d'une escadre destinée à amener de la Baltique en France une flotte chargée

Les Marins illustres.   3

de blé. La mission était d'autant plus difficile, que Dunkerque était toujours bloqué par les vaisseaux anglo-bataves, et qu'il fallait tromper la vigilance des croisières ennemies qui sillonnaient l'entrée de la Manche. Mais c'était là le triomphe du génie du capitaine dunkerquois. A l'aller, comme au retour, il passa à travers les escadres ennemies, et conduisit sans encombre, à sa destination, l'important convoi qu'il avait mission de protéger. Peu de temps après, il enleva, près des bancs de Flandre, trois frégates anglaises, dont les deux premières servaient d'escorte à un transport de munitions de guerre que les Provinces-Unies envoyaient à Guillaume III.

1694. Mais voici, de tous les exploits de notre héros, le plus hardi peut-être et le plus remarquable, surtout par l'importance de son résultat. Jean Bart était sorti de Dunkerque, le 27 juillet, avec une escadre composée de six vaisseaux de guerre de troisième et de quatrième rang, et de deux flûtes. Il avait ordre d'aller au-devant d'une flotte de plus de cent bâtiments chargés de grains dans les ports de la Baltique, et qui étaient attendus en France avec une impatience d'autant plus grande, qu'on y souffrait beaucoup de la disette. Cette flotte si précieuse s'était mise en mer n'ayant pour toute escorte que deux vaisseaux de guerre, l'un suédois, et l'autre danois. Jean Bart la rencontra, le 29 juillet au matin, entre le Texel et la Meuse, mais devenue la proie d'une escadre de guerre hollandaise, forte de huit vaisseaux de second rang, commandée par le contre-amiral Hyde de Frise : c'était un rude jouteur, que cet amiral hollandais, et il avait de son côté la supériorité de l'armement. Mais, indépendamment de l'honneur de se mesurer avec un pareil adversaire, l'enjeu était trop considérable pour que Jean Bart ne fût pas impérieusement poussé à tenter la partie à tout prix. Il assemble autour de lui tous les officiers de son escadre, et leur annonce qu'il s'agit d'un combat à outrance : c'est une occasion suprême, où il n'y a d'autre alternative que le succès ou la mort. « Il faut avancer et combattre les yeux fermés, dit-il, l'intérêt de la France l'ordonne. » Ces paroles tombent sur des hommes dignes de les comprendre et de les exécuter. Chacun retourne à son poste, non moins résolu, non moins dévoué à la fortune de la France, que le brave capitaine de tant de braves gens.

On gouverne droit à l'ennemi; dès qu'on se trouve à portée de canon : « Camarades, s'écrie Jean Bart, point de canons, point de

fusils ! rien que le pistolet et le sabre ! Je me charge du contre-
amiral, et vous en rendrai bon compte. Que chacun fasse comme
moi ! Animé de la même pensée, Hyde de Frise gouvernait aussi à
l'encontre du *Fortuné*, c'était le nom de bon augure qui se lisait
à la poupe du vaisseau pavoisé de la cornette de Jean Bart. Les
deux vaisseaux sont bientôt aux prises et accrochés l'un à l'autre.
Jean Bart, plus prompt que son adversaire, est sauté sur son bord,
entraînant avec lui son intrépide équipage. D'un coup de pistolet,
tiré à brûle-pourpoint, il étend à ses pieds l'amiral hollandais.
Même vigueur, même succès de chaque Français, en face de l'adversaire qu'il a rencontré ! En un clin d'œil, tout l'état-major du
bâtiment fut mis hors de combat, et le pont jonché de cadavres.
Du contre-amiral, le *Fortuné* passa à un autre bâtiment, et lui fit
amener son pavillon. Un troisième tomba encore au pouvoir de
l'escadre française; un quatrième n'échappa que parce que les
grappins qui l'avaient saisi se rompirent : une prompte retraite,
à force de voiles, sauva le reste de l'escadre hollandaise. Jean
Bart comptait une belle page de plus dans sa vie de marin. Il
rentra glorieusement au port, escortant le convoi qu'il avait
recouvré, et les trois vaisseaux de guerre qu'il avait conquis sur
l'ennemi.

Cette action eut en France un immense retentissement. Une
médaille fut frappée pour en perpétuer le souvenir. Louis XIV,
qui avait déjà décoré Jean Bart de son ordre de Saint-Louis, récemment créé, lui délivra des lettres de noblesse. « De tous les
officiers qui ont mérité l'honneur d'être anoblis, est-il dit dans ces
lettres, nous n'en trouvons point qui s'en soit rendu plus digne que
notre cher et bien-aimé Jean Bart. » Certes, et on peut le dire aujourd'hui même, elle n'est pas un vain titre la noblesse ainsi
fondée sur de grands services personnels. Le jeune fils de l'intrépide capitaine du *Fortuné*, François-Cornille Bart, qui avait combattu auprès de lui dans cette chaude affaire du 29 juillet, et qui
en avait apporté la nouvelle à Paris, fut promu au grade d'enseigne
de vaisseau.

En 1696, Jean Bart avait reçu le commandement d'une escadre
de sept vaisseaux de guerre, dont la mission était de parcourir en
tous sens la mer du Nord, et de faire autant de mal que possible
aux vaisseaux de guerre et de commerce des confédérés. C'était
le triste droit et l'une des affreuses nécessités de la guerre maritime. Le contre-amiral anglais Bembow tenait le port de Dunker

que bloqué avec une flotte de vingt-deux vaisseaux; mais ce n'était pas là un obstacle sérieux pour le capitaine dunkerquois, accoutumé à se jouer de la vigilance et des précautions de ses ennemis. Il traversa donc encore une fois, pendant une nuit, la flotte de blocus, entraînant à sa suite un certain nombre de bâtiments de course, convaincus avec raison qu'il y avait toujours bonne moisson à faire en sa compagnie. L'escadre se dirigea vers les côtes de la Hollande, dans le but de se tenir à l'affût de la flotte marchande de ce pays, qu'on savait avoir quitté les ports de la Baltique, au nombre de plus de quatre-vingts bâtiments richement chargés. Dans la soirée du 17 juin, cette flotte fut signalée marchant en très bon ordre et en lignes serrées, sous l'escorte de cinq gros vaisseaux de guerre hollandais. Jean Bart fit mettre en panne (1), et attendit ainsi l'ennemi pendant toute la nuit. A la pointe du jour, le convoi hollandais n'était plus qu'à quelques portées de canon. Jean Bart ordonna aussitôt la manœuvre de gagner le vent; cette manœuvre exécutée, il donna le signal de l'abordage vif et prompt, selon son habitude, et courut vent arrière sur les bâtiments de guerre hollandais. Ce que voyant, ceux-ci s'étendirent en longueur pour couvrir la flotte marchande; et dans l'impossibilité où ils se trouvaient d'éviter l'engagement, ils attendirent les Français, tandis que leur convoi s'apprêtait à s'éloigner à toutes voiles, à la faveur du combat.

Cependant Jean Bart gouvernait droit sur le commandant de l'escadre ennemie; mais un autre bâtiment veut lui barrer le passage : il n'était pas de force, et il est aussitôt pris qu'abordé. Cet incident n'a pas détourné notre capitaine de son but; c'est à lui qu'appartient l'honneur d'attaquer la tête de l'escadre hollandaise; il arrive fièrement, terriblement, contre le bâtiment qu'il cherchait, l'accroche, se précipite le premier sur le pont et tue le capitaine de sa main. Le bâtiment est à lui ! Il avait été dignement secondé, dans ces deux abordages si vigoureux, si brillants, par son fils et par tous les hommes de son équipage. Il y avait eu émulation de vigueur et de résolution parmi les autres vaisseaux de l'escadre française, et chaque abordage avait été suivi d'une prise. Tous les bâtiments hollandais tombèrent ainsi au pouvoir des nôtres. Pendant l'action, les armateurs dunkerquois qui avaient suivi Jean Bart, ne demeurèrent pas oisifs; se jetant au milieu de la

______

(1) *Mettre en panne*, c'est manœuvrer de manière que le vaisseau n'avance ni se recule sensiblement.

flotte marchande éperdue, ils enlevèrent, au dire de quelques mémoires contemporains, quarante-cinq bâtiments qu'ils se hâtèrent de conduire en lieu de sûreté.

Cependant, l'arrivée inopinée d'une escadre hollandaise de treize vaisseaux, dont cinq de plus de soixante canons, ne permit pas au vainqueur de conserver toute sa conquête. Après avoir rallié tous les bâtiments de son escadre autour de son pavillon, retiré ses équipages des prises qu'il avait faites, il réunit sur l'une d'elles tous ses prisonniers, et les renvoya en Hollande, non sans avoir pris la précaution de faire enclouer leurs canons et de mouiller leurs poudres. Il livra ensuite aux flammes les quatre autres vaisseaux de guerre et le plus grand nombre des bâtiments marchands capturés, et n'en garda que quinze des plus richement chargés.

Ce ne fut pas le seul dommage qu'il causa aux Hollandais dans le cours de cette campagne. Il les empêcha de se livrer à la pêche du hareng, l'une des principales branches de leur industrie maritime, et pour laquelle ils employaient, chaque année, quatre ou cinq cents bâtiments ; il força les confédérés à entretenir, pendant cinq mois, cinquante-deux vaisseaux de guerre, divisés en trois escadres. Enfin, obligé de relâcher faute de vivres, il rentra dans les ports de France, en passant, avec ce bonheur et cette habileté qui n'appartenaient qu'à lui, à travers trente-trois vaisseaux anglais et hollandais qui voulaient lui barrer la route.

Cette rude et glorieuse campagne valut à Jean Bart la cornette de chef d'escadre. On lui confia, en 1697, le commandement de l'escadre de la province de Flandre, en remplacement du marquis de Langeron, qui venait d'être nommé lieutenant général des armées navales. Louis XIV, dans une audience qu'il donna à l'illustre marin, se plut à lui annoncer le premier la récompense qu'il venait de décerner à ses éclatants services. « Je vous ai nommé chef d'escadre, dit-il à Jean Bart, dès qu'il se présenta devant lui. Sire, vous avez bien fait, » répondit le Dunkerquois avec autant de franchise que de bonhomie. Et les courtisans de se regarder tout ébahis, prenant pour sot orgueil ce qui n'était chez cet homme simple et naïf que la conscience de ce qu'il valait. Mais le roi l'avait mieux compris : « Messieurs, dit-il à ceux qui l'entouraient, on peut s'en rapporter au témoignage de monsieur Jean Bart ; c'est un excellent juge en matière de bien faire. » Et, s'adressant de nouveau à l'illustre marin : « Allez, monsieur Jean

Bart, ne vous lassez pas de me bien servir, et je ne me lasserai pas de *bien faire* à votre égard. » Voilà de ces occasions où Louis XIV se montrait vraiment un grand roi.

A quelques mois de là, en septembre 1697, le chef d'escadre Jean Bart reçut la mission délicate de conduire, avec sept vaisseaux de guerre, sur les côtes de Pologne, le prince de Conti, neveu du grand Condé, l'un des candidats au trône laissé vacant par la mort de Jean Sobieski. Il eut à passer au milieu de deux escadres ennemies, en nombre double et triple de la sienne. Il échappa à ce double écueil avec son adresse et son bonheur ordinaires. Le prince, après avoir félicité Jean Bart sur son habile manœuvre, avait ajouté : « C'est un vrai coup de maître que d'avoir pu ainsi passer à la barbe de ces gens-là ; car je crois, chevalier, que s'ils nous avaient attaqués, nous courions grand risque d'être pris. — Impossible, Monseigneur! répliqua vivement Jean Bart. — Et comment auriez-vous fait? — Plutôt que de me rendre, plutôt que de me voir tomber au pouvoir de l'ennemi, j'aurais fait sauter le vaisseau. Mon fils avait ordre de se tenir à la sainte-barbe, pour y mettre le feu au premier signal. — Mais le remède eût été pire que le mal, reprit le prince un peu effrayé. Je vous défends, monsieur Jean Bart, d'y recourir tant que je serai sur votre bord. »

L'escadre arriva heureusement à Dantzick, mais trop tard quant au but politique de l'expédition. Toutes les chances de l'élection avaient tourné à l'avantage du grand-électeur de Saxe. Le prince de Conti, peu confiant dans le parti qui l'appuyait, jugea prudent de se désister de sa candidature, et Jean Bart le ramena en France.

Dans le même temps (septembre et octobre 1697) se signait la paix de Riswick, qui mettait un terme, ou plutôt qui n'apportait qu'une trêve de quelques années à l'éternelle rivalité de la France et de l'Angleterre. Cette paix fit rentrer tous les vaisseaux dans les ports, et laissa notamment sans occupation l'escadre de Flandre. Rentré à poste fixe au milieu de ses concitoyens, Jean Bart se consola facilement, dans les douces joies de la famille et de l'amitié, de l'oubli où le gouvernement de Versailles parut le laisser pendant plusieurs années.

Cependant la succession d'Espagne, après la mort de Charles II, et l'avénement d'un petit-fils de Louis XIV (1) à la couronne de ce

____

(1) Philippe de France, duc d'Anjou, second fils du dauphin. Il commença, sous le nom Philippe V, la dynastie des Bourbons d'Espagne.

pays (1700), avaient rallumé, plus ardents que jamais, les brandons mal éteints de la guerre dans l'Europe occidentale. Jean Bart, encore dans toute la force de l'âge et dans toute la maturité de son génie, allait rentrer dans la carrière active, lorsqu'il fut subitement enlevé à la gloire et à son pays par une attaque de pleurésie. Il mourut dans sa ville natale, le 7 avril 1702, n'ayant pas encore accompli sa cinquante-deuxième année. La mort fut deux fois injuste envers ce brave marin : d'abord pour l'avoir atteint si jeune encore; ensuite pour ne l'avoir pas frappé en pleine poitrine dans le tumulte d'un combat à bord, comme Ruyter, ce glorieux maître dont il avait été un si digne élève !

L'auteur d'une élégante et attachante *Histoire maritime de France*, M. Léon Guérin, a tracé du héros dunkerquois un portrait qui nous a paru touché de main de maître, et que nous reproduisons comme résumant d'une manière plus saisissante que nous ne saurions le faire nous-mêmes les divers traits épars dans notre faible esquisse :

« Il n'était personne qui ne se plût à dire, même à la cour : « J'ai vu Jean-Bart. » Homme capable de concevoir et d'exécuter les plus grandes choses avec un héroïsme et une habileté extraordinaires, sa modestie, après le succès, ressemblait presque à de l'indifférence. Peu lui importait qu'on usurpât sur lui la gloire du résultat, s'il avait en lui-même la conscience de l'avoir méritée. Sa franchise était égale à sa valeur; mais la timidité de ses manières et de son langage, quand il était dépaysé, c'est-à-dire quand il n'était plus sur son bord ou au milieu de ses Dunkerquois, avait pour l'observateur, ami des contrastes, un cachet plein de charmes; car il n'est rien qui séduise comme la force du lion se voilant, dans les temps ordinaires, des généreuses apparences de la douceur, presque de la faiblesse...

« Au physique, le héros dunkerquois avait une véritable tête flamande, aux cheveux et au teint blonds, aux yeux d'un bleu limpide, aux traits arrondis et respirant la bonhomie.

« Comme caractère privé, c'était un homme affable, d'une douce familiarité, sincèrement religieux, la providence des malheureux quand il revenait de ses courses, oubliant sa propre personne, et, parfois même, sa famille, qu'il laissa pauvre, pour secourir ceux qui s'adressaient à son intarissable commisération.

« Tel était Jean Bart, le marin le plus populaire, non-seulement de son temps et de la France, mais de tous les temps et de tous les pays. »

BLAKE (Robert), amiral anglais, né à Bridgewater en 1597;
mort en 1657.

Le baron de Sainte-Croix, dans sa remarquable *Histoire des
Progrès de la puissance navale de l'Angleterre*, n'hésite pas à proclamer Robert Blake comme le plus grand amiral que cette nation
eût alors vu naître dans son sein. Ceci était écrit en 1780. Ce célèbre capitaine a donné, de son temps, un éclatant démenti au
préjugé qui a fait passer en force d'axiome que, si la nature fait
les généraux de terre, et si l'occasion les improvise, il n'y a que
l'expérience et le temps qui puissent faire les amiraux. Blake avait
cinquante ans lorsqu'il prit le commandement des flottes de sa
patrie, et, jusque-là, il n'avait jamais servi que sur terre (1).

L'aristocrate et royaliste Clarendon, dans son *Histoire de la Rébellion*, c'est-à-dire de l'époque d'Olivier Cromwell, nous apprend
que R. Blake était un homme d'une médiocre naissance, àqui son
père, bourgeois de Bridgewater, avait laissé une fortune assez
considérable pour lui permettre de vivre en gentleman, indépen-
dant et sans travail. Il en profita pour se procurer les avantages
d'une bonne et solide éducation. Il étudia dans l'université d'Oxford, où il prit le grade de maître ès arts. Ses études terminées,
il s'établit à Bristol, où il vécut assez obscurément, cultivant, par
manière de distraction, les sciences mathématiques et la philosophie. Il ne commença à se mettre en évidence qu'au moment où
vinrent à surgir, entre Charles Ier et les Communes, les querelles
qui aboutirent à la catastrophe de Whitehall (2). Blake, qui pen-
chait vers les idées républicaines, se rangea alors ouverte-
ment parmi les adversaires de la cour. Ce même Clarendon, que
nous citions tout-à-l'heure, assure que le futur amiral d'Olivier
Cromwell était un homme mélancolique, chagrin, très frondeur
de sa nature. « Il passait, dit-il, la plus grande partie de son temps
avec des parasites, qui approuvaient ses caprices et la liberté

(1) L'Angleterre offre un remarquable exemple d'une vocation maritime encore plus tar-
dive, dans la personne d'Édouard Montague, comte de Sandwich. Il était né en 1595, eut un
régiment à l'âge de dix-huit ans, et ne fut employé qu'en 1656 dans la marine, par ordre
de Cromwell, qui l'envoya avec Blake dans la Méditerranée. Sandwich fut nommé vice-
amiral d'Angleterre, et perdit la vie à la journée de Salebai (ou Southwold), en 1672.

(2) Charles Ier, condamné à mort par le Parlement, eut la tête tranchée sur la place d
Whitehall, à Londres, le 9 février 1649.

avec laquelle il déclamait incessamment contre la licence des temps et l'autorité de la cour; et ceux qui le connaissaient à fond découvrirent qu'il avait l'esprit anti-monarchique, alors même qu'on ne soupçonnait pas encore que le gouvernement royal fût en danger (1). »

Quand la guerre civile éclata, en 1642, Blake, déjà arrivé à toute la maturité de l'âge, se mit au service des Parlementaires, et fut un des plus ardents et des plus habiles lieutenants d'Olivier Cromwell. On le mit à la tête d'une compagnie de dragons, avec laquelle il se distingua dans plusieurs affaires. Ce ne fut qu'en 1647, que le Parlement, en disette d'amiraux, car la plupart des officiers de marine étaient passés au parti royaliste, mit le capitaine Blake à la tête de la flotte, en lui donnant l'ordre de chasser des côtes d'Irlande le prince Rupert, qui commandait la flotte royale. Par les succès qu'il obtint à son début dans la carrière maritime, Blake prouva que le génie, en toute chose, est un don inné, qui n'attend, pour se révéler et se développer, que les occasions. Il empêcha, pendant cette campagne, les escadres espagnoles et portugaises de porter aucun secours aux Royalistes.

Le principal mérite de l'amiral Blake fut de dédaigner tout ce qu'on regardait encore de son temps comme les véritables traditions de la science navale et le *nec plus ultra* de la tactique; science qui consistait principalement à tenir un vaisseau et son équipage hors de danger. Il pensait qu'en mer, comme partout ailleurs, la fortune aimait toujours à se déclarer pour les audacieux. « Il fit voir le premier aux marins, dit Clarendon, que les forts bâtis sur terre, qu'on avait toujours jugés si formidables pour les vaisseaux, ne servaient qu'à intimider par le bruit, et ne pouvaient nuire que rarement. Il sut inspirer, à ceux qui combattaient sous ses ordres, un courage et une résolution à toute épreuve, en leur démontrant, par l'expérience, de quoi sont capables des gens résolus, en leur enseignant à combattre sous le feu comme sur l'eau. Et, quoiqu'on l'ait bien imité depuis, c'est le premier qui ait donné l'exemple de cette espèce de courage maritime, qui ne se plaît qu'aux entreprises hasardeuses. »

Dans la guerre de 1652, entre l'Angleterre et la Hollande, guerre sur laquelle nous donnerons de plus amples détails en parlant de

(1) *Histoire de la Rébellion.*

Tromp et de Ruyter (*voy.* ces noms), Blake lutta avec avantage contre les efforts des plus intrépides et des plus habiles amiraux des Provinces-Unies. Il fut assez grièvement blessé dans la seconde affaire du 29 novembre (*voy.* Tromp) ; ce qui détermina la retraite de sa flotte devant celle de Hollande, commandée par l'illustre Tromp. Mais il prit une éclatante revanche au mois de février de l'année suivante, où, après une lutte gigantesque de trois jours (18, 19 et 20 février 1653), il eut l'honneur de voir battue en retraite devant lui la flotte hollandaise, commandée par Martin Tromp et Ruyter.

La lettre dans laquelle il rendit compte au Parlement de cette triple bataille, dont l'issue attachait à son nom une gloire impérissable, commençait ainsi : « Dieu a combattu pour nous contre un ennemi que nous avons totalement détruit en trois furieuses rencontres. Deux jours auparavant, nous étions en prières ; et le 18, nous remarquâmes que Dieu nous apprenait où ils étaient, par le texte de l'Écriture qu'on lisait : *Pars demain, et va contre eux.* A peine le chapitre où se trouvent ces paroles eut été expliqué, que nous aperçûmes avant l'aube la flotte ennemie. » Ce style donne une idée et de l'esprit du temps et du caractère personnel de l'amiral Blake. On sait combien était grande la part du fanatisme religieux dans cette révolution politique, dont Olivier Cromwell était l'âme et le héros. — La triple victoire de Blake fut célébrée en Angleterre par des réjouissances publiques : les honneurs d'un triomphe, où figuraient comme principal ornement les prisonniers hollandais, furent décernés à l'amiral de la flotte anglaise, et le Parlement ordonna un jour extraordinaire d'actions de grâce.

Pour des causes que nous ignorons, on ne laissa cependant point à Robert Blake le soin d'achever cette guerre ; il dut céder au général Monck le commandement de la flotte, pour aller châtier les corsaires des côtes Barbaresques. Arrivé avec une escadre devant Tunis, il battit le fort de la Goulette à coups de canon, franchit le canal, brûla dans le port six vaisseaux turcs, et, ayant débarqué avec douze cents hommes, il tailla en pièces une armée de trois mille soldats turcs. Après cet exploit il visita de la même façon Tripoli et Alger, châtia rudement les forbans abrités dans ces repaires, et se fit rendre tous les esclaves anglais tombés entre leurs mains.

Cromwell, qui faisait une guerre peu loyale, d'ailleurs, aux

Espagnols, chargea Robert Blake, en 1657, de se rendre avec une escadre aux Canaries, pour y attendre le retour des galions du Mexique. Leur enlever ces galions, c'était leur couper le nerf de la guerre. Arrivé en vue de l'île de Ténériffe, Blake prend la résolution de pénétrer dans la baie de Santa-Cruz, où les galions étaient mouillés, sous la protection de six ou sept forts et de nombreuses batteries. Sans tenir aucun compte de ce que cette position avait de formidable, et profitant de l'avantage du vent, il force, sous le feu de toutes les batteries ennemies, l'entrée de la baie, en lançant lui-même des bordées si meurtrières, que les Espagnols se voient obligés d'abandonner leurs vaisseaux. La plupart avaient éprouvé de telles avaries, que Blake reconnut l'impossibilité de les faire sortir de la baie ; il y mit le feu, et les brûla jusqu'à fleur d'eau ; et ce ne fut qu'après les avoir vus tous sombrer avec les trésors qu'ils contenaient dans leurs soutes, qu'il songea à se retirer. Le vent qui l'avait poussé au fond de la baie venant à changer comme par enchantement, le mit rapidement hors de la portée des batteries de la côte, et poussa son escadre au large. Il sortit, sans avoir perdu un seul vaisseau, au grand étonnement des Espagnols, qu'il laissait aussi surpris de son heureuse témérité, qu'atterrés du désastre qu'il venait de leur infliger.

Il donna, en cette circonstance, une bien grande preuve de la trempe toute romaine de son caractère et de la rigidité de ses principes. Son frère, le capitaine Humphrey Blake, qui commandait un vaisseau pour la première fois, se montra aussi dépourvu de courage que de talent. L'amiral, reconnaissant que son jeune frère n'était pas né pour la profession des armes, et qu'il ne pourrait jamais faire qu'un mauvais marin, n'hésita pas à le casser immédiatement et à le renvoyer dans ses foyers. « Ce qui fait d'autant mieux ressortir ce qu'il y a de beau et d'admirable dans cette action, dit son biographe Johnson, c'est qu'il continua à traiter son frère avec des égards et une affection toute fraternelle, et lui légua tous ses biens après sa mort. »

Comme Robert Blake ramenait en Angleterre son escadre triomphante, il fut attaqué d'une fièvre scorbutique, dont il mourut en rentrant à Plymouth, le 17 août 1657.

En recevant la nouvelle de son heureux coup de main de Santa-Cruz, le Parlement avait ordonné qu'on lui enverrait une lettre de remerciment et un anneau orné d'un diamant de la valeur de cinq cents livres (douze mille fr.). Ces honneurs furent changés en des obsèques solennelles et magnifiques. Son corps fut d'abord transféré à Greenwich, d'où il fut conduit, avec beaucoup de pompe et de cérémonie, à Westminster pour être inhumé dans la royale abbaye. On sait que Westminster est à la fois le Saint-Denis et le Panthéon de l'Angleterre, et la carrière de Blake avait été assez glorieuse pour qu'on lui en accordât les honneurs.

Le patriotisme de Blake s'élevait jusqu'au dévouement le plus absolu et ne reculait devant aucun sacrifice. « Le bien et l'honneur de son pays, dit Johnson, lui paraissaient préférables à toute chose ; il n'était rien qu'il ne se crût obligé de leur sacrifier, et, quand il avait satisfait à ces grands intérêts, il s'abandonnait volontiers aux affections domestiques. Sa conduite envers les ennemis vaincus fut toujours celle d'un homme plein de douceur et d'humanité. »

BOURDONNAIS (Bertrand-François Mahé, comte de la), né à Saint-Malo (Ille-et-Vilaine), le 11 février 1699, mort en 1751.

« Mahé de La Bourdonnais, a dit Voltaire, était, comme les Duquesne, les Bart, les Duguay-Trouin, capable de faire beaucoup avec peu, et aussi intelligent dans le commerce que dans la marine... Cet homme, à la fois négociant et guerrier, vengea l'honneur du pavillon français en Asie (1). » Cet éloge a besoin d'être complété ; car le gouverneur de Bourbon et de l'Ile-de-France, le vainqueur de Negapatnam et de Madras, a prouvé qu'il n'était pas moins expert dans la mécanique, dans l'art des constructions navales et des fortifications, dans la tactique des armées de terre, que dans la science du marin. Et pourtant il avait commencé à naviguer dès l'âge de dix ans, et toute son éducation avait dû se faire à bord des navires sur lesquels, avant sa dix-neuvième année accomplie, il avait déjà parcouru toutes les mers du Sud, du Nord et du Levant. Il est vrai que, chez lui, la plus grande facilité de conception s'unissait à une grande opiniâtreté de travail, et que, dès son plus jeune âge, il avait contracté l'habitude de ne jamais donner plus de deux ou trois heures consécutives au sommeil. Dans ses nombreuses et longues traversées sur les bâtiments de

(1) *Précis du siècle de Louis XV*, ch. xxix.

commerce qui faisaient la traite de Saint-Malo aux Indes-Orientales et aux îles Philippines, il s'était quelquefois rencontré avec
des hommes instruits, qui s'étaient plu à cultiver son heureuse
aptitude pour les études mathématiques et les sciences exactes, et
il avait profité avec avidité de leurs leçons.

A vingt ans, La Bourdonnais entra, en qualité de lieutenant, au
service de la Compagnie française des Indes-Orientales. Cinq ans
plus tard, il était promu au grade de capitaine, juste prix des
qualités éminentes qu'il avait déployées au profit de la Compagnie. En cette qualité, en 1725, il fit partie d'une expédition dirigée contre Mahé, sur la côte du Malabar, et contribua plus qu'aucun autre, par les ressources de son génie, au succès de cette
expédition. Il quitta, peu de temps après, le service de la Compagnie, et arma pour son propre compte dans la mer des Indes. Les
succès répondirent à l'habileté, à l'intrépidité qu'il déploya dans
cette entreprise, et il put revenir en France, possesseur d'une fortune qui le mettait à même de se procurer toutes les jouissances
d'une existence de grand seigneur ou de traitant enrichi ; mais il
avait une ambition plus grande et plus noble, et il sollicita l'honneur de se rendre utile à son pays autrement qu'en dépensant
fastueusement les trésors qu'il avait rapportés de la mer des Indes. En 1733, La Bourdonnais fut nommé gouverneur général des
îles de France et de Bourbon, qui se trouvaient alors comprises
dans le privilége de la Compagnie des Indes, quoique se ratta-
chant géographiquement au continent d'Afrique.

« Dès que La Bourdonnais fut arrivé dans les îles de son gouvernement, dit M. Léon Guérin, il les étudia à fond. Son heureuse
pénétration, son infatigable activité abrégèrent le travail. Il établit
partout la discipline et la subordination, maniant avec autant
d'adresse que de sévérité des esprits fougueux, et qui jamais encore ne s'étaient vus retenus dans les bornes du devoir et de l'o-
béissance. Après avoir réglé les intérêts moraux, comme eût fait
un législateur consommé, il prit soin, en bon père, des intérêts
matériels des colons. Le premier, il dota les îles de France et de
Bourbon de leurs plantations de cannes à sucre, et il établit des
raffineries qui produisirent presque immédiatement à la Compagnie des Indes des sommes considérables. Il fonda aussi des fa-
briques de coton et d'indigo, fit cultiver le riz et le blé pour la
nourriture des Européens, et naturalisa aux îles orientales de
l'Afrique, pour la subsistance des esclaves, le manioc, qu'il avait

apporté du Brésil. Manquant d'ingénieurs et d'architectes, La Bourdonnais se fit l'un et l'autre, et bientôt des maisons, des hôpitaux, des magasins, des arsenaux même, s'élevèrent à la place des cabanes, avec de bonnes fortifications pour protéger le tout; des communications furent ouvertes, des canaux creusés, des ponts, des aqueducs, un port et des quais construits comme par enchantement.

« Avant l'arrivée de La Bourdonnais on ne savait, à l'Ile-de-France, ce que c'était de radouber ou de caréner un vaisseau. Les habitants, qui avaient de petites embarcations pour aller à la pêche, étaient incapables d'y faire par eux-mêmes la moindre réparation, et n'attendaient rien que du secours des ouvriers qui, de hasard, relâchaient sur leurs côtes. L'intelligent gouverneur, dont le coup d'œil avait deviné dans l'Ile-de-France une émule possible de la colonie hollandaise de Batavia, un entrepôt commode et sûr pour la Compagnie française des Indes-Orientales, encouragea de toutes ses forces les colons à le seconder. Il fit chercher, voiturer, façonner tous les bois propres à la marine, et, en moins de deux ans, il eut tous les matériaux qu'il désirait à sa disposition... Bientôt les ouvriers de l'Ile-de-France furent en état de doubler et radouber, non-seulement les bâtiments de leurs côtes, mais encore ceux qui venaient d'Europe. On ne s'en tint pas là. Un beau brigantin, navire de bas bord avec un grand mât, un mât de misaine et un mât de beaupré, plus en usage pour le commerce que pour la guerre, quoique très propre à faire la course, fut entrepris avec un plein succès par La Bourdonnais, qui lui fit succéder immédiatement, sur le chantier, un bâtiment de cinq cents tonneaux. Le port de l'Ile-de-France ne tarda pas à être en aussi bonne renommée, pour la construction des vaisseaux, que celui de Lorient... C'est ainsi que l'Ile-de-France et celle de Bourbon, hier encore presque dédaignées comme d'inutiles rochers, devinrent en quelques jours l'orgueil de la mer des Indes, l'objet de la jalousie et de l'ambition des Anglais et des Hollandais (1). »

Qui le croirait! ces prodiges d'un génie créateur n'eurent pas de succès en France. Les étroits financiers, qui dirigeaient à Paris les spéculations de la Compagnie des Indes, ne furent frappés que des dépenses du premier établissement : ils les trouvaient

____

(1) *Histoire maritime de France*, t. II, deuxième édition, 1844.

ruineuses ; ils reprochaient au gouverneur de ne pas assez prendre soin de leurs dividendes et de trop sacrifier le présent à l'avenir. La Bourdonnais fut obligé de se justifier. On alla même jusqu'à l'accuser d'administrer beaucoup plus pour son intérêt personnel que pour celui de la Compagnie. Un des directeurs ne craignit pas de lui demander un jour comment, ayant si bien fait ses propres affaires, il avait si mal conduit celles de la Compagnie. Il répondit fièrement à cette outrageante question : « C'est que j'ai fait mes affaires selon mes lumières, et celles de la Compagnie d'après vos instructions. » Il faut reconnaître, toutefois, que le gouvernement lui rendit plus de justice, en lui délivrant un brevet de capitaine de frégate dans la marine royale (1744).

Cependant, la politique de la paix à tout prix avait cessé de présider exclusivement aux conseils du gouvernement de la France, depuis que le vieux cardinal Fleury n'était plus. En 1744, un an après la mort de ce très pacifique ministre, qui sacrifiait à la paix, avec la même facilité, l'honneur de la couronne et l'intérêt du pays, la France s'était vue obligée de déclarer la guerre à l'Angleterre et à l'Autriche. « La France ni l'Espagne, dit le philosophe de Ferney, ne peuvent être en guerre avec l'Angleterre, que cette secousse donnée à l'Europe ne se fasse sentir aux extrémités du monde (1). » C'était aussi l'opinion de La Bourdonnais. Se trouvant à Paris au moment de la rupture, il proposa au gouvernement un projet qui devait avoir pour résultat d'assurer, pendant la guerre, l'empire de la mer des Indes à la France. « Convaincu, dit Raynal, que celle des deux nations qui serait la première en armes dans l'Inde aurait un avantage décisif, il demanda une escadre qu'il conduirait à l'Ile-de-France, où il attendrait le commencement des hostilités. Alors il devait partir de cette île et aller croiser dans le détroit de la Sonde, par lequel passent la plupart des vaisseaux qui vont en Chine, et tous ceux qui en reviennent. Il y aurait intercepté les bâtiments anglais et sauvé ceux de son pays. Il s'y serait même emparé de la petite escadre que l'Angleterre envoya dans les mêmes parages, et, maître des mers de l'Inde, il y aurait ruiné tous les établissements anglais. »

Le ministre de la marine, Maurepas, parut comprendre la grandeur de ce projet et l'accueillir avec faveur. L'escadre que demandait La Bourdonnais lui fut même accordée. Mais la Com-

____

(1) *Précis du siècle de Louis XV*, ch. XXVII.

pagnie des Indes, qui n'avait pas été préalablement consultée, s'offensa d'abord du procédé, et s'effraya ensuite d'une entreprise dont les dépenses allaient peser sur elle, et dont La Bourdonnais aurait seul toute la gloire, et, suivant elle, tous les profits. Elle prétendit qu'un traité avec la Compagnie anglaise lui assurait une neutralité complète dans l'océan Indien. Bref, elle fit si bien, que l'escadre fut rappelée. Mais qu'arriva-t-il? c'est qu'au premier signal de guerre, le gouvernement de Saint-James, qui n'était pas assez mal avisé pour sacrifier les grands intérêts de la politique aux petites vues d'une société de marchands, envoya dans la mer des Indes une escadre, et celle-ci fit main basse sur tous les bâtiments français naviguant dans ces parages sous la foi de cette neutralité dont s'était si naïvement bercée notre Compagnie des Indes.

« La Bourdonnais, dit encore l'auteur que nous venons de citer, fut touché des inepties qui causaient le malheur de l'État, comme s'il les eût faites lui-même, et il ne songea qu'à les réparer. À force de soins, de constance, de ressources de toute espèce, dont personne ne s'était avisé avant lui; sans magasins, sans agrès, sans équipages ni officiers de bonne volonté, il parvint à former une escadre composée d'un vaisseau de soixante canons, et de cinq navires marchands armés en guerre (1). »

C'est avec cette escadre improvisée que La Bourdonnais osa se mettre à la recherche de l'escadre anglaise, forte de six vaisseaux de guerre. Il la découvrit le 6 juillet 1746, à cinq heures du matin, à la hauteur de Négapatnam, dans le golfe du Bengale.

« Le temps était serein, la mer belle, et il faisait un petit frais (2). Les vaisseaux anglais, plus fins manœuvriers et meilleurs voiliers que ceux qui avaient été si hâtivement construits par les Français, conservèrent avec soin l'avantage du vent. La Bourdonnais, perdant l'espérance de le pouvoir gagner, mit en travers tous ses huniers (3), pour attendre l'ennemi dans quelque position que ce fût. Mais les Anglais, voulant apparemment tâter le feu de leurs adversaires et étudier les mouvements de ceux-ci

(1) Raynal, *Hist. philos. et polit.*, etc., t. IV.

(2) Dans la langue maritime, *petit frais* signifie vent léger.

(3) Ce sont les principales voiles d'un vaisseau, les meilleures, les mieux placées et les plus utiles; elles se placent aux deux mâts de hune, celui du milieu (grand mât de hune) et celui de l'avant (petit mât de hune), et prennent les noms de *petit* et *grand hunier*, suivant le mât auquel elles appartiennent.

L'*Achille*, monté par La Bourdonnais, tira à lui seul mille coups de canon dan
moins de deux heures.

avant de se livrer, n'arrivèrent que sur les quatre heures du soir,
afin de pouvoir fuir à la faveur des ténèbres si le combat leur devenait désavantageux. La Bourdonnais les laissa tirer les premiers ; mais il leur riposta avec un tel élan, que le commandant
anglais (Peyton), qui avait assisté à plusieurs actions, avoua qu'il
n'en avait jamais vu une aussi chaude. L'*Achille*, monté par La
Bourdonnais, tira à lui seul mille coups de canon dans moins de
deux heures ; et cependant, comme il était contraint de prêter
toujours le même côté, il n'y avait que vingt-cinq de ses pièces
qui pussent jouer, tandis que les vaisseaux anglais, virant sur une
même ligne avec une vitesse admirable et sans perdre un pouce
d'espace, se servaient tout à l'aise de leurs deux batteries. Mais
l'activité du feu suppléait, du côté des Français, à l'infériorité du
nombre des canons. L'artillerie de La Bourdonnais était garnie de
platines de fusil appliquées à côté de la lumière, et, par ce moyen
et celui d'un bout de ligne attaché à la gâchette, que le pointeur
tirait aussitôt que le mouvement du navire mettait la pièce de

Les Marins illustres.   4

canon vis-à-vis de son objet, le feu avait la promptitude du coup d'œil. Cette invention, due à La Bourdonnais lui-même, ne contribua pas peu à faire pencher le sort des armes en faveur des Français. Autant ceux-ci se montrèrent empressés d'en venir à l'abordage, autant leurs ennemis cherchèrent à l'éviter. Le commandant anglais ne se laissa jamais approcher qu'à portée de mitraille. Toutefois, après trois heures de combat, son escadre, affreusement maltraitée, profita de la nuit pour hâter sa fuite, tandis que La Bourdonnais, tous ses fanaux de combat allumés, la poursuivit encore à travers une épaisse obscurité. Peyton s'était allé réfugier dans la baie de Trinquemale, à l'île de Ceylan. La Bourdonnais avait résolu de le relancer jusque dans sa retraite et d'y brûler ses vaisseaux ; mais l'Anglais, prévenu à temps de ce projet, prit les devants et disparut tout-à-fait. La mer des Indes fut aux Français (1). »

On voit combien la Compagnie française des Indes avait malheureusement spéculé, en faisant enlever à La Bourdonnais les moyens d'obtenir ce glorieux résultat deux ans plus tôt !

Cinq mois après le combat de Négapatnam, La Bourdonnais débarquait (15 septembre 1764) sur la plage de Madras, établissement anglais rival de Pondichéry, et à quatre-vingt-dix milles de distance sur la même côte. Le 20 septembre au matin, le gouverneur anglais de la place, effrayé des ravages de son artillerie, lui faisait demander quelle rançon il entendait exiger pour se retirer : « Allez dire à celui qui vous envoie, répondit avec indignation le capitaine français, que l'honneur n'est pas une chose qui se vende. Je suis venu devant Madras pour y arborer le drapeau de la France, et ce drapeau y sera arboré ou je mourrai sous ces murs. » En conséquence de cette fière réponse, il envoya demander à bord de ses vaisseaux des hommes de bonne volonté pour monter sans plus de retard à l'assaut. Il en trouva beaucoup plus qu'il n'en fallait ; soldats et matelots se disputaient l'honneur de la première escalade. Mais les Anglais rendirent cette noble émulation inutile, en apportant les clefs de Madras au vainqueur de Négapatnam. La Bourdonnais fit son entrée dans la ville *blanche* (2) le 21 septembre, à la tête de quinze cents Français ; sur les tours

<hr>

(1) Léon Guérin, ouvrage et lieu cités.

(2) Dans les Indes, les établissements européens sont renfermés dans une enceinte particulière qu'on nomme la ville *blanche* ; tandis que les indigènes occupent une autre enceinte appelée la ville *noire*

du fort Saint-Georges, qui défendait la ville, le pavillon fleurdelisé fut substitué à celui d'Angleterre, et salué de vingt et un
coups de canon.

Cette satisfaction donnée à l'honneur national français, les
Anglais s'étaient réservé la faculté de se racheter eux et leur établissement; concession que La Bourdonnais leur avait faite en
conformité des instructions qu'il avait reçues de son gouvernement, et qui portaient, en termes formels, qu'*il ne garderait aucune des conquêtes qu'il pourrait faire dans l'Inde*. Le prix de la
capitulation fut fixé à onze cent mille pagodes, représentant environ neuf millions de la monnaie de France du temps.

Mais l'intervention d'un homme qui prétendait au monopole de
tout ce qui pouvait s'accomplir de grand et de glorieux au nom
de la France, dans l'Indoustan, rendit ce brillant succès de La
Bourdonnais stérile pour son pays et funeste pour lui-même.
Dupleix, gouverneur général des Indes à Pondichéry, homme d'un
vaste génie d'ailleurs, ne pouvait voir sans jalousie le gouverneur
de Bourbon et de l'Ile-de-France rivaliser avec lui, dans l'Inde, de
renommée et d'influence. Il ne vit dans la prise de Madras par son
rival, qu'il avait la prétention de traiter en subordonné, qu'un
larcin fait à sa gloire. Il soutint qu'une fois tombée au pouvoir des
Français, Madras était entrée dans sa juridiction, et que La Bourdonnais avait outre-passé ses pouvoirs en traitant du rachat de la
ville conquise. Il déclara que la capitulation ne serait pas exécutée, et elle ne le fut pas en effet.

La Bourdonnais lutta vainement, pendant trois mois, pour l'hon
neur de sa signature, qui était celle de la France, et pour le véritable intérêt du pays. Accablé de dégoûts, et déplorant les tristes
résultats de l'aveuglement et de l'injustice qu'il a rencontrés sur
sa route, il rentre à l'Ile-de-France, au mois de décembre, pour
y apprendre, de la bouche même de son successeur, qu'on lui a
retiré son gouvernement. A la prière du nouveau gouverneur, il
accepte la mission périlleuse de conduire jusqu'à la Martinique, à
travers les escadres anglaises qui tenaient la mer, six vaisseaux de
la Compagnie destinés pour l'Europe. Il échappa aux escadres ennemies, mais non à la tempête qui l'assaillit au passage du cap
de Bonne-Espérance et dispersa ses vaisseaux; il n'en put ramener que trois à la relâche qui lui avait été assignée.

Embarqué, sous un nom supposé, à bord d'un bâtiment hollandais qu'il avait pris dans l'île Saint-Eustache, il fut reconnu à

Falmouth, où le bâtiment était venu toucher, et conduit à Londres comme prisonnier de guerre. L'Angleterre, il faut bien le reconnaître, ne se montra point à demi généreuse envers son illustre prisonnier. On lui donna la ville pour prison. La Compagnie anglaise des Indes, les ministres, les princes de la Grande-Bretagne, se plurent à lui prodiguer des témoignages d'intérêt et d'estime. L'héritier du trône, le présentant à son épouse : « Voilà, dit-il, Madame, cet homme qui nous a tant fait de mal dans les Indes. — Ah ! Monseigneur, reprit vivement La Bourdonnais, en m'annonçant ainsi, vous allez me faire regarder avec horreur. — Ne craignez rien, répliqua le prince, on ne peut qu'estimer l'officier qui sert bien son roi, et qui fait la guerre en ennemi humain et généreux (1). »

Les choses se passaient bien autrement à Paris, où des mémoires arrivés de Pondichéry dénonçaient le colonisateur de l'Ile-de-France et le vainqueur de Madras comme un traître lâchement vendu aux intérêts des ennemis de son prince et de son pays. Brûlant d'aller confondre ses calomniateurs, La Bourdonnais obtient, sur parole, de passer en France. Il se rend directement à Versailles, et demande des juges avec le calme et la fierté d'un homme fort de son innocence et qui croit encore à la justice. La nuit même, en vertu d'un ordre du roi, il est arrêté et jeté à la Bastille !

On l'y laissa languir trois ans durant, privé de toute communication avec sa famille, en proie à toutes les souffrances de la plus odieuse et de la plus dure captivité. Mais c'était une de ces âmes fortement trempées, supérieures à la douleur physique comme à la souffrance morale, et qui conservent toute leur énergie et toute leur liberté, en dépit de l'affaissement du corps et de l'étreinte des chaînes matérielles. La Bourdonnais employa les longues heures de sa prison à rédiger ses *Mémoires*. Il y joignit une carte de sa composition, établissant avec précision la topographie respective des îles de France, de Bourbon et de Pondichéry, afin d'en faire ressortir aux yeux l'indépendance réciproque des deux gouvernements. Mais comme on lui avait refusé les moyens matériels d'exécution, son génie inventif fut obligé d'y suppléer, et les procédés qu'il employa attestent à la fois les ressources de son esprit et sa patience. « Des mouchoirs gommés avec de l'eau de riz furent son

(1) *Hist. marit. de France*, t. II, p. 276, édit. de 1824.

papier; il composa son encre avec de la suie et du marc de café ; un sou marqué, recourbé et assujéti sur un morceau de bois, devint une plume et un crayon entre ses doigts. Il n'eut besoin que de ses souvenirs pour dresser sa carte avec la plus exacte justesse (1). »

Le jour de la justice devait pourtant luire, enfin, pour ce grand homme si méconnu et si horriblement persécuté. La Bourdonnais apprit, au bout de trois années de tortures physiques et morales, qu'un jugement solennel avait proclamé son innocence, et il vit enfin les portes de la Bastille se rouvrir devant lui, pour le rendre à la lumière et à la liberté. Mais une affreuse paralysie avait déjà fait de son corps un demi-cadavre, et sa grande âme, qui n'avait pas succombé aux coups de l'infortune la plus profonde, ne put résister aux émotions de la joie et du triomphe. Il mourut le 3 février 1751, le lendemain même de sa sortie de la Bastille.

La cour ne crut devoir offrir aucune réparation à la famille de l'homme qu'elle avait si légèrement sacrifié à ses envieux. Sa veuve et ses enfants n'eurent d'autre consolation que de l'entendre proclamer d'une voix unanime, par l'opinion publique, le vengeur de la France dans les Indes et la victime de l'envie (2).

CASSARD (JACQUES), né à Nantes, en 1672 ;
mort en 1740.

C'était en 1733 : le jeune, timide et indolent Louis XV régnait dans les petits appartements de Versailles en véritable roi fainéant ; le gouvernement de la France était tombé dans les mains octogénaires du cardinal Fleury, auquel les troubles suscités par les perfides agitations des jansénistes ne laissaient guère le temps de songer aux affaires d'État ; Maurepas était censé administrer la marine française, en la laissant tout doucement mourir, en même temps que nos vaisseaux, délaissés, pourrissaient dans les ports. De ces hardis et intrépides officiers qui avaient fait la gloire de notre flotte sous le règne précédent, bien peu vivaient encore : les moins vieux, les plus valides, se tenaient tristement les bras croisés depuis l'humiliante paix d'Utrecht, depuis vingt

(1) Léon Guérin, ouvrage cité.
(2) Voltaire, ouvrage cité.

ans. Cependant, une velléité de restauration maritime s'était ré-
veillée tout-à-coup dans le conseil du petit-fils de Louis XIV.
Duguay-Trouin, lieutenant-général des armées navales qui n'exis-
taient plus, venait d'être chargé de former une escadre de seize
vaisseaux et de quatre frégates pour rappeler enfin aux Anglais,
qui affectaient de ne pas s'en douter, qu'il existait encore une
marine française. Le bruit de cet armement, qui n'eut cependant
aucune suite, avait fait accourir à Versailles une foule de vieux
officiers dont les états de services dataient de la belle époque des
Duquesne, des Tourville, des Jean Bart. Ils étaient coudoyés par
de jeunes aspirants, recommandés par leurs noms à défaut de
titres, et qui ne demandaient pas mieux, d'ailleurs, que de renouer
les traditions interrompues de nos gloires maritimes.

Un jour que la foule était grande, dans l'antichambre royale,
de ces héros en disponibilité ou en espérance, on vit tout-à-coup
apparaître au milieu d'elle un véritable loup de mer du bon
vieux temps : front renfrogné, regard dur et farouche, teint bronzé
par le soleil et le vent de mer, attitude fière, allure brusque et
saccadée ; un homme, enfin, sentant la poudre et le goudron. Il
passait et repassait, taciturne et sombre comme un fantôme, au
milieu des flots pressés de cette foule brillante et affairée, cou-
doyant tout le monde, sans adresser un mot à personne. Son costume, qui datait de l'autre siècle et qui trahissait une pauvreté
voisine de la misère, ajoutait encore à l'étrangeté de toute sa personne. La surprise était grande, parmi les familiers de l'antichambre, qu'on eût laissé pénétrer cette espèce d'ours mal léché
jusque dans les appartements du roi. Mais Duguay-Trouin se trouvait là ; il avait reconnu celui dont la présence donnait lieu à des
commentaires si peu bienveillants, et, s'adressant à quelques-uns
des plus scandalisés commentateurs : « Apprenez, Messieurs,
leur dit-il, que cet homme est une des gloires de notre marine !
C'est le capitaine Cassard, le plus grand homme de mer que la
France possède aujourd'hui, puisque Duquesne et Jean Bart ne
sont plus. Je donnerais toutes les actions de ma vie pour une des
siennes. Avec un seul vaisseau, il faisait plus que d'autres avec
une escadre entière. Vous ne le connaissez pas ; mais demandez
aux Portugais, aux Hollandais, aux Anglais surtout, s'ils l'ont
connu ! »

Et le héros malouin, se précipitant vers Cassard, pressait cor-
dialement dans la sienne la main du triste et rafalé capitaine

nantais, dont le front se déridait à peine sous cette pression chaleureuse et sympathique d'un ancien frère d'armes.

C'était bien le capitaine Cassard, celui auquel Louis XIV avait dit un jour : « Monsieur, vous faites beaucoup parler de vous ; j'ai besoin, dans ma marine, d'un officier de votre mérite, et je vous ai nommé lieutenant de frégate. » Et il lui avait fait remettre en même temps une gratification de deux mille livres, afin qu'il pût payer honorablement sa bienvenue sur la flotte royale.

Jacques Cassard, fils d'un armateur de Nantes, où il était né en 1672, venait d'entrer dans sa trentième année. Formé à la même école que Duguay-Trouin, il avait signalé de bonne heure sa grande vocation maritime au service des armateurs de Saint-Malo. En 1697, il avait accompagné de Pointis dans son expédition de la mer des Antilles, rendue célèbre par la prise de Carthagène d'Amérique sur les Espagnols. Une grande part de l'honneur de ce succès revenait à Cassard. Il commandait les galiotes de bombardement qui firent taire l'artillerie de la place, et, quand la brèche eut été ouverte, on le vit monter le premier à l'assaut, à la tête d'un corps de flibustiers de Saint-Domingue, que Pointis avait recrutés sur sa route.

Au moment où Louis XIV appela Cassard dans la marine royale, il venait de faire la fortune d'une société d'armateurs nantais, qui avaient confié à son intrépidité la conduite d'un vaisseau et de quelques petits bâtiments armés en course. Passé dans l'escadre de Flandre, il eut, à la tête de sa frégate, nombre d'affaires heureuses, qui rappelaient les plus brillantes prouesses des Jean Bart et des Forbin dans les mêmes parages.

En 1709, époque de disette en France, Cassard fut chargé par la ville de Marseille de se porter, avec deux frégates de la marine royale, au-devant d'une flotte de vingt-six bâtiments que le corps municipal de cette ville avait envoyée dans les ports barbaresques pour en rapporter des blés. Cassard fut obligé d'armer et d'équiper, à ses frais, les deux vaisseaux mis à sa disposition. Ayant rallié la flotte marseillaise dans les eaux de Tunis, il fut rencontré le 29 avril, à quelques lieues de la côte, par quinze vaisseaux de guerre anglais, escortant une flotte marchande partie de Symrne. Sans s'effrayer de la supériorité de l'ennemi qu'il a en présence, Cassard n'est préoccupé que d'une pensée : procurer à son convoi les moyens d'échapper aux dangers de cette rencontre, en lui faisant gagner le large sous l'escorte du plus faible de ses vaisseaux, tandis que, avec celui qu'il monte, il donnera maille à partir à toute l'escadre anglaise.

Ce plan dressé, et ses instructions données en conséquence, il va se présenter fièrement devant l'escadre ennemie, et affronte sans sourciller le feu de toutes ses batteries. C'était un trait d'audace encore inouï dans les fastes maritimes ; mais le résultat qui suivit tient du prodige. Telles furent la vigueur et la précision avec lesquelles Cassard répondit au feu de ses adversaires, la promptitude, l'habileté et le bonheur de ses évolutions, qu'il démâta deux de leurs vaisseaux, en coula un troisième, et força les autres à se retirer, après un combat qui s'était prolongé pendant douze heures !

La flotte marchande qu'escortait Cassard avait eu tout le temps de se sauver ; mais on pense bien que l'intrépide capitaine n'avait pas soutenu cette lutte de géant sans que son vaisseau, l'*Eclatant*, de soixante canons, eût reçu des blessures profondes et des avaries considérables. Il faisait eau de toutes parts, et il fallut encore des efforts surhumains pour qu'il pût gagner, avant de sombrer, Porto-Farina, dans la régence de Tunis. Les habitants de ce port, qui avaient été témoins de cette lutte héroïque, reçurent avec acclamations le brave capitaine français, et s'empressèrent de lui fournir tous les moyens de refaire son équipage, de soigner ses nombreux blessés et de réparer son navire.

Il faut bien le dire, le corps municipal de Marseille se montra peu reconnaissant du généreux dévouement que le capitaine breton avait déployé à son service. Quand il réclama le remboursement des avances qu'il avait faites pour l'armement de ses deux vaisseaux, on lui répondit peu généreusement, peu honnêtement surtout, qu'il ne lui était rien dû, puisque ce n'était pas lui qui avait ramené la flotte. Indigné, exaspéré, comme on peut le penser, de tant d'ingratitude, il porta sa réclamation devant le parlement d'Aix, mais il n'en put jamais obtenir un jugement.

Telle fut la source de cette humeur atrabilaire qui, se développant plus tard sous l'influence de nombreuses déceptions du même genre, fit à la longue du glorieux marin un misanthrope farouche, un être tout-à-fait insociable ; disposition funeste qui lui aliéna toute bienveillance et stérilisa, pour sa fortune et pour son avancement, les éminentes qualités dont la nature l'avait doué !

Mais arrivons à l'époque la plus mémorable de la carrière maritime de Jacques Cassard.

Louis XIV, à qui ses finances obérées rendaient trop dispendieux l'entretien de l'imposante marine créée par le génie de Colbert, s'était décidé, dans un but d'économie, à prêter ses officiers et ses vaisseaux aux armateurs entreprenants qui se chargeaient d'inquiéter, à leurs risques et périls, la marine et les établissements coloniaux des Etats avec lesquels il se trouvait en guerre. C'est ainsi qu'à la fin de 1711, avec une escadre de vaisseaux de l'Etat armés et équipés par des particuliers, Duguay-Trouin (*voy.* ce nom) avait porté la terreur et la ruine sur les côtes du Brésil, et emporté de vive force la ville de Rio-Janeiro. Comme il rentrait au port de Toulon, dans les premiers jours de mars 1712, Cassard en sortait pour une expédition semblable, dirigée contre les colonies tant du Portugal que de la Hollande et de l'Angleterre, dans les deux Indes. Son escadre, armée en guerre aux frais et pour le compte d'une puissante compagnie de spéculateurs, se composait de trois vaisseaux et de cinq frégates, tirés de la flotte royale, et de deux moindres bâtiments, d'une forme particulière, appelés du nom anglais de *ketches*, et appartenant aux armateurs associés. Cette expédition, par son but, était une véritable campagne de flibustiers; mais le génie de celui qui la dirigeait, et les incidents qu'elle produisit, lui donnèrent toutes les proportions de la grande guerre.

La première visite de Cassard fut pour les îles portugaises du cap Vert, qui se rattachent au continent africain. Il ruina complètement Santiago, entrepôt du commerce des Portugais avec la côte occidentale d'Afrique. Il y fit un si grand butin, à ce que disent les Mémoires du temps, que, pour ne pas surcharger son escadre, il dut en abandonner une partie, qu'on évalua à plus d'un million de francs.

Cinglant de là vers l'archipel des Antilles, dans l'Océan américain, il relâcha à la Martinique pour y déposer les dépouilles opimes faites aux îles du cap Vert et réparer ses vaisseaux. Les flibustiers de Saint-Domingue, qui ne l'avaient point oublié depuis le siége de Carthagène, vinrent le trouver en grand nombre, et obtinrent de lui qu'ils se joignissent à son escadre avec leurs navires si légers à la course, si audacieux à l'attaque. Accrue de ce renfort, dont il appréciait la valeur, l'escadre de Cassard était devenue presque une flotte. Il se jeta sur les Antilles anglaises, et s'empara de vive force des îles de Montserrat et d'Antigoa, ainsi que de tous les vaisseaux anglais qu'il trouva dans les eaux de ces îles. Ils lui servirent à transporter à la Martinique l'immense butin qu'il avait recueilli, déduction faite de la part due à ses auxiliaires de la flibuste.

Le tour des Hollandais était venu. Cassard se porta directement sur leur riche établissement de Surinam, dans la Guyane. La ville, qui s'élève sur la rive gauche du beau et large fleuve de ce nom, et à vingt milles environ de son embouchure dans la mer, était doublement fortifiée par le génie de l'homme et par la nature. Les Hollandais s'étaient préparés à une vigoureuse résistance : plus de quatre-vingts pièces de canon défendaient l'approche du rivage, tandis que, sur les remparts de la ville, plus de cent trente bouches à feu étaient prêtes à vomir la mort. La descente était donc aussi difficile que périlleuse, et, pour surmonter tous les obstacles, il fallait autre chose encore que du courage et de la témérité. Mais si Cassard était un habile marin, il n'était pas un moins habile ingénieur. Ses connaissances dans cet art, qu'on avait utilisées naguère pour les fortifications de Toulon, lui furent d'un grand secours dans cette circonstance. Il prouva, en outre, qu'il possédait encore à un haut degré le coup d'œil et le génie du stratégiste. Par une suite de combinaisons habiles et hardies, il parvint à éluder ou à surmonter les plus grandes difficultés de son entreprise. Avec une partie de ses forces débarquées sur un point de l'île très éloigné de l'embouchure du fleuve, il s'empara de positions importantes, et se mit en mesure de foudroyer la ville par terre et par mer.

Les Hollandais se défendirent vaillamment ; mais les bombes de Cassard faisaient tant de ravages dans la ville, que, prévoyant une ruine totale s'il prolongeait sa résistance, le gouverneur dépêcha un parlementaire vers le capitaine français pour lui offrir une rançon. Cassard accepta cette offre, et fixa la rançon de Surinam à deux millions quatre cent mille livres, sans aucune restitution du butin recueilli dans les habitations de l'île tombées au pouvoir des Français. Cette rançon, qui représentait une année du revenu de la colonie, fut souscrite et acquittée sans délai. Les valeurs données furent de l'argent, du sucre et des nègres.

Après avoir également mis à contribution Berbiche et Askebe, ou Essequibo, deux autres établissements de la Guyane hollandaise, Cassard rentra encore une fois à la Martinique, aux acclamations des colons français, émerveillés de voir s'accumuler dans

Le gouverneur dépêcha un parlementaire vers le capitaine français. (Page 58.)

leur port tant de richesses enlevées aux ennemis de la mère patrie.

Mais les Hollandais avaient aussi des possessions dans les Antilles ; c'est par elles que Cassard crut devoir terminer son expédition. Il se présenta d'abord devant l'île Saint-Eustache, dont la colonie s'empressa d'offrir sa rançon. Le terrible capitaine n'exigea, cette fois, qu'une somme très modérée, parce que la capitulation était allée au-devant de l'attaque, et que la colonie était pauvre. Il gouverna de là vers Curaçao, établissement plus considérable et plus riche, mais qui ne devait pas être d'une aussi facile composition.

Curaçao avait déjà vu échouer contre elle une tentative de l'amiral Jean d'Estrées, en 1678, et les officiers de Cassard cherchèrent à le détourner d'une entreprise où ils craignaient de lui voir compromettre sa gloire et la fortune de son escadre. La ville était forte, défendue par une nombreuse garnison et pourvue d'une artillerie formidable. Belles raisons, vraiment, pour un oseur de la trempe de notre capitaine ! Cassard démontra à ses officiers que non-seulement l'entreprise était possible, mais que le succès était certain. Il déclara que Curaçao lui devait une rançon de six cent mille livres, et qu'il ne se retirerait pas avant de l'avoir reçue. L'attaque fut donc décidée. Elle commença, le 18 février 1713, par une descente opérée dans la baie de Sainte-Croix, à cinq lieues de la ville, et se termina sept jours après (le 24) par la capitulation de la place, qui paya, en effet, la rançon de six cent mille livres fixée d'avance par l'inflexible et obstiné Breton.

Devant Curaçao, comme devant Surinam, Cassard s'était montré ingénieur plein de ressources et homme de guerre consommé ; car il avait eu à diriger un siége dans toutes les règles, et à lutter contre les difficultés spéciales d'un sol très accidenté. En effet, dans l'espace de cinq lieues qui séparait son point de débarquement de la ville, il lui avait fallu franchir des passages dangereux et vigoureusement défendus, emporter de haute lutte plusieurs postes avancés, et forcer des retranchements redoutables ; il avait fallu amener de l'artillerie à travers mille obstacles naturels, ouvrir des tranchées, élever des batteries, attaquer et se défendre tout à la fois. Cassard, qui suffisait à tout, et qu'on retrouvait toujours au poste le plus périlleux, reçut, dans un des nombreux engagements qu'il eut à soutenir, une grave blessure au pied, qui ne l'empêcha pas de continuer à donner des ordres et à veiller à leur exécution. Il revint une dernière fois à la Martinique pour s'y rétablir de sa blessure, régler le compte des flibustiers, qui lui avaient été si utiles, et préparer son retour en France avec le produit matériel de ses exploits, qu'on n'évaluait pas à moins de neuf ou dix millions.

Comme il avait repris sa route vers les côtes de France, il fit la rencontre d'une flotte anglaise, qu'il attaqua et dispersa. En rentrant à Toulon, un peu plus d'une année après son départ, il y trouva le double brevet de capitaine de frégate et de chevalier de Saint-Louis. Ce fut à peu près le seul fruit personnel qu'il retira de sa brillante et glorieuse campagne. Quant à la part qui lui revenait sur les dépouilles opimes qu'il avait conquises, il y a toute apparence qu'elle lui fut bien chichement ou bien déloyalement mesurée, puisqu'il est certain que, la paix d'Utrecht l'ayant laissé sans emploi, il se vit réduit à végéter dans un état voisin de l'indigence. Ce n'est pas ainsi qu'à la même époque l'Angleterre traitait ses illustres marins, ainsi qu'on l'a pu voir à l'article de l'amiral Anson.

Cassard n'eut donc pas plus à se louer de la générosité du gouvernement qu'il avait servi bravement, que de la reconnaissance des armateurs qu'il avait enrichis. On prétend qu'il fut lui-même l'artisan de son infortune par la dureté et la sauvagerie de son caractère ; c'est-à-dire qu'on donne pour excuse de l'injustice dont il fut victime le résultat même de cette injustice. On avait rendu à cet homme, dont la carrière avait été pleine de dévouement, l'humanité haïssable, et on lui faisait un crime de sa misanthropie ! Le ministre Maurepas, pour mettre un terme à ses incessantes et légitimes réclamations, s'avise un jour de lui offrir une maigre pension sur je ne sais quel produit des fermes. « Gardez votre aumône, répondit-il fièrement à une offre si peu généreuse et si peu décente ; je n'en veux pas. Je ne veux pas que, sous titre de faveur ou de rémunération, on me donne des dépouilles du peuple. Je me suis ruiné pour le service du roi ; je demande seulement que le roi me rembourse les trois millions que j'ai avancés pour lui. » Le ministre le congédia comme un ingrat ou un maniaque.

L'orgueil, l'insubordination de Cassard lui attirèrent son incarcération au château de Ham. Il y mourut de langueur en 1740.

DORIA (André), amiral génois, seizième siècle.

« Certes, dit le seigneur de Brantôme, en son style peu élégant, mais presque toujours pittoresque, il faut donner cette gloire à ce prince André Doria d'avoir été un des grands capitaines de la mer qui, possible, ait été de mémoire d'homme, voire qui se soit oncques trouvé dans nos histoires (1). » — Il appartenait à l'une de ces familles patriciennes dont l'illustration remonte au berceau de la république génoise. Suivant la remarque du très grave et très savant historien des républiques italiennes, Sismonde de Sismondi, les chroniques de celle de Gênes ne remontent pas au-delà de l'an 1100, et, dès cette époque, on voit les Doria y occuper les premières magistratures (2).

André naquit dans la petite ville d'Oneille. Les biographes ne s'accordent pas sur l'année de sa naissance, qu'ils n'ont fixée

---

(1) *Hommes illustres étrangers*, discours XXXV.
(2) *Biographie universelle* des frères Michaud, article *Doria*.

d'ailleurs que d'après l'opinion qu'ils ont adoptée sur son âge au moment de sa mort. Brantôme, qui l'*avait vu*, ainsi qu'il nous l'apprend, résume ainsi l'incertitude qui régnait à cet égard : « On lui donnait *près* de quatre-vingt-dix ans *ou plus* lorsqu'il mourut. » Nous croyons être suffisamment autorisé par les diverses circonstances qui se rapportent aux débuts de sa longue carrière à ne pas faire remonter sa naissance au-delà de 1476. On nous permettra, en raison du peu d'importance du fait en lui-même, de ne pas insister plus longuement sur la probabilité de notre conjecture.

Conformément aux traditions de sa famille et aux nécessités de son époque, l'éducation du jeune André Doria fut toute militaire. A dix-neuf ans, il avait perdu son père et sa mère, et, sous les auspices d'un de ses oncles, Domenico Doria, qui était capitaine des gardes nobles du pape Innocent VIII, il entra dans ce corps, où il se fit remarquer par un grand amour de la discipline et par une aptitude rare pour tous les exercices militaires. Après la mort du pontife, en 1503, il passa au service de la cour de Naples. « De tous les officiers d'Alphonse, dernier roi de ce pays, il fut le seul, dit un biographe, qui ne l'abandonna pas lorsque Charles VIII, roi de France, fit la conquête de ce royaume. »

Pour échapper à la conflagration qu'avaient allumée en Italie les guerres civiles et étrangères, Doria alla faire un pèlerinage à Jérusalem. Il communia sur le tombeau du Christ, fut agrégé par les prêtres du Saint-Sépulcre à l'ordre de Saint-Jean, et il se voua dès-lors au célibat.

Au retour de ce pèlerinage, il s'attacha à Jean de la Rovère, duc d'Urbin, frère du pape Jules II, et qui tenait le parti du roi de France dans le royaume de Naples. Ce général, dont la famille avait eu des alliances avec celle du jeune officier, lui confia la défense de la forteresse de *Rocca Guillelma*. Il s'en acquitta avec une bravoure et une habileté qui furent admirées de ses ennemis mêmes, et qui lui valurent des témoignages d'estime et d'amitié de la part du célèbre Gonsalve de Cordoue, contre lequel il avait combattu.

Après ces brillants débuts dans le service de terre, Doria y renonça cependant pour obéir à une vocation plus spéciale, en se jetant dans la carrière maritime, qui avait déjà fait l'illustration de la plupart de ses ancêtres. Comme marin, il pouvait faire la guerre pour son propre compte ; comme agrégé à l'ordre de Malte,

il se vouait exclusivement à la poursuite des corsaires barbaresques, ennemis du nom chrétien, et il se dérobait ainsi à la triste
nécessité de prendre un parti au milieu des luttes qui déchiraient
l'Italie ; luttes confuses où toutes les ambitions s'étaient donné
rendez-vous, où tous les intérêts étaient aux prises. Pendant plus
de quinze ans, avec les galères qui lui appartenaient, Doria fit la
chasse aux forbans turcs et maures dont la Méditerranée était
infestée. Il y réussit, au grand accroissement de sa fortune et de
sa renommée. Il avait pour principal associé et pour lieutenant
Philippin Doria, son cousin, d'autres disent son neveu, qui joua
aussi un grand rôle parmi les capitaines de mer de ce temps-là.

Nous ne citerons qu'un trait de cette première période de la
carrière maritime d'André Doria. Le 5 avril 1519, en vue de l'île
de Pianosa, dans la mer de Toscane, à la tête de six galères seulement, il rencontra une escadre de trois gros bâtiments, commandés par un fameux forban tunisien, nommé Caladin-Raïs.
Doria l'attaqua sans hésiter, et sut si bien balancer par la supériorité de ses manœuvres l'infériorité de ses forces, qu'après un
combat aussi long qu'opiniâtre, la victoire se déclara pour lui.
Il s'empara de toute la flotte tunisienne, moins deux galères, qui
s'étaient dérobées au combat pendant l'action.

Cet exploit fixa sur lui l'attention de l'Europe, et les deux monarques qui avaient fait de l'Italie le théâtre sanglant et désolé de
leur ambition, cherchèrent à l'envi à se l'attacher. Il donna la
préférence à François Ier, qui s'intitulait alors seigneur de Gênes,
et qui le nomma général de ses galères, sous l'amiral Bonnivet :
étrange amiral que ce Bonnivet, qui ne combattit jamais que sur
la terre ferme ; mais triste conseiller surtout, qui ne fit jamais
faire que des sottises à son maître !

En 1524, Doria battit la flotte impériale sous les côtes de Provence, et débloqua par mer la ville de Marseille, que tenait assiégée le connétable de Bourbon, traître à son pays et à son roi. Les
impériaux, dont la flotte avait été dispersée, se virent obligés
d'abandonner le siége et d'évacuer la Provence pour se retirer en
Italie.

On cite, à cette occasion, un trait qui fait honneur à la loyauté
et au désintéressement de Doria. Philibert de Châlon, prince
d'Orange, que le connétable avait entraîné dans sa révolte, était
parti d'Espagne sur un brigantin pour rejoindre l'armée impériale
devant Marseille. Il rencontre la flotte de Doria et l'aborde,

croyant avoir affaire à celle de l'empereur. Ayant reconnu sa méprise, il offre à Doria une rançon considérable. — « Vous n'êtes pas mon prisonnier de bonne guerre, lui dit Doria ; vous ne m'appartenez pas ; mais le roi de France est votre légitime suzerain ; mon devoir est de vous renvoyer par devers lui. » Et il le fit, en effet, conduire à François Ier, qui eut la générosité, moins prudente que chevaleresque, de lui rendre la liberté sans condition.

Après la funeste bataille de Pavie (1525), qui fit tomber le roi de France aux mains de son rival, Doria conçut le hardi dessein de délivrer le royal captif, en s'emparant de l'escadre qui le conduisait d'Italie en Espagne. Il informa François Ier de son projet, se faisant fort de réussir ; mais ce monarque, qui avait engagé sa parole de chevalier, remercia Doria et lui prescrivit de ne rien faire. Le roi chevalier voulut porter intact à Madrid l'honneur qu'il avait sauvé à Pavie ; mais il avait trop compté sur la *générosité* de son vainqueur, et il ne trouva à Madrid que l'humiliation de s'entendre dicter des conditions auxquelles un roi de France ne pouvait souscrire sans honte.

Pendant la captivité de François Ier, et avec son agrément, Doria passa au service du pape Clément VII, qui représentait, ainsi que ses prédécesseurs, le parti de l'indépendance de l'Italie. En 1527, il revint au service de la France ; le roi lui conféra le titre d'amiral des mers du Levant, avec trente-six mille écus d'appointements. A la tête d'une flotte de dix-sept galères, il vint bloquer le port de Gênes, et fit rentrer cette ville sous la domination française, à laquelle s'était substituée celle des Espagnols. Doria obéissait, dans cette circonstance, à une pensée toute patriotique : il comptait user du crédit que ses services devaient lui procurer auprès de François Ier, pour restituer à sa patrie une indépendance qu'elle avait perdue depuis un siècle par le crime des factions. Mais les espérances dont il s'était bercé à cet égard furent promptement déçues ; le dépit qu'il en éprouva le rendit accessible aux séductions de l'empereur, qui avait toujours envié à son rival la possession de cet habile officier de mer. Les motifs ou les prétextes de défection ne manquèrent pas à Doria. François Ier, qui s'était engagé à rendre Savone aux Génois, loin d'accomplir cette promesse, fit agrandir et fortifier ce port, et le déclara franc ; ce qui en faisait, pour celui de Gênes, une concurrence désastreuse et une menace formidable. D'un autre côté,

Philippin Doria, que l'amiral avait envoyé au secours de Lautrec faisant le siége de Naples; Philippin Doria, qui, dans le golfe de Salerne, avait remporté une victoire éclatante sur la flotte espagnole, commandée par Hugues de Moncade, avait eu à se plaindre des procédés de Lautrec. Ce général, *trop haut à la main et voulant impérier trop*, comme dit Brantôme, avait revendiqué avec plus de hauteur qu'il ne convenait tous les prisonniers faits par le Génois; et comme celui-ci s'était hâté de les envoyer à Gênes, il y avait eu de dures paroles échangées entre les deux chefs. Il paraît, d'ailleurs, que François Ier, dont les finances étaient obérées, n'acquittait pas très exactement les termes du magnifique traitement alloué à son amiral du Levant.

Doria se plaignit avec une certaine amertume. Son langage fut celui d'un chef plus accoutumé à commander qu'à obéir, et qui avait le sentiment de son mérite et de sa valeur personnelle. Il rappela ses services avec la dignité d'un homme qui n'avait rien aliéné de son indépendance. Ces plaintes fières et presque hautaines, firent un grand scandale à la cour et dans le conseil du monarque. On trouva que l'amiral le prenait sur un ton qui ne convenait pas à un sujet; car il semblait avoir oublié qu'en sa qualité de Génois, il était né sujet du roi de France. Les envieux avaient donc trouvé l'occasion opportune pour faire tomber dans la disgrâce un homme qui les écrasait de son influence et de sa renommée; ils s'empressèrent de la saisir. En vain Lautrec, dont la position critique devant Naples ne pouvait se passer de la flotte génoise, avait-il dépêché en toute hâte le sieur de Langey près de François Ier, pour le conjurer de prévenir à tout prix une défection qui ruinerait ses affaires en Italie. La colère, l'orgueil blessé et surexcité par l'intrigue, l'emportèrent sur la prudence. Le chancelier Duprat, ce conseiller funeste auquel l'imprévoyant François Ier avait dû déjà, en grande partie, la révolte du connétable de Bourbon, insista avec force, avec violence même, pour que Doria fût traité comme un traître et un félon, à son double titre de sujet et de général au service du roi. « Il fut donc conclu, dit du Bellay dans ses Mémoires, de dépêcher le seigneur de Barbézieux pour aller à Gênes se saisir tant des galères du roi que de celles d'André Dorie; faisant ledit Barbézieux amiral sur la mer de Levant, et destituant André Dorie; et s'il véoit (voyait) l'occasion, qu'il se saisît de la personne dudit Dorie. »

Rien n'était plus facile que de donner un pareil ordre à Paris;

Les Marins illustres. 5

le difficile était de l'exécuter à Gênes. Lorsque Barbézieux se présenta devant l'amiral génois, Doria, qui connaissait d'avance l'objet de sa mission, ne lui laissa pas le temps de la lui notifier. « Je sais, dit-il à l'envoyé de la cour de France, je sais ce qui vous amène. » Et, lui montrant d'un côté les galères françaises, et de l'autre celles de Gênes : « Voici les galères de votre maître, que je vous remets ; voici celles de ma république, que je conserve ; accomplissez le reste de votre ordre, si vous l'osez (1). » Barbézieux resta tout interdit et n'eut garde de rien entreprendre sur la personne de l'homme qui venait de lui parler si fièrement. Il se contenta de prendre possession des galères françaises et de son commandement, lui qui, au témoignage de Brantôme, *ne savait ce que c'était qu'une mer, un port et une galère !*

Sa rupture ainsi accomplie avec le roi de France, Doria envoya vers Charles-Quint un de ses officiers, porteur de ses offres de service et des conditions qu'il y mettait. Ses intérêts personnels n'y étaient pas oubliés, mais la première de toutes était en faveur de sa patrie. « La négociation, dit Robertson, ne fut pas longue. Charles-Quint sentit toute l'importance d'une telle acquisition, et consentit à toutes les demandes du Génois. Doria renvoya aussitôt à François Ier la commission qu'il tenait de lui et le collier de Saint-Michel, et arbora sur ses galères le pavillon impérial (2). »

La première conséquence de cette défection fut la nécessité où se trouvèrent les Français de lever le siége de Naples ; honte bientôt suivie de la perte de Gênes et de Savone. La seconde, et la plus désastreuse peut-être, fut de donner à Charles-Quint une flotte qui lui manquait, et, pour la commander, l'homme qui passait pour le plus habile et le plus heureux amiral de son époque.

(1529.) Sur les sommations énergiques de Doria, secondées par un soulèvement populaire, les Français avaient dû sortir du port et de la citadelle de Gênes. La citadelle, instrument d'oppression depuis un siècle, fut aussitôt rasée. La domination étrangère ainsi éconduite, il ne tenait qu'à Doria de se faire proclamer souverain de son pays. La reconnaissance et l'enthousiasme des Génois, le dévouement de ses nombreux amis, l'appui de l'empereur, tout lui rendait cette usurpation facile. Il préféra une gloire plus no-

(1) Léon Guérin, *Hist. maritime de France*, t. I, chap. XIII.
(2) *Hist. de Charles-Quint*, liv. V.

Voici les galères de votre maître, que je vous remets. (Page 66.)

ble et plus pure : il aima mieux mériter les titres de *Père de la
Patrie* et de *Restaurateur de la Liberté*, qui lui furent décernés de
son vivant par l'admiration de ses concitoyens, et que l'histoire
n'a point effacés.

D'après ses conseils, une commission de douze membres, élus
par la généralité des citoyens, et qu'il présida, fut chargée de rédiger la constitution de cette nouvelle république, ou plutôt de
réviser l'ancienne constitution, pour en faire disparaître les vices
qui l'avaient compromise, en ouvrant un champ trop libre aux
factions. « L'exemple de Doria, dit Robertson, inspira à ses concitoyens le même enthousiasme de générosité et de vertu : les
malheureuses factions qui avaient si longtemps déchiré et ruiné
cet État parurent entièrement oubliées, et l'on prit toutes les
précautions que dicta la prudence pour les empêcher de renaître... Doria, jusqu'à sa mort, c'est-à-dire pendant plus de trente
années, sans aucun titre officiel (car il refusa constamment celui
de doge), sans s'arroger aucun droit au-dessus des autres citoyens, conserva la plus grande autorité dans tous les conseils

d'une république qui devait son existence à sa générosité. Son empire, fondé sur la reconnaissance, était soutenu par l'amour et le respect qu'inspire la vertu, et non par la crainte qu'excite le pouvoir. »

Les soins qu'il donnait au gouvernement de sa patrie n'empêchèrent point Doria de servir très activement l'empereur, ainsi qu'il s'y était engagé. Charles-Quint, en le nommant amiral général de sa marine, lui avait laissé carte blanche, et il avait en même temps prescrit à tous les gouverneurs de ses possessions en Italie de ne rien entreprendre sans l'avoir préalablement consulté. Cette position le rendit en quelque sorte l'arbitre souverain, pendant plus d'un quart de siècle, des affaires maritimes de l'empire. Il n'est pas une expédition de quelque importance où son nom ne se retrouve ; et si nous voulions dégager avec toute la précision convenable la part de gloire ou de responsabilité qui lui revient dans chaque affaire, nous serions entraînés bien au-delà du cadre qui nous est imposé ; car il nous faudrait entrer dans le détail compliqué de l'histoire maritime du milieu du seizième siècle. Nous nous en tiendrons à une indication très sommaire des faits les plus saillants de cette longue et glorieuse carrière.

En 1531, Doria opère une diversion utile aux intérêts de l'empereur en Hongrie et en Autriche, en se portant inopinément avec sa flotte dans les mers ottomanes. Il prend d'assaut Coron en Morée, l'un des ports les mieux fortifiés de cet empire ; soumet rapidement Patras et Lépante, et s'empare des deux châteaux que Bajazet II avait bâtis à l'entrée des Dardanelles. A ces nouvelles, Soliman, qui était en Hongrie, se hâta d'accourir à Constantinople, pour veiller à la défense de sa flotte et de sa capitale même, si hardiment menacées par l'amiral de Charles-Quint.

En 1535, Doria commandait la flotte chrétienne avec laquelle l'empereur entreprit sa célèbre expédition de Tunis, où s'était établi le fameux Kaïreddin Barberousse, après l'avoir enlevée par surprise à ses anciens sultans maures. Tunis fut reprise à Barberousse et rendue au prince arabe sur lequel ce forban l'avait usurpée. Le sultan légitime se reconnut vassal et tributaire de la couronne d'Espagne. Le fort de la Goulette, qui garde la longue et étroite entrée du port, reçut une garnison espagnole, et trente mille captifs chrétiens de toute nation recouvrèrent leur liberté. Charles-Quint leur fournit des habits et de l'argent pour retourner dans leur pays, et leur reconnaissance enthousiaste alla proclamer partout la gloire et la munificence de l'empereur.

Cependant Barberousse avait pu échapper à la flotte espagnole avec une partie de ses galères ; ce qu'il devait beaucoup moins, prétendit-on alors, à sa bonne fortune qu'à la complaisance de Doria. Brantôme, écho des mauvaises langues de la cour de France, l'insinue formellement ; mais nous n'admettons point qu'une pareille autorité suffise pour motiver un jugement conforme de l'histoire. Quoi qu'il en soit, la perte de Tunis ne fit rien perdre à Barberousse de l'estime et de la confiance de Soliman ; il en reçut la dignité de capitan-pacha, et l'on vit bientôt le nouvel amiral ottoman apparaître dans les mers d'Italie, menaçant les côtes du royaume de Naples et de la Sicile. Il avait déjà pris terre dans le voisinage d'Otrante (1537) et s'apprêtait à pousser ses ravages au cœur même du pays, lorsque Doria, se montrant à la tête des galères chrétiennes, le força à se rembarquer et à sortir précipitamment du golfe de Tarente. Mais l'amiral génois atteignit l'arrière-garde de la flotte ottomane dans la mer de Corfou, l'attaqua vigoureusement, et après un combat opiniâtre et sanglant, lui enleva douze de ses meilleures galères, et les brûla.

L'année suivante (1538), les démonstrations du sultan de Constantinople étant devenues plus menaçantes encore pour l'Italie, une ligue fut formée entre le pape, l'empereur et la république de Venise, pour s'opposer à ses entreprises et forcer ses flottes à respecter la sécurité et l'indépendance des autres peuples, ses voisins sur la Méditerranée. On fut longtemps à s'entendre et à réunir une flotte considérable, dont le commandement général avait été décerné à Doria. Elle se mit en campagne vers le milieu de l'été de 1539. De leur côté, les Turcs avaient fait des préparatifs immenses : les mers de Sicile et d'Ionie étaient, pour ainsi dire, encombrées de vaisseaux. La lice était ouverte entre Doria et Barberousse, c'est-à-dire entre les deux plus célèbres capitaines de mer de ce temps-là, et l'on devait s'attendre aux actions les plus mémorables et les plus décisives. Il n'en fut rien cependant : on eût dit que les deux amiraux s'étaient concertés pour éviter une rencontre sérieuse, et pour ne rien faire qui fût digne des forces imposantes que chacun d'eux avait à sa disposition. Une fois, cependant, veille de saint Michel (28 septembre), les deux grandes armées navales se trouvèrent en présence à la hauteur de l'île de Sainte-Maure, en face de la côte d'Étolie. L'avant-garde de la flotte chrétienne engagea l'action, contre l'avis, dit-on, de Doria, qui ne trouvait ni la position ni le temps favorables. En effet, la mer était houleuse, et la flotte turque avait pour elle l'avantage du vent. La nécessité d'employer les galères à remorquer les gros vaisseaux rendait pour les confédérés les évolutions aussi lentes que dangereuses : aussi l'amiral se montra-t-il plus préoccupé du soin de prévenir un grand désastre, que de soutenir un combat témérairement engagé. Les Turcs, de leur côté, ne profitèrent guère de leurs avantages que pour se dérober à la nécessité d'un engagement général. Ils eurent cependant l'apparence d'une victoire, fondée sur ce que, pendant le commencement de combat qui eut lieu, la flotte chrétienne perdit six galères, dont deux sautèrent pendant l'action, par suite de l'explosion de leurs magasins à poudre, et dont quatre tombèrent au pouvoir de l'ennemi.

Le résultat de cette journée fut amèrement reproché par les confédérés à Doria. Les Vénitiens, surtout, qui se trouvaient les plus compromis dans cette guerre, et qui y perdirent une grande partie de leur puissance, accusèrent hautement l'amiral génois de trahison. Peut-être la vieille antipathie qui régnait de Génois à Vénitien ne fut-elle pas sans quelque influence dans la conduite du chef de la flotte confédérée. Peut-être, en cette circonstance, poussa-t-il à l'excès la prudence qui présidait à toutes ses actions et qui était le trait dominant de son caractère. Il avait pour maxime qu'un général devait éviter avec soin les occasions où le succès dépendait moins de la conduite que du hasard. Tout prouve, du reste, que, dans cette campagne, il avait plus d'une raison de se méfier de la capacité de ses auxiliaires, et plus d'un motif de se plaindre de leur peu de subordination. En outre, il est juste de reconnaître que tout ne dépendit pas, dans cette occasion, de la volonté des chefs ; puisqu'un orage étant survenu avant que l'action pût être bien sérieusement engagée, le soin de se soustraire aux conséquences désastreuses d'une tempête avait évidemment préoccupé les deux amiraux. Ainsi les deux flottes se séparèrent, cherchant un abri, celle des chrétiens dans les ports de l'île de Corfou, celle des Turcs dans le golfe d'Arta.

Doria dut se plaindre des bruits préjudiciables à sa réputation que les Vénitiens cherchaient à accréditer à l'occasion de cette affaire de Sainte-Maure ; un historien peu favorable à notre héros,

le Vénitien Sagredo, nous apprend à ce sujet, que « le sénat de
» Venise, *qui agissait avec plus de réflexion* que les accusateurs du
» célèbre amiral, lui écrivit une lettre fort obligeante, dans la-
» quelle il l'assura qu'il n'avait pas voulu écouter les bruits qu'on
» avait fait courir, et *qu'il était persuadé que la précaution avec*
» *laquelle il en avait usé avait pour but le plus grand bien de toute*
» *la chrétienté* (1). »

La désastreuse campagne de Charles-Quint contre Alger,
en 1541, prouve que s'il était facile à la malignité des envieux
d'interpréter à mal la prudence habituelle de Doria, il pouvait
être fort dangereux de ne pas en suivre les conseils. Doria, qui
approuvait en principe cette expédition, qui l'avait même con-
seillée, comme complément indispensable de la conquête de
Tunis, n'approuvait pas que l'empereur eût choisi pour une pareille
entreprise la fin de l'arrière-saison. En fixant à la fin de septembre le départ de l'expédition, on s'exposait de gaieté de cœur aux
tempêtes que soulèvent les vents d'automne vers les côtes d'Afrique et aux pluies torrentielles qui inondent ce pays à la même
époque. « Souffrez, disait Doria à l'empereur, en usant des priviléges de son âge et de sa longue expérience, souffrez qu'on vous
détourne de cette entreprise, quant à présent ; car, vrai Dieu ! si
nous y allons, nous y périrons tous. » — Mais la résolution de
Charles-Quint était irrévocablement arrêtée ; il répondit en sou-
riant à son amiral : « Allons, Doria, la peur de mourir sied mal à
notre âge. Vingt-deux ans d'empire pour moi, et pour toi soixante-
douze ans de vie, ne doivent-ils pas suffire à tous deux pour
mourir contents ! »

On partit donc, comme l'empereur l'avait décidé, vers la fin de
septembre, avec un armement formidable en vaisseaux, en artillerie, en troupes de guerre. La mer se montra si mauvaise, dès le
début, que la flotte, obligée de se disperser, n'arriva que
le 20 octobre devant la côte d'Alger. Il fallut attendre deux jours
encore avant de pouvoir opérer le débarquement, qui eut lieu sur
la plage de Sidi-Ferruch, à quelques milles à l'ouest de la ville, à
l'endroit même où les Français ont abordé, en 1830, la terre d'A-
frique, pour s'y établir en possesseurs définitifs.

Barberousse était alors retenu loin d'Alger par ses devoirs de
capitan-pacha. Il en avait, en son absence, confié le gouverne-

(1) *Hist. de l'Emp. ottom.* liv. V.

ment et la défense à un renégat sarde, brave capitaine, habile
marin, qui, en abjurant, avait quitté son premier nom pour celui
d'Hassen. Hassen-Aga n'avait à sa disposition que huit cents Turcs
et environ six mille indigènes, maures ou grenadins (1) ; mais tous
étaient fermement résolus à mourir plutôt que d'accepter le joug
des Espagnols. L'aga fit une réponse digne et fière à la sommation
qui lui fut apportée au nom de l'empereur. Tout annonçait de
prochains et furieux orages, et il comptait avec raison sur le
concours des éléments pour avoir facilement raison de son formidable ennemi. En effet, ce fut beaucoup moins à la bravoure de
ses défenseurs qu'à la rage de la tempête que la ville de Barberousse dut, cette fois encore, son salut.

Voici en quels termes l'historien de Charles-Quint rend compte
de la rapide catastrophe qui suivit le débarquement à Sidi-
Ferruch :

« Deux jours après le débarquement, lorsque l'empereur n'avait
encore eu le temps que de disperser quelques petits corps d'A-
rabes qui inquiétaient son armée dans les marches, la pluie, chas-
sée par un vent impétueux, commença à tomber avec violence.
La tempête augmenta pendant la nuit ; les impériaux, qui n'avaient
débarqué que leurs armes, restèrent sans tentes et sans abri,
exposés à toute la fureur de l'orage. En peu de temps, la terre
fut couverte d'eau, au point qu'ils ne pouvaient se coucher. Leur
camp, placé dans un terrain bas, était entièrement inondé ; à
chaque pas, ils entraient jusqu'à la moitié de la jambe dans la
boue, et le vent soufflait avec tant d'impétuosité, que, pour se
soutenir, ils étaient obligés d'enfoncer leurs lances dans la terre
et de s'en faire un point d'appui.

» Mais, au retour du jour, le désastre de la flotte offrit aux regards de l'armée un spectacle plus affreux encore et plus déplorable. L'ouragan continuait dans toute sa force : on voyait la mer
s'agiter avec toute la fureur dont cet élément terrible est capable. Les navires, d'où dépendait la subsistance et le salut de
l'armée, arrachés de leurs ancres, allaient ou se briser les uns
contre les autres, ou se fracasser contre les rochers. Plusieurs
furent poussés à terre, d'autres furent abîmés dans les flots. En
moins d'une heure, quinze vaisseaux de guerre et cent soixante
bâtiments de transport périrent ; huit cents hommes qui étaient

____

(1) On appelait *Grenadins* les Maures d'Espagne qui s'étaient établis en Afrique après la
conquête de Grenade par Ferdinand et Isabelle, en 1492.

à bord furent noyés, ou, si quelques-uns de ces malheureux échappaient à la rage des flots et cherchaient à gagner la terre à la nage, ils étaient massacrés sans pitié par les Arabes (1). »

Doria parvint cependant à sauver la plus grande partie de la flotte, en se retirant derrière le cap Matifous, à huit lieues à l'est d'Alger. Il y trouva un mouillage meilleur et une rade mieux abritée. Il en informa l'empereur, en lui conseillant de ne pas persister plus longtemps dans une entreprise commencée sous d'aussi fâcheux auspices, et de le rejoindre, par terre, au cap Matifous, qui était le seul lieu commode et sûr où le rembarquement de l'armée pût s'effectuer. Le ciel continuait à se montrer orageux et menaçant ; l'armée était déjà exténuée et démoralisée. Quelque amer que fût à l'orgueil du souverain le conseil du vieil amiral, il fallut bien se résigner à le suivre. Mais, à cause des détours qu'il fallait faire, quatre jours de marche séparaient le camp des impériaux du rendez-vous assigné, et les vivres manquaient. On avait à traverser un pays accidenté, profondément raviné par les torrents, tout couvert d'eau, dans les parties basses, par le débordement des rivières ; celles-ci avaient cessé presque partout d'être guéables. Cette marche de quatre jours fut un résumé de toutes les calamités qui peuvent accabler une armée en déroute. « Les uns, dit Robertson, pouvaient à peine soutenir le poids de leurs armes ; les autres, épuisés par une marche pénible dans des chemins profonds et presque impraticables, tombaient et mouraient sur la place. Plusieurs périrent de famine, car l'armée n'avait guère d'autre subsistance que des racines, des graines sauvages, et la chair des chevaux que l'empereur faisait tuer et distribuer à ses troupes. Une partie se noya dans les torrents, tellement gonflés par les pluies, qu'en les passant à gué on y entrait dans l'eau jusqu'au menton. Il y en eut un grand nombre de tués par l'ennemi, qui, pendant la plus grande partie de leur marche, ne cessa de les inquiéter et de les harceler jour et nuit (2). »

On arriva enfin au milieu des ruines qui portaient le nom de *Matifous* ; ruines d'une ville romaine dont le nom antique était *Rusona*. L'armée put au moins y trouver un abri et y prendre quelques jours de repos, en attendant que le retour d'une mer plus calme lui permît de se rembarquer sur la flotte. A ce moment, on put constater que plus de huit mille hommes manquaient à

(1) Robertson, *Hist. de Charles-Quint*, liv. v.
(2) Ibid.

l'appel. Les pertes matérielles n'étaient pas moins considérables. Douze des galères qui appartenaient en propre à Doria avaient péri dans la tempête, et peu s'en fallut qu'il ne fût affligé d'une perte beaucoup plus sensible encore par la mort ou la captivité de Giannettino Doria, son neveu bien-aimé, son fils adoptif. Au milieu de la tempête, ce jeune officier, ayant voulu faire échouer sa galère contre la côte, s'engrava sur une plage couverte d'Arabes. Il fut bientôt environné par une nuée d'ennemis, et il allait être massacré comme tant d'autres, si l'empereur, témoin du danger qu'il courait, n'eût envoyé à son secours quelques compagnies italiennes, qui parvinrent à le tirer des mains des Barbaresques. En apprenant cet épisode de la bouche même de Charles-Quint, Doria ne put retenir ses larmes. « Sire, dit-il à l'empereur, excusez cette faiblesse ! La nature l'emporte sur le respect que je vous dois ; mais il fallait que j'eusse un neveu pour m'apprendre qu'il peut y avoir des larmes même dans les yeux d'un vieux marin. »

L'empereur, quoique peu sympathique de sa nature, lui fit une réponse pleine de bienveillance. Du reste, il l'indemnisa généreusement, au retour, des pertes matérielles qu'il avait personnellement éprouvées dans cette désastreuse expédition : il le nomma chancelier de Naples, avec une pension de mille écus, dont il lui fit payer un terme d'avance ; quelque temps après, au titre de prince de *Melfi* qu'il lui avait concédé depuis dix ans, il ajouta celui de marquis de *Tursi*, petite ville du royaume de Naples, qu'il lui donna en toute propriété et seigneurie.

Tout le reste de la longue carrière d'André Doria fut rempli par des expéditions maritimes au service de Charles-Quint, puis de Philippe II, son successeur au trône d'Espagne. Quand la paix ou les trèves lui laissaient quelques loisirs, il les consacrait au gouvernement de son pays. Arrivé cependant à un âge qui commande impérieusement le repos, il eut l'orgueil ou la faiblesse de ne pas se condamner à une retraite absolue ; et c'était ce Giannettino, dont nous parlions tout-à-l'heure, qui le remplaçait dans la conduite des expéditions navales, ou dans le gouvernement de la république de Gênes. Comme amiral, Giannettino ne compromit point la gloire acquise au nom de Doria. Brantôme a dit de lui, et il parlait d'après les faits : « C'était bien le plus diligent capitaine de mer qu'on eût su voir ; car aussitôt songé et résolu d'une affaire, aussitôt exécuté. » Mais dans la ville, il se comportait avec autant de hauteur que d'insolence, et se permettait, sous le nom respecté de son oncle, et à la faveur de l'autorité incontestée et presque absolue dont il jouissait, les actes les plus abusifs et les plus arbitraires. La tendresse aveugle du vieux Doria ne lui laissait rien voir de la mauvaise conduite de son neveu. Les mécontentements qu'elle fit naître fomentèrent la conjuration des deux Fieschi, chefs de l'une des familles patriciennes qui, de tout temps, avaient lutté d'influence avec celle des Doria. La conjuration avorta, et ses auteurs payèrent de leurs têtes leur témérité ; mais Giannettino tomba sous les coups des conjurés, et le vénérable restaurateur de la république génoise fut bien près de partager son sort (1547).

André Doria survécut treize années à cette catastrophe. Il mourut le 25 novembre 1560, âgé de quatre-vingt-quatre ans, suivant nos conjectures, mais plus vieux de dix années, suivant l'opinion de quelques biographes. Dans tous les cas, il serait difficile de trouver dans l'histoire une carrière d'homme plus remplie, plus honorable et plus glorieuse.

Le vieux amiral laissait en mourant une immense fortune, qu'il légua au fils de Philippin, son ancien associé, à *Jean-André Doria*, digne à tous égards d'un pareil héritage, et qui fut, après son oncle, le général de mer le plus illustre de sa nation et de sa noble maison.

DRAKE (Francis), amiral et navigateur anglais, né vers 1545, mort en 1595.

Le long règne d'Elisabeth est, sans contredit, une des époques les plus glorieuses de l'histoire d'Angleterre ; et l'une des gloires les plus incontestables de ce règne, c'est d'avoir fondé la marine britannique et de l'avoir élevée à un point où elle ne redoutait plus de rivale en Europe. « Sous ce règne, dit un historien, la nation anglaise se porta vers l'objet principal pour lequel elle semblait être née : la mer devint son élément. Tout-à-coup s'élevèrent dans son sein plusieurs amiraux célèbres ; d'excellents matelots se trouvèrent bientôt formés, et les ports se remplirent de vaisseaux. Des arsenaux furent construits, des magasins pourvus, des munitions navales rassemblées. Une si heureuse révolu-

tion fit décerner à Elisabeth les titres de *restauratrice de la gloire
maritime de la nation, et de reine des mers du Nord* (1). »

Mais toute la gloire maritime de ce grand règne sembla se résumer dans un seul nom, celui de Francis Drake, illustre à la fois
comme navigateur et comme chef d'armées navales. Il ne dut rien
au hasard de la naissance, et, mérite commun à la plupart des
grands hommes de mer, mais particulièrement remarquable dans
un pays de haute aristocratie, il s'éleva, du sein de l'indigence et
de l'obscurité, au faîte de la fortune et de la renommée.

Drake naquit à Upnor, dans le Devonshire. Son père, qui était
ministre de cette paroisse, et qu'il perdit très jeune, l'avait confié
en mourant à un caboteur de la côte, son parent ou son ami. Le
patron fut si content de son élève, que, prêt à mourir lui-même,
il lui légua sa barque ; et le jeune Drake continua pendant quelque temps l'industrie de son bienfaiteur. Mais il se sentait appelé
à de plus hautes destinées : une grande impulsion était alors
donnée aux entreprises maritimes, soit pour la guerre, soit pour
les explorations lointaines. Ayant appris, en 1567, qu'une expédition, destinée pour l'Amérique, était préparée dans le port de
Plymouth, sous la direction de l'amiral John Hawkins, il vendit
sa barque et vint offrir ses services à l'amiral, qui, sur sa bonne
mine et son air résolu, les accepta avec empressement. On lui
confia le commandement de l'un des plus faibles bâtiments de la
flotte. Cette première campagne fut aussi glorieuse que profitable
pour le jeune capitaine : il captura, dans le golfe du Mexique,
plusieurs vaisseaux espagnols, et, comme l'expédition se faisait
pour le compte de ceux qui l'avaient entreprise, Drake eut à son
retour une assez forte part dans les bénéfices, et, dès ce moment,
sa fortune et sa réputation étaient fondées.

Cinq ans plus tard, en 1572, l'intrépide coureur de mer revint
dans les mêmes parages, à la tête d'une expédition armée à ses
propres frais. Il s'empara de la ville de Nombre de Dios, dans
l'isthme de Darien, et la pilla. Les colons espagnols, dont il était
le fléau, faisant subir à son nom une légère variante, ne l'appelaient pas autrement que le *Dragon*, nom qui peignait bien la terreur qu'il leur inspirait. A la fin, cependant, traqué par des forces
supérieures, il perdit le fruit de ses pirateries, courut les plus
graves dangers, et n'échappa qu'avec beaucoup de peine aux

____

(1) De Sainte-Croix, *Hist. de la puiss. navale de l'Angleterre*, t. I, liv. II.

Francis Drake.

croisières de Philippe II. Il rentra en Angleterre à peu près ruiné,
et le cœur exaspéré par les échecs et les mauvais traitements
qu'il avait subis. Mais il méditait déjà une éclatante revanche; il
avait conçu le hardi dessein d'aller la prendre là même où les
Espagnols se croyaient le plus inattaquables, dans la mer du Sud,
où n'avaient encore pénétré d'autres vaisseaux que les leurs, depuis que Magellan la leur avait ouverte.

La reine Elisabeth, à laquelle il avait soumis son projet, lui
donna des encouragements et sa protection spéciale, sans toutefois s'associer ostensiblement à son entreprise, à cause des ména-
gements que lui imposait la politique; car elle ne se sentait pas
encore en mesure de lutter de front avec la puissance navale de
Philippe II. Le mauvais succès de sa dernière expédition n'avait
pas enlevé à Drake la confiance des armateurs de Plymouth; ils
contribuèrent largement aux frais de celle qu'il préparait. Elle se
composa de cinq navires de différentes forces, commandés par des
officiers expérimentés, montés par cent soixante hommes, et
abondamment pourvus de vivres, d'objets d'échange et de munitions de guerre.

La flotte appareilla du port de Plymouth le 5 novembre 1577 ; le 5 avril 1578, elle avait franchi la ligne et se trouvait en vue de la côte du Brésil. Au mois d'août suivant, elle était dans le port de Saint-Julien, sur la côte des Patagons, où avait longtemps séjourné Magellan. Ils y trouvèrent encore debout le gibet où ce navigateur avait fait pendre un de ses officiers, Luiz de Mendoza, qui avait conspiré contre sa vie. Drake fit juger un homme de son équipage, nommé Doughty, pour un crime semblable, et le fit pendre au même gibet. Il quitta la baie de Saint-Julien le 17 août, et entra quatre jours après dans le détroit ; le 6 septembre, sa flottille débouchait dans la mer du Sud. Protégé par sa bonne fortune, il n'avait mis que quinze jours à faire une traversée qui avait demandé à Magellan six semaines de tâtonnements, et où d'autres navigateurs ont employé depuis jusqu'à neuf mois.

Le 8 octobre, un coup de vent sépara de l'escadre un des vaisseaux, celui du capitaine Winter, qui fut rejeté dans le détroit, et qui, après avoir pris possession de la côte au nom de la reine Élisabeth, retourna sain et sauf en Angleterre. Drake avait, de l'autre côté du détroit, brûlé un de ses bâtiments qu'il avait reconnu incapable de tenir la mer dans les parages dangereux qu'il avait à traverser. Sa flottille, dans la mer du Sud, se trouvait donc réduite à trois vaisseaux. Avec d'aussi faibles forces, il porta la terreur et la désolation dans tous les établissements espagnols de la côte occidentale du nouveau continent, et se livra, dans cette partie de l'océan Pacifique, à des exploits dignes d'un Barberousse ou d'un Dragut, s'emparant des galions chargés des trésors recueillis dans les mines du Chili ou du Pérou, prenant et pillant les villes, ou levant sur elles des contributions considérables.

Drake s'était vengé des Espagnols au-delà même de ses espérances ; il ne lui restait plus que l'embarras de sauver l'immense butin qu'il avait amassé, et de trouver, pour retourner en Angleterre, une route plus sûre que celle qu'il avait suivie. La question fut agitée dans un conseil de tous les officiers de sa flottille, et mûrement délibérée. Il fut résolu qu'on prendrait la route du Japon et de la Chine, pour revenir par le cap de Bonne-Espérance. On mit en conséquence le cap au nord, et l'on poussa dans cette direction jusqu'au cinquante-troisième degré de latitude boréale. Mais, à cette hauteur, on trouva la température si glaciale et le froid si insupportable, que Drake dut rebrousser chemin pour rentrer sous la zone tempérée. Revenu à la hauteur du trentième degré, il découvrit une terre dont les blanches falaises et les côtes verdoyantes rappelaient aux Anglais leur pays natal, et que, pour cette raison, ils appelèrent la *Nouvelle-Albion*, nom qu'elle n'a pas conservé : c'était la *Californie*, déjà découverte et explorée par Fernand Cortez; c'était ce moderne *Eldorado* dont le nom est aujourd'hui si populaire dans l'ancien et le nouveau monde.

Drake, fort bien accueilli par les naturels, qu'il trouva d'un caractère enjoué et confiant, séjourna quelque temps dans cette péninsule, et ne la quitta qu'après en avoir pris possession au nom de sa souveraine. « Il fit, dit W. Monson, auteur de la relation de ce voyage, graver sur une lame de cuivre le nom, le portrait et les armes de la reine Elisabeth, l'an et le jour de son arrivée, et les faveurs qu'il avait reçues des indigènes. Cette lame fut clouée sur la face d'un pilier de pierre qu'il fit élever au milieu d'une enceinte retranchée que les Anglais avaient établie sur le lieu même de leur débarquement (1). »

En s'éloignant de cette terre, Drake continua sa course à travers la mer du Sud, dans le but de gagner les îles Moluques. Le 13 octobre 1579, il se trouva au milieu du groupe des Mariannes ou îles des *Larrons*. Il ne crut pas devoir s'y arrêter, à cause des importunités des naturels, qui continuaient à faire assez mal la distinction du *tien* et du *mien* pour mériter toujours la dénomination peu honorable qu'ils avaient reçue de Magellan. Le 4 novembre, la flottille anglaise entra dans l'archipel des Moluques; elle prit terre le 14 du même mois à l'île de Terate, dont le roi ou rajah, ennemi des Portugais, reçut Drake et ses officiers avec autant d'empressement que de distinction. Après y avoir fait d'excellentes affaires, notre navigateur visita Célèbes et Java, où les Anglais ne furent pas moins gracieusement accueillis. Il quitta Java le 26 mars 1580, et arriva, le 18 juin suivant, au cap de Bonne-Espérance. Le reste de sa traversée n'offre rien de remarquable. Le 3 novembre de la même année, il mouillait au port de Plymouth. Il avait accompli le tour du monde en trois ans moins deux jours. Le navire qu'il montait était le second vaisseau européen qui eût accompli cet audacieux et immense périple, devenu depuis un jeu pour nos navigateurs.

L'orgueil britannique fut excessivement flatté du résultat de

____

(1) *Hist. nav. de l'Angleterre.*

cette mémorable expédition ; et c'était à juste titre, car elle avait été désastreuse pour une puissance rivale, et elle ouvrait un horizon sans bornes au commerce de la Grande-Bretagne. La reine Élisabeth, qui, comme on l'a vu, n'était pas restée étrangère à cette entreprise, vint dîner à bord du *Pélican*, vaisseau-amiral de Drake, qui avait été amené à Deptford pour y être radoubé dans les chantiers de la marine royale. Après le repas, elle lui conféra solennellement le titre de chevalier, en lui disant que ses grandes actions l'honoraient encore plus que son titre. — Le vaisseau de Drake fut conservé pendant longtemps dans un bassin spécial à Deptford, comme celui de Sébastian del Cano à Séville. Lorsqu'il tomba en ruines, on fit faire de ses débris un fauteuil qui existe encore dans un des établissements de la ville universitaire d'Oxford, où on le montre comme objet de curiosité.

Cependant, pour apaiser les vives et menaçantes réclamations du roi d'Espagne, qui demandait justice des déprédations que Drake avait commises sur ses sujets dans la mer du Sud, Élisabeth se vit obligée d'imposer à cet officier des restitutions considérables.

Le terrible navigateur anglais ne tarda pas à saisir l'occasion de se récupérer ; malheureusement ce fut encore aux dépens de ceux qu'il avait déjà si cruellement traités dans ses courses précédentes. En 1585, autorisé par des ordres secrets de la reine Élisabeth, qui venait de contracter une alliance avec les Pays-Bas, où le duc de Parme cherchait à établir l'autorité de Philippe II, le chevalier Drake entreprit une nouvelle expédition contre les possessions espagnoles de l'Amérique. Il attaqua chemin faisant les îles Canaries et celles du cap Vert, et rançonna Santiago, capitale de ces dernières. Arrivé dans la mer des Antilles, il prit et ravagea Saint-Domingue et Carthagène, poussa jusque sur les côtes de la Floride orientale, où il brûla Saint-Augustin ; se saisit d'un grand nombre de vaisseaux richement chargés, et rentra dans la Manche sur la fin de l'année suivante, rapportant avec lui de nombreuses dépouilles opimes.

Élisabeth lui décerna le titre de vice-amiral, et lui confia une flotte de trente vaisseaux de guerre pour aller attaquer jusque dans ses ports la puissance navale du roi d'Espagne. Le 19 avril 1587, l'intrépide amiral se présente fièrement devant Cadix, force l'entrée de la baie sous le canon même des forts et des galères royales, y capture ou brûle un nombre considérable

de bâtiments, canonne le fort et y occasionne de ruineux dégâts.
« Les dangers qu'il courut dans cette occasion, dit Sainte-Croix,
furent imminents. Aussitôt que les ennemis perdaient l'espoir de
sauver un vaisseau, ils y mettaient le feu et le poussaient sur la
flotte anglaise. Celle-ci avait quelquefois bien de la peine à s'en
défendre, surtout lorsque le reflux le portait au milieu d'elle.
Drake, content de ses premiers succès, voyant d'ailleurs le péril
augmenter, crut qu'il était temps de se retirer. Il emmena avec
lui six navires appartenant aux Espagnols, dont la perte fut éva-
luée à cent soixante-dix mille écus d'or (1). » A son retour, avant
de doubler le cap Saint-Vincent, l'amiral anglais s'empara de trois
forts qui le défendaient, détruisit le long de la côte toutes les bar-
ques ou petits bâtiments jusqu'à l'embouchure du Tage, et brava
impunément une flotte considérable réunie dans le port de
Lisbonne sous les ordres de l'amiral Santa-Cruz. Il cingla ensuite
vers les Açores, où il trouva l'occasion d'ajouter de nouvelles
prises à celles qu'il avait déjà faites, avant de rentrer triomphant
dans la Manche.

Cependant Philippe II, mettant à contribution tous les ports de
Naples, de Sicile, d'Espagne et de Portugal, était parvenu à réunir
une innombrable *armada*, qu'il avait surnommée d'avance l'*invincible*, qui devait lui assurer la conquête de l'Angleterre. Elisabeth
n'avait pas à mettre en ligne, il s'en fallait de beaucoup, une flotte
qui pût lutter de nombre avec celle qui venait l'attaquer; mais
elle avait des amiraux plus habiles, et à leur tête les Hawkins, les
Forbi'sher, les Drake; Drake surtout, que le grand-amiral, Charles Howard, comte de Nottingham, dont le plus grand mérite
d'ailleurs était d'être un descendant des Plantagenets, avait pris
pour son vice-amiral. Ce choix n'avait excité aucune réclamation,
car Drake était considéré dès-lors comme le plus grand, le plus
intrépide et le plus fortuné marin de son siècle (2). L'*invincible
armada* essuya une déroute complète; mais Philippe II eut la
consolation de pouvoir se dire que sa déroute avait été beaucoup
plus l'œuvre de la tempête que celle de l'ennemi. Il est vrai que
les Anglais purent dire de leur côté qu'ils avaient été frustrés
d'une gloire certaine par la tempête; car ils avaient assez combattu pour établir leur supériorité sur tous les points qui devaient
leur assurer la victoire en dépit de l'infériorité du nombre. L'ami-

ral Drake, pour sa part, s'empara de deux galions espagnols, dont l'un portait le trésor de l'*armada*.

L'année suivante, Elisabeth, voulant profiter de ses avantages, entreprit d'enlever à Philippe II le Portugal, et de favoriser les prétentions de don Antonio de Bragance au trône de cette nation. Une flotte, composée en grande partie de volontaires et de vaisseaux fournis par souscription, auxquels Elisabeth en ajouta six de la marine royale, partit pour cette entreprise sous le commandement de l'amiral Drake et du général Norris. Ce dernier devait diriger les opérations de l'armée de terre. La flotte fut rejointe en route par une flotte hollandaise beaucoup plus nombreuse; et l'effectif de ces forces combinées était assez imposant pour assurer le succès de l'expédition si elle avait été bien concertée; mais la mésintelligence se mit entre les chefs. L'avis de Drake, qui voulait qu'on brusquât l'entrée du port de Lisbonne, ne fut pas écouté. Norris débarqua ses troupes à quelques lieues de distance au nord de cette capitale, voulant qu'elle fût simultanément attaquée par terre et par mer. Soit mauvais vouloir, soit contrariété du vent, Drake ne remonta pas le Tage comme il aurait dû le faire pour assurer la réussite du plan combiné. Norris s'empara des faubourgs; mais, dépourvu de munitions et de vivres, il dut se retirer après avoir causé aux habitants d'affreux et inutiles dégâts. L'armée s'étant rembarquée, la flotte rangea les côtes de la Galice, où elle incendia Vigo et la basse ville de la Corogne. Les Hollandais, fort mécontents d'un résultat si peu conforme au but de l'expédition, se retirèrent. Il en coûta aux uns et aux autres plus de six mille hommes tués ou morts de maladie, de grands frais en pure perte pour ceux qui s'étaient associés à l'entreprise, et peu de gloire pour les chefs qui l'avaient dirigée.

En 1594, Drake s'était lancé, de concert avec l'amiral Hawkins, dont il était devenu l'égal après avoir été son subordonné, dans une nouvelle expédition contre les possessions espagnoles de l'Amérique. Tous les deux moururent dans le cours de cette expédition, et avant d'en avoir pu assurer les résultats, à deux mois de distance l'un de l'autre; Hawkins à Porto-Rico; Francis Drake à Porto-Bello, le 28 janvier 1595; il n'avait guère plus de cinquante ans. « On ne fit d'autres funérailles à ce célèbre amiral, disent les mémoires du temps, que celles qui se font communément; c'est-à-dire que son cadavre, enfermé dans un cercueil de

plomb, fut jeté à la mer au bruit de la mousqueterie et du canon
de tous les vaisseaux de la flotte.

Drake fut incontestablement, parmi ses compatriotes, le plus
grand général de mer de son siècle, et nul n'est arrivé depuis à
une illustration plus populaire et plus méritée. Comme navigateur, il a été surpassé, dans le dernier siècle, par le capitaine
Cook, dont la gloire restera toujours pure des souvenirs de terreur et de désolation qui s'attachent à celle de l'exécuteur des
vengeances maritimes de la reine Elisabeth.

DUGUAY-TROUIN (René), lieutenant général des armées
navales, né à Saint-Malo en 1673, mort en 1736.

L'un des derniers survivants entre ceux qui avaient le plus con-
tribué à la gloire maritime du grand siècle de Louis XIV, René
Duguay-Trouin naquit, le 10 juin 1673, à Saint-Malo, ce vieux
nid breton de hardis navigateurs et de corsaires intrépides. Il
appartenait à une très ancienne famille d'armateurs. Dans cette
rude et périlleuse carrière, son père, ainsi qu'il le dit lui-même
dans ses Mémoires, s'était acquis la réputation d'un très brave

homme et d'un habile marin. René était le second de ces quatre
fils, et, chose étrange, cet homme, qui avait vieilli à la mer,
n'avait pas su deviner la vocation irrésistible de celui de ses fils
qui devait illustrer son nom; la vocation de l'enfant devait bientôt triompher de cette aberration de la sollicitude paternelle.

Son père ne vivait plus, et le gouvernement de la famille avait
passé au fils aîné, trop jeune encore pour imposer à son frère.
Celui-ci commença par se jeter dans les dissipations de la jeunesse avec toute l'impétuosité d'une nature ardente et toute l'inexpérience de son âge. Pour l'arracher aux écueils d'une liberté
prématurée et sans frein, pour l'empêcher de se perdre dans le
tourbillon des passions folles et des plaisirs tumultueux, il fallut
se hâter de le faire monter à bord d'un vaisseau et de le mettre
aux prises avec d'autres écueils et d'autres tempêtes, avec ces
périls de la mer qui grandissent l'âme et fortifient le courage. C'est
ainsi que, dès 1689, au commencement de la guerre déclarée par
Louis XIV à l'Angleterre et à la Hollande, en haine de la révolution qui avait détrôné Jacques II, Duguay-Trouin fit sa première
campagne, en qualité de volontaire, sur une frégate de dix-huit
canons, armée en course par sa famille. Il n'avait pas encore
atteint sa seizième année.

Aucune épreuve ne lui fut épargnée dans cette première campagne. On eût dit que la Providence avait hâte aussi de lui trem-
per le corps et l'âme contre tous les assauts qu'il aurait à subir
dans la rude et glorieuse carrière qui s'ouvrait devant lui. Il fut
continuellement incommodé du mal de mer; une tempête affreuse
lui montra de près le naufrage; bientôt après, ce furent les scènes
terribles d'un abordage sanglant et les dangers d'un incendie en
mer; mais laissons-le raconter lui-même comment il reçut le
baptême du marin. « Ayant, dit-il, rencontré un corsaire de Flessingue de notre force, nous lui livrâmes combat et l'abordâmes
de long en long. Je ne fus pas des derniers à me présenter pour
m'élancer à son bord. Notre maître d'équipage, à côté duquel
j'étais, voulut y sauter le premier : il tomba par malheur entre
les deux vaisseaux, qui, venant se joindre dans le même instant,
écrasèrent à mes yeux tous ses membres, et firent rejaillir une
partie de sa cervelle jusque sur mes habits... Sur ces entrefaites,
le feu prit à la poupe du corsaire, qui fut enlevé l'épée à la main
après avoir soutenu trois abordages consécutifs; et l'on trouva
que, pour un novice, j'avais témoigné assez de fermeté. »

L'année suivante (1690), on le voyait, opposant son audace
d'enfant qui ne connaît pas le danger à la prudence de son capitaine, le forcer en quelque sorte d'attaquer, avec une frégate de
vingt-huit canons, une flotte de quinze vaisseaux marchands anglais ; puis justifier tant de témérité par la prise de trois de ces
vaisseaux. C'était bien le cas d'appliquer ces vers du vieux Corneille :

> Mes pareils à deux fois ne se font point connaître,
> Et pour leurs coups d'essai veulent des coups de maître.

Lorsque le jeune Duguay-Trouin rentra dans Saint-Malo avec
ses trois prises faites sur l'ennemi, ses compatriotes, saisis d'admiration, saluèrent en lui l'enfant qui serait bientôt l'honneur de
leur cité et l'une des gloires de la marine française. Sa famille
n'hésita pas à confier le commandement d'une frégate de quatorze
canons à ce héros de dix-sept ans.

1691. A peine s'était-il mis en course dans la Manche, qu'il fut
assailli par une tempête qui le poussa sur la côte d'Irlande, à
l'embouchure de la rivière de Limerick. Ces côtes ne pouvaient
être alors qu'inhospitalières au pavillon de la France. Elles
étaient occupées par les soldats de Guillaume d'Orange, tout récemment vainqueur des partisans de Jacques II sur les champs
de bataille de la Boyne et de Kilkonnel. Aimant mieux avoir à
lutter contre des hommes que contre la tempête, le jeune capitaine prit terre à Limerick, s'empara d'un château qui appartenait au comte de Clare, brûla deux vaisseaux qui étaient échoués
sur les vases, soutint un combat contre un détachement de la
garnison de Limerick, et ne se retira, pour reprendre la mer,
qu'après que l'orage eût cessé.

Sa frégate étant mauvaise voilière, et lui ayant, par ce défaut,
fait manquer plusieurs prises, il la changea contre une autre de
dix-huit canons. A la première sortie qu'il fit avec celle-ci, il
s'empara de deux frégates anglaises. A quelques mois de là (1692),
monté sur une frégate de vingt-huit canons, il ose se mesurer
avec une flotte considérable, et triomphant ramène au port natal
six vaisseaux pris à l'ennemi. — C'était en 1692, année tristement célèbre dans les fastes de notre marine par le désastre de la
flotte française à la Hogue (*voyez* Tourville). Il semblait que la
Providence eût donné mission au plus jeune de nos capitaines de
course de venger les échecs de nos vieux amiraux. — Du reste,

Duguay-Trouin n'était pas le seul armateur intrépide et heureux
que le port de Saint-Malo vit se lancer à la piste des flottes marchandes et des escadres de l'Angleterre. Ils y fourmillaient, au
contraire, et sa rade était incessamment encombrée des prises
faites sur les ennemis de la France. Aussi l'amirauté anglaise
résolut-elle un jour d'en finir d'un seul coup avec cette pépinière
inépuisable d'écumeurs de mer. On sait l'histoire de cette *machine infernale* qui fut amenée, en 1693, jusque sous les murailles
de la ville, et dont l'avortement ne fit éclater que la honte et la
confusion de ceux qui avaient pu concevoir un pareil attentat
contre l'humanité, le préparer avec un art vraiment infernal, et
en tenter la perpétration (1).

1694. Pendant cinq ans, le jeune capitaine malouin fut constamment heureux, et ne faisait pas une course en mer qui ne lui rap-
portât honneur et profit ; mais il continuait à braver le danger
avec trop de témérité pour que la fortune ne lui dût pas la leçon
d'un revers. Monté sur la frégate du roi la *Diligente*, de quarante
canons, la brume l'avait fait tomber au milieu d'une escadre de
six vaisseaux de guerre anglais de cinquante à soixante-dix canons ; pressé entre cette escadre et la côte d'Angleterre, il lui
était impossible d'éviter le combat ; il avait pris résolûment son
parti et tenu tête à l'orage. Après quatre heures d'un combat où
il avait perdu ses deux mâts de hune, serré de près par le plus
fort bâtiment de l'escadre, il avait compris qu'il ne lui restait
d'autre moyen de salut que de sauter lui-même sur le bord ennemi avec tout son équipage ; il avait donné ses ordres et se
voyait au moment de réussir dans son hardi dessein, lorsqu'une
fausse manœuvre de l'un de ses lieutenants, qui fit changer de son

(1) Voici ce que nous apprennent à ce sujet les Mémoires du temps :

La *machine infernale* des Anglais était un bâtiment en forme de galiote (vaisseau à
bombarder) de quatre-vingt-dix pieds (trente mètres) de long, chargé au fond de plus de
cent barils de poudre, et rempli de bombes, de grenades, de boulets, de morceaux de fer
et de toutes sortes de matières combustibles. Ceux qui étaient chargés de conduire la machine, de la fixer à son but, et d'y mettre le feu, parurent devant Saint-Malo le 25 novembre 1693. La nuit du 30 au 1er décembre, l'air étant serein, la mer calme, ils firent partir
leur fatale machine. Elle s'avança à pleines voiles vers la muraille où elle devait être attachée sans être aperçue. Elle n'était plus qu'à cinquante pas lorsqu'un coup de vent la dé-
tourna et la porta sur un rocher. Le vaisseau s'ouvrit ; l'ingénieur qui le conduisait se hâta
d'y mettre le feu ; mais l'eau avait déjà gagné les poudres du fond de cale, et la plus
grande partie ne prit point. Cependant le bâtiment sauta en l'air avec un fracas horrible ;
toute la ville en fut ébranlée, et les vitres et les ardoises de plus de trois cents maisons se
brisèrent.

chef la barre du gouvernail, le fit échouer. Il faut le voir déplorer dans ses Mémoires cette mésaventure ! « Dans la résolution, dit-il, où j'étais de périr ou d'enlever ce vaisseau, qui allait mieux qu'aucun autre de l'escadre, il est plus que vraisemblable que j'aurais réussi. »

« Ce coup manqué, continue-t-il, le vaisseau le *Monk*, de soixante-six canons, vint me combattre à portée de pistolet, tandis que trois autres vaisseaux, le *Cantorbéry*, le *Dragon* et le *Ruby*, me canonnaient de leur avant. Le commandant de cette escadre fut le seul qui ne daigna pas m'honorer d'un seul coup de canon ; j'en fus piqué, et, pour l'y obliger, je me mis en travers et lui en tirai plusieurs, mais inutilement : il persévéra à ne me point répondre. Cependant l'extrémité où nous nous trouvions tourna la tête à tous mes gens, qui m'abandonnaient pour se jeter à fond de cale, malgré tout ce que je pouvais dire et faire pour les en empêcher. J'étais occupé à les arrêter, et j'en avais même blessé deux de mon épée et d'un pistolet, quand, pour comble d'infortune, le feu prit à ma sainte-barbe. La crainte de sauter en l'air m'y fit descendre, et, l'ayant fait éteindre, je me fis apporter des barils pleins de grenades ; j'en jetai un si grand nombre dans le fond de cale, que je contraignis plusieurs de mes fuyards à remonter sur le pont. Je rétablis ainsi quelques postes et fis tirer quelques volées de canon de la première batterie avant que de remonter sur mon gaillard (1). Je fus fort étonné, et encore plus touché en arrivant, de trouver mon pavillon bas, soit que la drisse (le cordage qui le soutenait) eût été coupée par une balle, ou que, dans ce moment d'absence, quelque malheureux poltron l'eût amené. J'ordonnai à l'instant de le remettre ; mais tous les officiers du vaisseau me vinrent représenter que c'était livrer inutilement le reste de mon équipage à la boucherie des Anglais, qui ne nous feraient aucun quartier, si, après avoir vu le pavillon baissé pendant un assez long temps, ils s'apercevaient qu'on le remît, pour s'opiniâtrer dans une défense sans espoir, sur un vaisseau démâté de tous ses mâts. Il n'était pas possible de se refuser à une telle vérité ; cependant j'étais encore incertain et désespéré, lorsque je fus renversé sur le pont d'un coup de boulet sur ses fins, qui, après avoir coupé plusieurs de nos baux (2), vint expirer sur ma

(1) *Gaillard* ou château, c'est un étage du vaisseau, qui n'occupe qu'une partie du pont vers la proue (*gaillard d'avant*), ou vers la poupe (*gaillard d'arrière*).

(2) Solives qui traversent l'intérieur d'un vaisseau.

hanche et me fit perdre connaissance pendant plus d'un quart d'heure. On me porta dans ma chambre, et cet accident termina mon irrésolution. Le capitaine du *Monk* envoya le premier son canot pour me chercher; je fus conduit à son bord avec mes officiers, et sa générosité fut telle, qu'il voulut absolument me céder sa chambre et son lit, donnant ordre de me faire panser, et me traita avec autant de soin que si j'eusse été son propre fils. »

Les Anglais conduisirent leur prise à Plymouth, et Duguay-Trouin eut d'abord la ville pour prison; mais bientôt après, à la requête d'un capitaine qui avait sur le cœur une bravade qu'il avait reçue de lui en mer, l'amirauté le fit arrêter et conduire dans une chambre grillée, avec une sentinelle à sa porte. Mais il avait déjà fait en ville la connaissance d'une jolie marchande, qui l'aida beaucoup à se procurer des moyens d'évasion.

Il ne fut pas plus tôt rentré en France, qu'il alla prendre à la Rochelle le commandement du *Français*, vaisseau de guerre de quarante-huit canons, dont l'armement était fait par son frère aîné, Trouin de la Bardinais. Il alla se porter en croisière sur les côtes d'Angleterre et d'Irlande, où il s'empara de six vaisseaux richement chargés. Il apprit par ce dernier qu'il s'était séparé depuis deux jours d'une flotte marchande de soixante voiles, escortée par deux vaisseaux de guerre, l'un de cinquante et l'autre de soixante-douze canons. Il courut à toutes voiles à la rencontre de cette flotte, et, dès qu'il l'eut découverte, il attaqua sans hésiter les deux vaisseaux d'escorte et parvint à s'en rendre maître. L'un d'eux était le *Sans-Pareil*, dont le capitaine était tout fier d'avoir pris à l'abordage, avec le même vaisseau, cinq années auparavant, Jean Bart et le chevalier Forbin (*voyez* ces noms), dont il avait conservé les brevets d'officiers en guise de trophées. Duguay-Trouin se fit remettre ces deux brevets, qu'il rendit à leurs célèbres titulaires.

Louis XIV, auquel il fut rendu compte de cette brillante expédition, fit complimenter le jeune et intrépide capitaine par le ministre de la marine (M. de Pontchartrain), et lui envoya une épée d'honneur.

L'année suivante (1696), toujours monté sur le *Français* et accompagné du *Fortuné*, vaisseau de cinquante-six canons, commandé par M. de Beaubriant, Duguay-Trouin s'empara, sur les côtes d'Irlande, de trois vaisseaux anglais, venant des Indes orientales, considérables, disent les Mémoires de notre héros, par leur force et plus encore par leurs richesses. On évaluait leur cargaison à dix millions de francs.

Ce fut au retour de cette rapide et heureuse campagne que Duguay-Trouin vint pour la première fois à Paris. M. de Pontchartrain le présenta au comte de Toulouse, alors grand-amiral de France, et le conduisit à Versailles, où le roi le reçut avec beaucoup de distinction et de bienveillance. « Je sortis, écrit-il, du cabinet de Sa Majesté le cœur pénétré de la douceur et de la noblesse qui régnaient dans ses paroles et dans ses moindres actions : le désir que j'avais de me rendre digne de son estime en devint plus ardent. »

En 1697, il sortit de Brest à la tête d'une petite escadre de guerre de trois vaisseaux portant ensemble cent six canons, pour se porter à la rencontre d'une flotte marchande hollandaise qu'on savait revenir de Bilbao avec une riche cargaison. Il eut bientôt l'honneur de se mesurer avec l'un des plus braves et des plus habiles officiers de la marine des Provinces-Unies, le vice-amiral baron de Wassenaër, de le faire prisonnier, et de s'emparer des trois vaisseaux de guerre, armés ensemble de cent quarante-six canons, qui formaient l'escorte de la flotte de Bilbao. Il est juste de dire qu'au moment où le combat allait s'engager, Duguay-Trouin eut la chance heureuse d'être rallié par deux frégates de course du port de Saint-Malo, qui lui apportèrent un renfort de soixante-huit canons, d'équipages déterminés, et qui se comportèrent on ne peut plus bravement. Jamais encore notre jeune capitaine ne s'était trouvé engagé dans une affaire aussi chaude, et c'était la première occasion vraiment digne qui s'offrit à lui de montrer qu'à l'intrépidité du soldat il joignait aussi le calme et le coup d'œil du commandant. Mais nous ne saurions mieux faire que de le laisser raconter lui-même les détails de ce terrible combat, l'un de ses principaux titres de gloire. Faisons toutefois, pour plus de clarté, préalablement connaître la composition respective des deux partis.

L'escadre française comprenait :

Le *Saint-Jacques des Victoires*, de quarante-huit canons, monté par Duguay-Trouin ;

Le *Sans-Pareil*, l'une des glorieuses conquêtes du capitaine malouin, armé de quarante-deux canons, et commandé par son parent, le capitaine Buscher, de Saint-Malo ;

La *Léonore*, frégate légère de seize canons.

Les deux frégates malouines qui s'étaient réunies à l'escadre étaient :

L'*Aigle-Noire*, de trente canons, capitaine de Belisle-Pépin ;

Et la *Faluère*, de trente-huit canons, capitaine Dessaudrais-Dufrêne.

L'escadre hollandaise se composait du *Delft*, vaisseau de cinquante-quatre canons, qui portait le pavillon du baron Wassenaër ; du *Honslaërdick*, autre vaisseau de cinquante-quatre canons, et d'un troisième vaisseau armé de trente-huit bouches à feu.

« Les trois vaisseaux de guerre hollandais, dit notre héros, étaient en panne au vent de leur flotte (1) : le *Delft* commandant au milieu, le *Honslaërdick* à son arrière, et le troisième de l'avant. Je devais les attaquer le premier, et, après avoir donné en passant ma bordée au *Honslaërdick*, pousser ma pointe pour aborder le commandant. Le *Sans-Pareil* était destiné à me suivre, le beaupré (2) sur ma poupe, et à accrocher le *Honslaërdick* aussitôt que je l'aurais dépassé. Les frégates l'*Aigle-Noire* et la *Faluère* devaient s'attacher à réduire le troisième vaisseau de guerre et donner ensuite dans le corps de la flotte. A l'égard de la *Léonore*, elle était uniquement destinée à prendre des vaisseaux marchands.

» Dans cette disposition, nous arrivâmes sur les ennemis, et, comme j'allais *ranger* (3) sous le vent le *Honslaërdick*, il mit le vent dans ses voiles d'avant et appareilla sa misaine (4). Ce changement imprévu de manœuvre en apporta nécessairement à notre disposition, en ce que, étant venu à l'abri des voiles de ce vaisseau, il me fut impossible de le dépasser pour aller aborder le commandant. Celui-ci arriva en même temps sur moi, à dessein de me mettre entre deux feux ; et je n'eus d'autre parti à prendre que celui d'aborder le *Honslaërdick*. Alors le capitaine du *Sans-Pareil*, qui me suivait de près, se détermina, sans hésiter, à couper chemin au commandant, et ensuite à l'aborder de long en long

---

(1) *Être en panne*, demeurer au même endroit, sans le secours des ancres. Pour cet effet, on dispose les voiles de manière que les unes tendent à faire avancer le vaisseau, et les autres à le faire reculer : l'équilibre s'établit et le vaisseau reste en place.

— *Être au vent* d'une armée navale ou d'un vaisseau, c'est être sur mer entre cette armée ou ce vaisseau et le lieu d'où vient le vent ; c'est le recevoir le premier et en ôter l'avantage à son adversaire.

(2) *Beaupré*, mât couché sur l'éperon à la proue d'un vaisseau.

(3) *Ranger un navire*, passer très près de lui.

(4) *Misaine*, basse voile d'un mât de misaine, qui est le mât d'avant. — *Appareiller une voile*, la déployer.

avec une audace et une conduite admirables; les deux frégates de Saint-Malo attaquèrent en même temps le troisième vaisseau, et la *Léonore* donna, comme je l'avais prescrit, dans le milieu de la flotte.

» Les deux abordages des vaisseaux le *Honslaërdick* et le *Delft* furent exécutés avec une égale fierté, mais avec un succès bien différent. Je fis sauter à bord du premier la moitié de mes officiers avec cent vingt de mes meilleurs hommes, qui l'enlevèrent d'emblée. Je poussai en même temps au large, et courus avec empressement secourir le *Sans-Pareil*, qui, toujours accroché au commandant, en essuyait un feu terrible. J'arrivai près d'eux comme la poupe de mon camarade sautait en l'air par le feu qu'un boulet avait mis à des caisses remplies de gargousses. Plus de quatre-vingts hommes en furent écrasés ou jetés à la mer, et, le feu étant près de la soute aux poudres, j'attendais avec frayeur le moment de voir périr le vaisseau. Dans ce danger pressant, M. Boscher, qui le commandait, conserva assez de fermeté et de sang-froid pour faire couper les grappins et pousser au large. Désespéré de ce fâcheux contre-temps et de la perte de ce brave parent qui me paraissait inévitable, je m'avançai pour prendre sa place et pour le venger. Ce nouvel abordage fut très sanglant par la vivacité de notre feu mutuel de canon, de mousqueterie et de grenades, et par le grand courage du baron de Wassenaër, qui me reçut avec une fierté étonnante. Les plus braves de mes officiers et de mes soldats furent repoussés jusqu'à quatre fois; il en périt un si grand nombre, que, malgré mon dépit et tous mes efforts, je fus contraint de faire pousser mon vaisseau au large, afin de redonner un peu d'haleine à mes gens, que je voyais presque rebutés, et de pouvoir travailler à réparer mon désordre, qui n'était pas médiocre.

» Dans cet intervalle, l'*Aigle-Noire* et la *Faluère* s'étaient rendues maîtres du troisième vaisseau de guerre, et, cette dernière frégate se trouvant à portée de ma voix, j'ordonnai à M. Dessaudrais-Dufrêne, qui la montait, de s'avancer sur le vaisseau le *Delft*, afin d'entretenir le combat et de me donner le temps de revenir à la charge. Il s'y présenta de la meilleure grâce du monde, mais malheureusement il fut tué dès les premiers coups. Ce nouveau contre-temps jeta le désordre dans cette frégate, qui mit en travers (1) et m'attendit. J'appris avec une extrême douleur la mort

(1) *Mettre en travers*, présenter le côté au vent.

d'un homme si courageux, et je dis à M. de Langavan, son capitaine en second, de me suivre. En effet, je retournai, tête baissée, aborder ce redoutable baron, résolu de vaincre ou de périr. Cette dernière scène fut si vive et si sanglante, que tous les officiers de son vaisseau furent tués ou blessés. Il reçut lui-même quatre blessures très dangereuses, et tomba sur son gaillard d'arrière, où il fut pris les armes à la main. Plus de la moitié de mon équipage périt dans cette action. J'y perdis un de mes cousins germains, premier lieutenant sur mon vaisseau, et deux autres parents sur le *Sans-Pareil*; plusieurs autres officiers furent tués ou blessés. »

Le résultat de cette victoire, si laborieusement acquise et si chèrement payée, fut, outre la prise des trois vaisseaux de guerre, celle de douze vaisseaux marchands et de plus de cinq cents prisonniers. Mais le combat avait à peine cessé, qu'une furieuse tempête dispersa vainqueurs et vaincus, et fit passer à tous, au milieu de mille angoisses, une nuit plus terrible que le combat lui-même. Ils se rallièrent au Port-Louis, et le premier soin de Duguay-Trouin, à son arrivée, fut d'aller s'informer de l'état du baron de Wassenaër, resté à bord du *Delft*, et de lui offrir avec empressement sa bourse et tous les secours dont il avait besoin. Il devina avec indignation, à la manière dont ce brave et malheureux officier le remercia, qu'il n'avait pas été traité avec tous les égards dus à sa position et à sa valeur par ceux qui avaient eu mission de garder son vaisseau. Duguay-Trouin s'en plaignit très vivement à l'officier qui y commandait, et lui pardonna d'autant moins ce manque de procédé, qu'il était son proche parent. « La valeur de ce généreux guerrier, dit-il, en parlant de son prisonnier, m'avait inspiré de l'amour et de l'émulation, et l'un des plus sensibles chagrins que j'aie eu de ma vie a été de n'avoir pu lui témoigner, comme je l'aurais désiré, toute l'estime et toute la vénération que j'avais pour sa vertu. » — De pareils sentiments dans un homme de guerre lui font plus d'honneur que dix victoires.

Après cette action, Duguay-Trouin vint à Paris recevoir des mains du roi son brevet de capitaine de frégate légère; mais la paix qui survint ne lui permit pas de faire immédiatement ses preuves de courage et d'habileté dans la marine royale. Il employa les loisirs de la paix à se perfectionner, comme il le dit lui-même, dans les sciences et dans les exercices qui se rapportaient à son état.

En 1702, la guerre recommença, et les courses de notre intrépide marin recommencèrent aussi. Nous renonçons à raconter toutes ses prouesses, car nous sommes obligés de nous borner. Sa première campagne fut cependant signalée par un tour de force que nous ne saurions passer sous silence. Monté sur la frégate du roi la *Bellone*, de trente-huit canons, Duguay-Trouin rencontra sur les côtes d'Ecosse un vaisseau croiseur hollandais de même force, et la partie s'engagea aussitôt. A la première bordée du vaisseau hollandais, qui était un rude pointeur, la *Bellone* avait reçu deux coups de canon à fleur d'eau, et, prise d'enfilade par le feu de l'ennemi, elle avait eu ses mâts rompus. Duguay-Trouin semblait perdu sans ressource lorsqu'il prit la résolution soudaine de faire sauter tout son équipage sur le bord ennemi. Le plus jeune de ses frères, qui était son premier lieutenant, s'y lança le premier, et tua à brûle-pourpoint un des officiers. « Cet exemple d'intrépidité, dit avec orgueil Duguay-Trouin, anima si puissamment le reste de mes gens, qu'il ne resta dans mon vaisseau qu'un seul pilote avec quelques timoniers et les mousses. Le capitaine hollandais fut tué avec tous ses officiers, et son vaisseau fut enlevé en moins d'une demi-heure. »

L'année suivante (1703), monté sur le vaisseau de guerre l'*Eclatant*, de soixante canons, mais armé seulement de cinquante-huit, Duguay-Trouin commandait une escadre de trois vaisseaux de l'Etat, auxquels s'étaient jointes deux frégates de Saint-Malo. Il croisait aux environs des îles Orcades, à l'affût d'une flotte marchande de quinze vaisseaux hollandais revenant des Indes orientales ; mais, trompé par la brume, et croyant avoir affaire à cette flotte, il se trouva tout-à-coup en présence d'une escadre de quinze vaisseaux de guerre qui croisaient en avant pour éclairer la route de cette dernière.

Duguay-Trouin donne aussitôt le signal de la retraite en mettant toutes voiles au vent. Mais six vaisseaux ennemis, plus légers que les autres, s'avançaient à sa poursuite avec rapidité, et déjà ils étaient sur le point d'atteindre deux vaisseaux de son escadre. « Je ne pus, dit le brave capitaine, me résoudre à les voir prendre sans coup férir ; et, comme l'*Eclatant*, que je montais, était le meilleur de ma petite escadre, je fis carguer mes basses voiles (1), et demeurai de l'arrière d'eux, afin de les couvrir, faisant en cette occasion l'office du bon pasteur, qui s'expose à périr pour sauver

(1) *Carguer* une voile, c'est la serrer ou plier.

son troupeau. Dieu bénit mes soins, et permit que le vaisseau de soixante canons, qui vint me combattre à portée de pistolet, fut, en trois ou quatre bordées de canon et de mousqueterie données à bout touchant, démâté de mâts, et resta ras comme un ponton. Les quatre vaisseaux les plus près de lui, qui poursuivaient ceux de mon escadre que je voulais sauver, se lancèrent aussitôt sur moi pour secourir leur camarade ; je les attendis sans me presser, les saluant l'un et l'autre de quelques volées de canon, dans le dessein de les attirer davantage. En effet, ils s'amusèrent alternativement à me canonner assez longtemps pour permettre aux vaisseaux de mon escadre de s'éloigner, et même de les perdre de vue, à la faveur d'un brouillard qui s'éleva. Les ennemis s'opiniâtrèrent à me suivre et à me combattre tant que je fus sous leur canon; mais je n'eus pas plus tôt vu mes vaisseaux hors de péril, que je fis de la voile et me mis hors de leur portée en assez peu de temps... De toutes les affaires où je me suis trouvé, c'est celle dont je suis resté intérieurement le plus flatté, parce qu'elle m'a paru la plus propre à m'attirer l'estime des cœurs vraiment généreux. »

Duguay-Trouin, ayant rallié son escadre, se rendit, conformément aux instructions qu'il avait reçues, sur les côtes du Spitzberg pour y faire la chasse aux baleiniers hollandais ; il y prit, rançonna ou brûla plus de quarante vaisseaux. Les brouillards, qui, dans ces parages, sont extrêmement épais au printemps et en automne, lui en firent manquer beaucoup d'autres. Poussé par l'impétuosité des courants jusqu'au quatre-vingt-unième degré de latitude nord, il vit plus d'une fois ses vaisseaux sur le point de se briser sur des montagnes de glaces. Des quarante prises qu'il avait faites, il n'en put ramener que quinze, qu'il conduisit dans la rivière de Nantes, avec un vaisseau anglais chargé de sucre, dont il s'était emparé chemin faisant.

Les années 1704 et 1705 furent marquées dans la carrière de notre héros par de nombreuses aventures de mer, glorieuses pour lui, profitables pour notre marine, désastreuses pour les ennemis de la France. Nous ne raconterons que la manœuvre mémorable par laquelle il sauva, dans une de ses courses de 1705, le vaisseau de guerre le *Jason*, de cinquante-quatre canons, qu'il avait fait construire lui-même l'année précédente dans le port de Brest. Monté sur ce vaisseau, Duguay-Trouin croisait alors à l'entrée de la Manche. Après une lutte glorieusement soutenue contre deux vaisseaux de guerre anglais, sous les yeux d'une escadre de gros vaisseaux de la même nation, lutte qui s'était prolongée jusqu'à la nuit, et où l'avantage était resté au pavillon français, notre capitaine s'était mis en panne pour attendre le retour du jour et recommencer au besoin le combat. Il s'aperçut bientôt qu'il était environné de toutes parts et serré de près par toute l'escadre anglaise. Il n'y avait aucune apparence de sortir de là; mais il était encore plus impossible au commandant du *Jason* de voir humilié, sous son commandement, le pavillon de la France. Alors sa résolution fut prise. « J'assemblai, dit-il, tous mes officiers pour leur déclarer que, dans l'impossibilité bien évidente de sauver le vaisseau du roi, il fallait au moins soutenir la gloire de ses armes jusqu'à la dernière extrémité, et que la meilleure forme, à mon sens, d'y procéder, était d'essuyer, sans tirer, le feu des vaisseaux qui nous environnaient, et d'aller, tête baissée, aborder debout au corps le commandant (1); que, pour plus de sûreté, je me tiendrais moi-même au gouvernail du vaisseau jusqu'à ce qu'il fût accroché au bord de l'ennemi; que celui-ci, ne s'attendant point à un pareil abordage, et n'ayant point, par conséquent, le temps de faire les dispositions nécessaires pour le soutenir, nous donnerait peut-être occasion de faire une action brillante avant de succomber sous le nombre; qu'à toute aventure et de quelque manière que la chose tournât, il était au moins bien certain que le pavillon du roi ne serait jamais baissé, tant que je vivrais, par d'autres mains que par celles de ses ennemis.

» M. de la Jaille et M. de Bourganeuf-Gravé, mes deux principaux officiers, parurent charmés de ma résolution, et tous unanimement assurèrent qu'ils périraient eux-mêmes plutôt que de m'abandonner. Quand j'eus donné mes ordres pour rendre cette scène plus vive et plus éclatante, je me sentis plus tranquille, et voulus prendre sur mon lit une heure de repos; mais il me fut impossible de fermer l'œil, et je revins sur mon gaillard, où j'étais tristement occupé à regarder les uns après les autres tous les vaisseaux dont j'étais environné, entre autres celui du commandant, qui était remarquable par ses trois feux à la poupe et par un quatrième dans sa grande hune. Au milieu de cette morne occupation, je crus m'apercevoir, une demi-heure avant le jour, qu'il se formait un point noir à l'horizon par le travers de notre bossoir (2),

(1) Aborder un vaisseau *debout au corps*, c'est lui mettre l'éperon dans le flanc.

(2) *Bossoir*, poutres ou pièces de bois mises en saillie à l'avant du vaisseau pour soutenir l'ancre.

et que ce point s'augmentait peu à peu. Je jugeai que le vent allait venir de ce côté-là, et, comme j'avais mes basses voiles carguées (ployées) et mes deux huniers (1) tout bas à cause du calme, je les fis appareiller (déployer de nouveau) sans bruit, et fis orienter en même temps toutes les autres pour recevoir la fraîcheur qui s'avançait. J'employai aussi ce qui me restait d'avirons à gouverner mon vaisseau, afin qu'il prêtât le côté au vent lorsqu'il viendrait ; il vint en effet, et, trouvant mes voiles disposées à le recevoir, il nous fit tout d'un coup aller de l'avant.

» Les ennemis, qui dormaient en toute confiance, n'avaient point songé à prendre les mêmes dispositions. La manœuvre qu'ils furent obligés de faire pour se mettre en mesure de me rejoindre me donna le temps de gagner sur eux une portée de canon d'avance ; et alors le vent augmentant sensiblement, mon vaisseau, qui allait très bien quand il ventait un peu frais, avança de manière que l'escadre ennemie n'eut plus à beaucoup près sur moi l'avantage qu'elle avait eu. Le seul *Hunter* (l'un des vaisseaux avec lesquels il s'était mesuré la veille) me joignit encore à portée de fusil, et se remit à me canonner dans la hanche (2) ; mais je lui ripostais si vivement, que chaque bordée l'obligeait à *culer* (3) et le rebutait.

» Cette chasse dura jusqu'à midi, et, comme le vent augmentait toujours, je m'éloignai de plus en plus de tous les vaisseaux de cette escadre ; le *Hunter* même commença à rester en arrière de nous. Ce fut pour lors que je me regardai comme un homme vraiment ressuscité, ayant cru fermement que j'allais m'ensevelir sous les ruines du pauvre *Jason*. Je me prosternai pour en rendre grâce à Dieu, et je continuai ma route pour aller relâcher au plus tôt dans le premier port de France ; car j'avais été obligé, pour sauver le vaisseau du roi, de jeter à la mer, non-seulement toutes mes ancres, à l'exception d'une, mais aussi tous les mâts et toutes les vergues de rechange. »

Afin qu'il ne fût pas dit néanmoins qu'il rentrait au port les mains absolument vides, il s'empara chemin faisant d'un corsaire hollandais de vingt canons, qui eut la mauvaise chance de se rencontrer sur sa route. Il en fit, dans ses courses ultérieures,

(1) Voiles de hune ; elles sont entre les grandes voiles et les perroquets.

(2) La *hanche* du vaisseau est toute la partie de son arrière qui paraît en-dehors ; c'est-à-dire le derrière du gaillard, et le bordage de la poupe.

(3) *Culer*, c'est aller en arrière.

Mais je lui riposais si vivement, que chaque bordée l'obligeait à culer et la rebutait. (Page 96.)

une conserve de son vaisseau le *Jason*, si miraculeusement sauvé par la vigilance et la bonne étoile de son capitaine.

Promu, en 1705, au grade de capitaine de vaisseau, Duguay-Trouin reçut ordre de se rendre à Cadix, avec les trois vaisseaux le *Jason*, l'*Hercule* et le *Paon*, et de se mettre à la disposition du gouverneur de cette ville, menacée d'un siége. Sur la route, à la hauteur de Lisbonne et à quinze lieues au large, il rencontra une flotte marchande de deux cents voiles, venant du Brésil, escortée par six vaisseaux de guerre portugais. Malgré l'infériorité de ses forces, il n'hésita pas à l'attaquer, et le combat dura deux jours. Jamais peut-être il ne déploya plus d'habileté et de valeur; mais une série de contre-temps, et surtout l'inexpérience ou le manque de sang-froid du capitaine de l'*Hercule*, brave officier d'ailleurs, et auquel il rend toute justice sous ce rapport, le firent échouer dans cette entreprise, en lui laissant toutefois les honneurs du combat. Il n'avait pu faire aucune prise; mais l'amiral de la flotte portugaise fut tué; elle perdit un de ses vaisseaux, et les cinq

Les Marins illustres.   7

autres ne rentrèrent à Lisbonne que dans un état pitoyable de délabrement.

La mission de Duguay-Trouin à Cadix ne fut qu'une suite de démêlés fâcheux avec les autorités espagnoles, et de désagréments pour le chef de l'escadre française, grâce aux mauvais procédés du gouverneur, le marquis de Valdegamas. Les hostilités qu'on redoutait pour le port de Cadix ne s'étant pas réalisées, l'escadre française se retira, indignée de l'accueil si peu hospitalier qu'elle avait reçu des Espagnols. Sur les rapports que Duguay-Trouin en fit à son retour, Louis XIV fit ôter au marquis de Valdegamas le gouvernement de Cadix, et celui de l'Andalousie à son beau-frère, le marquis de Villadarias.

En revenant de cette désagréable expédition, l'escadre française fit rencontre d'une flotte marchande de quinze vaisseaux anglais, escortée par une seule frégate de trente-six canons. Cette frégate, quoique vaillamment défendue par son capitaine, tomba au pouvoir de Duguay-Trouin, avec douze des vaisseaux de la flotte marchande, prises qui payèrent et au-delà les frais de l'expédition.

Peu de temps après son retour, au commencement de 1707, Duguay-Trouin fut nommé chevalier de Saint-Louis, et reçut l'accolade des mains mêmes de Louis XIV, qui lui annonça en même temps qu'il lui confiait le commandement d'une escadre de six vaisseaux de guerre. Cette escadre, réunie à une autre de même force sous les ordres du comte de Forbin, tout récemment honoré de la cornette, reçut ordre de sortir du port de Brest pour se porter dans la Manche. Il s'agissait d'aller au-devant d'un grand convoi de troupes et de munitions de guerre qui se rendait d'Angleterre en Portugal, à l'effet de réparer le désastre qu'avait occasionné aux ennemis de la France et de Philippe V la bataille d'Almanza, récemment gagnée par le maréchal de Berwick. Le 10 octobre, trois jours après sa sortie de Brest, la double escadre découvrit le convoi qu'elle avait mission de combattre et de disperser. Le commandement supérieur appartenait à Forbin, en raison de la supériorité de son grade. Duguay-Trouin, qui se trouvait en avant et déjà en présence de la flotte ennemie disposée en ordre de combat, attendait le signal pour s'engager avec la fierté et l'impétuosité qui lui étaient naturelles. Soit irrésolution, soit calcul, Forbin restait en arrière, et le signal si impatiemment attendu n'arrivait pas. Le soleil était déjà au milieu de sa course : il était urgent de prendre un parti, car chaque instant perdu l'était pour le succès de l'entreprise et pour la gloire de notre pavillon. Duguay-Trouin se crut donc suffisamment autorisé à ne prendre conseil que de la nécessité, et il se mit en mesure d'attaquer l'ennemi qu'il avait en présence. Ayant assigné sa tâche à chacun des capitaines de son escorte, il se réserve pour lui-même l'honneur d'aborder le commandant anglais, vaisseau formidable de quatre-vingt-deux canons, appelé le *Cumberland* ; le *Lis*, qu'il montait, n'était que de soixante-quatorze ; mais il était suivi de la *Gloire*, frégate de quarante canons, commandée par M. de la Jaille, un de ses plus braves officiers. La *Gloire* avait ordre d'aborder le *Lis* dès qu'il se serait accroché au *Cumberland*, et d'y jeter une partie de son équipage pour combler le vide formé dans celui du *Lis* par l'assaut du vaisseau ennemi.

« Ces ordres donnés (nous laissons encore une fois parler Duguay-Trouin lui-même), j'arrivai sur les Anglais, et, faisant coucher tout mon équipage sur le pont, je donnai mon attention à bien manœuvrer. J'essuyai, d'abord sans tirer, la bordée du matelot (1) de l'arrière du *Cumberland*, ensuite celle du *Cumberland* lui-même, qui fut des plus vives. Je feignis dans cet instant de vouloir plier ; il donna dans le piége, et, ayant voulu arriver pour me tenir sous son feu, je revins tout-à-coup au vent, et, par ce mouvement, son beaupré se trouva engagé dans mes grands haubans (2) avant que je lui eusse riposté d'un seul coup de canon ; en sorte que toute mon artillerie, chargée à double charge, et ma mousqueterie l'enfilant de l'avant à l'arrière, ses ponts et ses gaillards furent en un instant jonchés de morts. Aussitôt M. de la Jaille, mon fidèle compagnon d'armes, s'avança avec la *Gloire* pour exécuter ce que je lui avais ordonné ; mais, ne pouvant m'aborder que très difficilement à cause de la position où il me trouva, il eut l'audace d'aborder le *Cumberland* de long en long. Ses hommes tuèrent et mirent en fuite ce qui restait d'Anglais sur le pont et sur les gaillards, et se rendirent les maîtres du vaisseau. Alors, voyant qu'ils me faisaient signe avec leurs mouchoirs, et que l'on baissait le pavillon anglais, je fis cesser le feu. Au même instant, je fis pousser au large pour me porter dans le lieu où je pourrais être de quelque utilité. »

(1) *Matelot*, vaisseau qui a son poste sur l'avant ou sur l'arrière du commandant, pour le couvrir.

(2) *Haubans*, gros câbles qui servent à soutenir les mâts.

L'escadre du comte de Forbin était sortie enfin de son irrésolution ; elle était venue prendre sa part de danger et de gloire dans le combat. Duguay-Trouin vit que deux vaisseaux de cette escadre, l'un de cinquante-quatre canons, commandé par un bien brave capitaine, le chevalier de Tourouvre ; l'autre de quarante-quatre, monté par le fils du célèbre Jean Bart, étaient aux prises avec le *Devonshire*, vaisseau anglais de quatre-vingt-douze canons, qui les écrasait de sa formidable artillerie. Pressé de leur venir en aide, il abandonna la poursuite d'un vaisseau (le *Royal-Oak*), qu'il était sur le point d'accrocher, et se dirigea sur le colosse ennemi dans l'intention de l'aborder ; mais une épaisse fumée qu'il vit sortir de la poupe du *Devonshire* le força de se tenir à la portée du pistolet, dans la crainte d'être atteint par le même incendie. Le feu terrible qu'il en essuya pendant ce temps d'arrêt lui mit plus de trois cents hommes hors de combat. Pour sortir comme il convenait de cette position désastreuse, Duguay-Trouin s'était avancé à l'abordage, et déjà les vergues des deux vaisseaux commençaient à se croiser, lorsque le feu, qui fomentait à la poupe du *Devonshire*, gagna ses haubans et ses voiles de l'arrière. Il fallut bien vite se soustraire à son contact, sous peine d'être enveloppé dans le désastre qui allait l'anéantir. À peine Duguay-Trouin s'était-il éloigné d'une portée de pistolet, que le feu se communiqua de l'arrière à l'avant de ce gros vaisseau avec tant de violence, qu'il fut consumé en moins d'un quart d'heure, et s'abima, avec tout son monde, au fond de la mer, avant que la flamme eût gagné la soute aux poudres. Ce vaisseau portait, outre son équipage, plus de trois cents officiers ou soldats passagers, et l'on évalua à plus de mille le nombre des victimes de cette épouvantable catastrophe. Tous ceux qui en furent témoins en furent douloureusement impressionnés. Vingt ans après, dans la retraite où il écrivait ses Mémoires, cette image poursuivait encore le vieux marin. « Le souvenir de ce spectacle effroyable me fait encore frémir d'horreur, » écrit-il à cette page de ses Mémoires, si profondément empreints de la noblesse et de la sensibilité de son âme !

La catastrophe du *Devonshire* avait mis fin au combat, qui eût abouti à la destruction complète du convoi anglais s'il y avait eu meilleure entente entre les deux chefs de l'escadre française ; et il n'est pas douteux que le malentendu vint surtout du côté du comte de Forbin. Du reste, un seul des cinq vaisseaux de l'escadre anglaise échappa au désastre : c'était le *Royal-Oak*, dont Duguay-Trouin regrette amèrement, dans ses Mémoires, d'avoir abandonné la poursuite pour assister au spectacle, si chèrement payé d'ailleurs, de la perte du *Devonshire*. Plus de soixante des bâtiments qui composaient le convoi tombèrent au pouvoir soit de nos deux escadres, soit des corsaires qui s'étaient mis à leur poursuite après leur dispersion. La ruine de cette flotte, au témoignage de Rapin-Thoyras, historien anglais, ne fut pas moins funeste aux alliés que la bataille continentale d'Almanza, et, sous ce rapport, le résultat politique fut complétement atteint.

Pendant que Duguay-Trouin perdait deux jours à réparer tant bien que mal les nombreuses avaries qui avaient mis son vaisseau presque *hors d'état de remuer*, c'est l'expression dont il se sert, Forbin, qui avait rallié sous son pavillon les deux escadres, rentrait dans la rade de Brest avec les trois vaisseaux pris à l'ennemi, menant triomphalement le *Cumberland* à la remorque de son vaisseau. La modestie n'était pas une des qualités du capitaine provençal, et, dans cette circonstance, il se parait un peu trop vaniteusement, il faut en convenir, d'un trophée dont la conquête lui était fort étrangère, ainsi qu'on l'a pu voir dans le cours de ce récit.

Duguay-Trouin reçut, à l'occasion de cette affaire, le brevet d'une pension de mille livres sur le Trésor. Il le refusa pour luimême, et pria le roi de vouloir bien reporter cette faveur sur M. de Saint-Auban, son capitaine en second, qui avait eu une cuisse emportée à l'abordage du *Cumberland*, et qui était un officier sans fortune. On fit droit à cette requête, si honorable pour son auteur et pour celui qui en était l'objet.

Duguay-Trouin avait cependant demandé quelque chose : c'était des lettres de noblesse pour lui et pour son frère aîné, Trouin de la Bardinais, consul à Malaga, et son tuteur pendant les courts orages de sa jeunesse. « C'est à lui, écrivait-il à M. de Pontchartrain, que je dois tout ce que j'ai fait d'estimable et l'honneur que j'ai d'être connu de Sa Majesté, par les occasions qu'il m'a procurées de servir sans discontinuation. » Le ministre fit beaucoup d'objections, et ce ne fut que deux ans plus tard, en 1709, que les deux frères obtinrent l'objet de leur innocente ambition (1).

(1) On lit dans les lettres-patentes délivrées à cet effet, sous la date du mois de juin 1709, une récapitulation des actions navales de Duguay-Trouin, se terminant ainsi : « En sorte que ledit sieur Duguay-Trouin peut compter qu'il a pris, depuis qu'il s'est adonné à la ma-

La carrière du héros malouin est si remplie, que nous sommes forcés de passer sur une foule d'actions qui auraient suffi à la gloire de dix capitaines, pour arriver à celle qui devait mettre le comble à sa renommée, et clore pour lui d'une manière si éclatante la phase active de sa vie de marin : nous voulons parler de son expédition contre Rio-Janeiro, grand établissement des Portugais au Brésil.

Une première tentative avait été faite sur cet établissement, en 1710, par le capitaine du Clerc, à la tête d'une escadre de cinq vaisseaux de guerre et de mille soldats de débarquement ; mais elle avait eu une malheureuse issue. Du Clerc, forcé de capituler, était resté prisonnier avec six ou sept cents de ses soldats. Puis on avait appris que, malgré la capitulation, ce malheureux officier avait été assassiné, et les autres prisonniers traités de la manière la plus inhumaine. « Ces nouvelles, dit Duguay-Trouin, jointes à l'espoir d'un butin immense, et surtout à l'honneur qu'on pourrait acquérir dans une entreprise si difficile, firent naître dans mon cœur le désir d'aller porter la gloire de nos armes jusque dans ces climats éloignés, et d'y punir l'inhumanité des Portugais par la destruction de leur florissante colonie. » Mais l'État n'était pas en mesure de faire les frais d'une aussi grosse entreprise, et il n'avait pas trop de toutes ses ressources pour résister aux progrès de Marlborough, déjà maître de nos provinces du Nord, malgré les prodigieux efforts du maréchal de Villars, qui avait perdu la bataille de Malplaquet, et n'avait pas encore sauvé la France à Denain. On mit à la disposition de Duguay-Trouin dix-sept vaisseaux de la marine royale, et une société d'armateurs et de capitalistes pourvut aux frais d'équipement et d'armement de cette flotte. Elle partit de Brest, avec environ deux mille quatre cents hommes de troupes de débarquement, au mois de juin 1711, et arriva le 11 septembre suivant, à la pointe du jour, devant la baie de Rio-Janeiro. Cette baie est fermée par un goulet très étroit, dont les deux côtés sont défendus par deux forts et garnis de batteries dont il faut affronter les feux formidables avant de pénétrer dans le port. Les bonnes dispositions prises par Duguay-Trouin, la manière admirable dont il fut secondé par l'audace et l'habileté de ses principaux officiers, lui permirent de franchir presque d'un bond ce passage dange-

rine, plus de trois cents navires marchands, et vingt vaisseaux de guerre ou corsaires vaincus. »

reux, malgré la vive opposition des Portugais. Ce succès rapide lui coûta trois cents hommes mis hors de combat.

C'était beaucoup d'être maître de la baie; mais que d'efforts encore à accomplir, que de difficultés à vaincre, que de dangers à courir avant d'être maître de la ville! Rio-Janeiro, bâtie sur le bord de la mer, est commandée par trois montagnes couronnées de forts et de batteries. Du côté de la mer, elle est fortifiée par des redans (1) et des batteries dont les feux se croisent; du côté de la plaine, elle était défendue par un camp retranché et par un fossé large et profond toujours rempli d'eau. Au-dedans de ces retranchements étaient deux places d'armes pouvant contenir chacune quinze cents hommes en bataille. C'était là que les Portugais tenaient le fort de leurs troupes, qui consistaient en douze ou treize mille hommes au moins, en y comprenant cinq régiments de troupes réglées, nouvellement amenées d'Europe, et sans compter un nombre prodigieux de noirs disciplinés (2).

Le génie de Duguay-Trouin mesure sans s'effrayer la grandeur de la tâche qui lui est dévolue; il ne la trouve point au-dessus de son audace ni du courage des Français qu'il commande. Le 12 septembre, il avait enlevé aux Portugais l'île aux Chèvres, située à portée de fusil de la ville, et pouvait se servir, pour l'attaque, du fort et des batteries qui y avaient été dressées pour la défense. Le 14, il opérait son débarquement au pied des remparts avec un succès complet. « Dès ce moment, dit le rhéteur Thomas, que nous allons citer, quelque peu de goût que nous éprouvions pour l'emphase habituelle de son style; dès ce moment, on vit Duguay-Trouin, qui jusqu'alors n'avait commandé que sur la mer, déployer tous les talents d'un général, former des troupes, les ranger en bataille, choisir des postes, les soutenir les uns par les autres, prendre une exacte connaissance des lieux, profiter des fautes, éviter les surprises, fixer la victoire, ordonner les retraites, user des avantages, tantôt avec précaution, tantôt avec activité; joindre le génie des siéges à celui des batailles : tant il est vrai que ce sont les circonstances qui développent les talents ! »

Toute une semaine fut employée en engagements multipliés où les Français eurent constamment le dessus. Pendant que les

(1) *Redans.* On désigne ainsi, en architecture militaire, les angles saillants vers la campagne, qu'on pratique de distance en distance, dans les circonvallations, afin que toutes les parties de leur enceinte se flanquent réciproquement.

(2) *Mém. de Duguay-Trouin.*

troupes de débarquement s'emparaient de toutes les positions avantageuses autour de la ville, et débusquaient l'ennemi de tous ses retranchements extérieurs, les remparts étaient battus en brèche par l'artillerie des vaisseaux et par celle de l'île aux Chèvres. Le 20, Duguay-Trouin reconnut que l'assaut pouvait être tenté avec succès; il fit ses dispositions pendant la nuit pour qu'il fût livré à la pointe du jour. Ces dispositions s'accomplissaient au milieu des convulsions d'une nuit d'orage : à la lueur des éclairs, les assiégés voient s'approcher les chaloupes françaises, chargées des troupes destinées à escalader leurs remparts ; au feu qu'ils font pour les éloigner, répond le feu des assiégeants, et ces détonations redoublées, se joignant aux roulements du tonnerre, impriment à cette nuit terrible un caractère particulier d'épouvante et d'horreur. La ville est abandonnée par les habitants au milieu d'une confusion immense. La panique gagne les troupes réglées elles-mêmes, qui sortent tumultueusement de la ville, non toutefois sans avoir mis le feu aux plus riches magasins, et pratiqué des mines sous les forts qu'elles abandonnaient ; mais Duguay-Trouin, averti à temps, éventa toutes ces mines, et se préserva des ravages dont elles menaçaient l'armée victorieuse.

Le 21 septembre au matin, il entrait le premier dans la ville à la tête de ses grenadiers ; il fut bientôt maître de tous les forts. Après avoir reconnu l'impossibilité où il se trouvait de garder cette place, il se décida à la mettre à rançon. Il consentit à se retirer, moyennant une contribution de six cent dix mille crusades, de cinq cents caisses de sucre, et de tous les bestiaux dont il aurait besoin pour la subsistance de ses troupes. Le butin qui avait été fait par les soldats dans la ville, et qui avait été porté à bord des vaisseaux ou entassé sur le port, resta acquis aux vainqueurs, et les marchands portugais furent en quelque sorte forcés de le racheter. Quinze jours seulement furent accordés aux habitants pour acquitter la rançon à laquelle ils avaient été imposés ; mais ce ne fut que le 13 novembre, deux mois après son entrée dans la baie de Rio-Janeiro, que l'escadre française put appareiller pour reprendre le chemin de la France. Elle essuya, à la hauteur des Açores, une affreuse tempête qui la dispersa en partie. Deux de ses vaisseaux, le *Magnanime*, capitaine de Courserac, et le *Fidèle*, capitaine de la Moinerie-Miniac, disparurent sans que depuis on en ait jamais eu aucunes nouvelles. « Ces deux vaisseaux, dit Duguay-Trouin, avaient près de douze cents hommes d'équipage, et quantité d'officiers et de gardes de la marine, gens de mérite et de naissance, bien dignes d'être regrettés; entre autres, le chevalier de Courserac, mon fidèle compagnon d'armes, qui, dans plusieurs de mes expéditions, m'avait secondé avec une valeur peu commune, et qui rapportait en France la gloire distinguée de nous avoir frayé l'entrée du port de Rio-Janeiro... Ma confiance en lui était si grande, que j'avais fait charger sur le *Magnanime* plus de six cent mille livres en or et en argent. Ce vaisseau était, outre cela, rempli d'une grande quantité de marchandises. » Un troisième navire, l'*Aigle*, ayant atteint Cayenne avec une prise qu'il escortait, y périt à l'ancre. L'équipage repassa en France sur le vaisseau hollandais.

Malgré ces pertes considérables, les produits de cette expédition, prélèvement fait de la dépense de l'armement, rapporta quatre-vingt-douze pour cent de profit à ceux qui s'y étaient intéressés; mais on avait causé pour plus de vingt-cinq millions de dommages à la colonie portugaise, et réduit à la misère des milliers de familles innocentes! Pour admirer en toute sûreté de conscience la gloire des grands capitaines de terre ou de mer, il faudrait pouvoir ignorer ce qu'elle coûte de malheurs et de larmes aux peuples qui en font les frais.

« L'expédition de Rio-Janeiro, dit un historien, plaça si haut Duguay-Trouin dans le monde naval, que, bien qu'il ne fût encore que capitaine de vaisseau, on le regarda comme le plus grand homme de mer de la fin du règne de Louis XIV. On raconte qu'à son retour en France, après cette expédition qui devait clore, avant le temps, sa carrière active de marin, Duguay-Trouin fut à tel point l'objet de l'attention publique, que le peuple s'attroupait autour de lui pour le contempler, et qu'il n'était pas jusqu'aux plus grandes dames qui ne se fissent un mérite de l'avoir vu, d'avoir recueilli quelques mots de ses lèvres (1). » — « *Monsieur,* lui dit un jour une dame de distinction, qui avait fendu la foule pour le regarder de bien près, *ne soyez pas surpris de mon action, et laissez-moi jouir du bonheur de contempler en face un héros en vie.* »

Ce brave capitaine reçut la cornette en 1715 : ce fut un des derniers actes du grand roi qu'il avait si bien servi. Sous Louis XV, on ne put que l'avancer dans la carrière des honneurs, sans lui fournir aucune occasion d'ajouter à sa gloire; on le nomma,

____

(1) Léon Guérin, *Hist. marit. de France.*

en 1728, commandeur de l'ordre de Saint-Louis et lieutenant général des armées navales.

Duguay-Trouin mourut à Paris, le 27 septembre 1736, dans sa soixante-troisième année.

« M. Duguay-Trouin, dit le continuateur de ses Mémoires, avait une de ces physionomies qui annoncent ce que sont les hommes, et la sienne n'avait rien que de grand à annoncer... Il était d'une taille avantageuse et bien proportionnée, et il avait pour tous les exercices du corps un goût et une adresse qui le servirent dans plus d'une occasion. Son tempérament le portait à la tristesse, ou du moins à une espèce de mélancolie qui ne lui permettait pas de se livrer à toutes les conversations. Souvent, après lui avoir parlé longtemps, on s'apercevait qu'il n'avait ni écouté ni entendu. Son esprit était cependant vif et juste ; personne ne sentait mieux que lui tout ce qui était nécessaire pour faire réussir une entreprise, ou ce qui pouvait la faire manquer ; aucune des circonstances ne lui échappait. Lorsqu'il projetait, il semblait qu'il ne comptât pour rien sa valeur, et qu'il ne dût réussir qu'à force de prudence ; lorsqu'il exécutait, il paraissait pousser la confiance jusqu'à la témérité

» Jamais homme n'a porté les sentiments d'honneur à un plus haut point, et jamais homme n'a été d'un commerce plus sûr et plus doux. Plein de simplicité et de modestie, il ne permettait pas cependant que d'autres prissent sur lui un air de supériorité qu'ils n'auraient pas méritée. Il était prêt alors à regarder sa gloire comme une partie du bien de l'État et à la soutenir de la manière la plus vive. C'est par ces qualités qu'il s'est toujours fait aimer et considérer dans le corps de la marine.

» On lui a reproché un peu de dureté dans la discipline militaire ; mais sa sévérité avait pour corollaire un grand esprit de justice et de bienveillance pour le matelot et pour le soldat, qualité qui le faisait autant aimer et respecter que la sévérité le faisait craindre.

» Il était d'un tel désintéressement, qu'après tant de vaisseaux pris, et une ville du Brésil réduite sous sa puissance, il n'a laissé qu'un bien médiocre, quoique sa dépense ait toujours été bien réglée. »

DUQUESNE (ABRAHAM, marquis), lieutenant général des
armées navales, né à Dieppe (Seine-Inférieure), en 1610,
mort en 1688.

« Les Français n'estiment pas assez leur Duquesne : la présence
de ce brave marin à bord d'une flotte vaut plus que dix vaisseaux.
On lui donne pour supérieurs les d'Estrées, les Vivonne, hommes
de cour, qui ne le valent pas de beaucoup; mais vienne une occasion sérieuse, l'on sera forcé de lui donner sa véritable place,
qui est la première. » Ainsi parlait le grand Ruyter de celui qui
devait le vaincre un jour dans les mers de la Sicile, et qu'on
appellerait aussi le *grand* Duquesne. Jugement prophétique !
brevet d'immortalité délivré par un héros à son rival ! Sur la parole de Ruyter, on peut hardiment inscrire le nom du vainqueur
de Stromboli et du mont Gibel au premier rang de ceux qui ont
illustré la marine française à l'apogée du règne de Louis XIV, et
sous l'administration féconde et glorieuse des deux Colbert.

Abraham Duquesne naquit à Dieppe, en 1610, d'une famille noble, quoiqu'on ait dit le contraire (1), et protestante. Son père, du même nom que lui, armait en course pour son propre compte, comme tous les marins dieppois; c'était en outre un capitaine de la marine royale fort estimé pour sa bravoure. Ce fut sous lui que le jeune Abraham, son aîné, fit son apprentissage maritime. Dès l'âge de douze ans, le futur amiral commença à naviguer; à dix-sept ans, il était déjà capable de commander, et trouvait l'occasion de révéler tout ce qu'il serait un jour.

C'était en 1627 : à la faveur des hostilités ouvertes entre la couronne d'Espagne et les Provinces-Unies, nos mers étaient infestées de corsaires hollandais et espagnols, qui tenaient nos petites escadres marchandes bloquées dans les ports. Emu des plaintes qui lui avaient été adressées par les états de Normandie, Louis XIII avait, par une déclaration de cette année, permis aux bâtiments de ses ports de l'Océan et de la Manche de *courir sus aux ennemis de la France*, ce qui ne s'appliquait alors qu'aux Anglais, *et aux écumeurs de mer*, ce qui s'appliquait à tout le monde. Dieppe s'était hâté d'user de la permission, et Duquesne le père n'avait pas été des derniers à se mettre en course sur le *Petit-Saint-André*, fin et hardi voilier armé de douze canons, qui lui appartenait. Son fils lui servait de second.

Durant sa croisière, le capitaine Duquesne, tombé malade, avait été obligé de s'aliter et de remettre le commandement à son jeune lieutenant. Trois grosses voiles se montrent à l'horizon : on reconnaît bientôt trois des corsaires hollandais dont les Dieppois avaient le plus à se plaindre. Mais le moment est-il opportun pour prendre une revanche ? Est-il prudent d'engager une aussi forte partie ? Questions qu'un vieux capitaine se serait faites, mais qui ne viennent pas même à la pensée d'un officier de dix-sept ans. Le jeune Duquesne, sûr de la bravoure de son équipage, s'avance résolûment à la rencontre de celui des trois corsaires qui se trouve le plus à sa portée, et, sans s'inquiéter ni du pavillon qu'il porte, ni des deux bâtiments qui le suivent de près, il l'attaque *à la manière dieppoise*, dit un écrivain normand; attaque

---

(1) Dans le contrat de mariage de l'un de ses fils, passé en 1646, Abraham Duquesne père est qualifié ainsi qu'il suit : *Quand vicait, escuns et capitaine entretenu pour le service du roi en ses armées navales.*

On voit, par le même acte, que la mère de Duquesne était *honorable dame Marthe de Cauz.*

subite qui étonne, qui ne donne pas le temps de la résistance (1);
il l'enlève. Les deux autres corsaires avaient prudemment pris le
large. La capture était riche ; le jeune vainqueur la conduit triomphalement à Dieppe, et la remorque jusque dans le port aux vives
acclamations de ses compatriotes, ravis de se voir si fièrement et
si promptement vengés par le digne fils du brave commandant
du *Petit-Saint-André*.

Tel fut le premier exploit maritime de celui qui devait si glorieusement aider Louis XIV à conquérir pour un moment l'empire
de la mer.

La chicane essaya de lui ravir le prix de la victoire qu'il devait
à son courage. Le bâtiment qu'il avait capturé s'était abrité sous
le pavillon hollandais, et comme la France était alors en paix
avec les Provinces-Unies, le capitaine contesta la légitimité de la
prise. L'affaire fut déférée à l'amirauté de Dieppe en première
instance, et portée en appel devant le parlement de Normandie.
Duquesne prouva, pièces en main, que le capitaine hollandais
était un véritable pirate, muni de lettres de marque d'une puissance ennemie, l'Angleterre, et entretenant des accointances avec
les barbaresques de Tunis et d'Alger. Il gagna donc son procès
devant les deux juridictions. « Cependant, croyez-moi, lui dit le
président de l'échiquier de Normandie après l'avoir félicité sur
son courage, regardez plus attentivement aux pavillons ; car, une
autre fois, vous pourriez ne pas si bien rencontrer. »

Pendant l'audience, deux pièces avaient été remises au jeune
lieutenant du *Petit-Saint-André*, toutes deux venant du cardinal
de Richelieu, alors surintendant général de la navigation et du
commerce : la première était une concession à titre de gratification de toutes les marchandises du navire hollandais ; la seconde,
un brevet de capitaine dans la marine du roi (2).

En vertu de ce brevet, Duquesne alla immédiatement prendre
rang dans la flotte qui faisait le siége de la Rochelle (1627), et s'y
distingua.

Dix ans plus tard (1637), nous le voyons, sur un vaisseau de
l'Etat confié à son commandement, prendre une part glorieuse à
l'expédition, qui, sous les ordres du prélat-amiral d'Escoubleau
de Sourdis, reprit aux Espagnols les îles de Lérins, dont ils
s'étaient traîtreusement emparés. Pendant qu'il concourait au

(1) P.-J. Féret, *Esquisse de la vie de Duquesne*. Dieppe, 1844.
(2) Floquet, *Anecdotes normandes*. Rouen, 1838.

siége de l'île Sainte-Marguerite, Duquesne reçut la triste nouvelle de la mort de son père, tué à bord de son vaisseau par les Espagnols, comme il escortait un convoi de Suède en France. Le jeune capitaine jura dès ce jour une haine implacable aux Espagnols, et se promit de ne laisser échapper aucune occasion de venger sur eux la mort du digne officier dont il portait le nom, et dont l'expérience avait guidé ses premiers pas dans la carrière maritime. Durant cette campagne même et dans celles qui suivirent, jusqu'à la mort de Louis XIII, il tint bravement son serment ; au milieu des fréquents conflits où les escadres de France se trouvèrent en face de celles de l'Espagne, les Espagnols ne manquaient pas de reconnaître le vaisseau qu'il commandait à la vigueur de son attaque, à l'action meurtrière de son feu, à l'acharnement de sa poursuite.

L'espèce d'armistice qui s'établit entre les deux puissances sur la fin du règne de Louis XIII et pendant les premières années de la minorité de Louis XIV, détermina Duquesne à passer au service de Suède, où son père avait lui-même servi avec distinction et laissé d'honorables souvenirs. La célèbre Christine, fille de Gustave-Adolphe, régnait alors à Stockholm ; elle était en guerre avec son voisin de la Baltique, Christiern IV, roi de Danemarck. Sa marine luttait péniblement contre celle des Danois. Duquesne, d'abord major général de son armée de mer, et bientôt après vice-amiral, contribua puissamment à relever la flotte suédoise de son infériorité. Il commandait en 1644 une division de l'armée navale qui força les Danois à lever le siége de Gothembourg, et qui fit éprouver à leur flotte une déroute complète. Duquesne se signala, dans cette mémorable affaire, en prenant à l'abordage le vaisseau-amiral, à la suite d'une lutte sanglante où l'amiral danois fut tué. Bien en prit au roi Christiern, qui commandait lui-même sa flotte, d'avoir quitté la veille ce bâtiment pour se faire soigner d'une blessure qu'il avait reçue dans un combat précédent.

Duquesne rentra en France en 1647, et commanda l'une des escadres qui devaient aider, selon toute apparence, le duc de Guise à conquérir le royaume de Naples, à la faveur des révoltes suscitées par le mauvais gouvernement des Espagnols. Mais cette entreprise n'eut pas de suite, et la flotte française revint en France après une apparition devant Naples et quelques coups de canon tirés à la flotte espagnole. Ce fut une promenade militaire bien plus qu'une expédition.

La Fronde avait rempli la France de troubles. En 1650, les Bordelais, épousant la querelle du grand Condé, s'étaient associés à sa révolte, et les Espagnols avaient armé quelques vaisseaux pour les soutenir. La marine royale était tombée dans un tel désarroi, que le gouvernement se trouvait dans l'impossibilité de leur opposer la moindre escadre. Duquesne eut assez de patriotisme et de crédit pour en armer une à ses frais, qu'il conduisit à la rencontre des Espagnols. Les deux escadres arrivèrent en même temps dans la rivière de Bordeaux. Les Espagnols voulurent en barrer l'entrée à Duquesne, mais il la franchit malgré eux, et son apparition imprévue sous les murs de la ville révoltée ne contribua pas médiocrement à ramener les Bordelais à de meilleurs sentiments, et à les faire rentrer dans le devoir. — Chemin faisant, il avait rencontré une flotte anglaise. Suivant une orgueilleuse prétention affichée alors par cette nation, le commandant lui fit dire de baisser son pavillon. « Le pavillon français ne sera jamais déshonoré tant que je l'aurai à ma garde, répondit Duquesne : le canon en décidera, et la fierté britannique pourra bien céder aujourd'hui à la valeur française. » Ce qu'il espérait arriva ; les Anglais, bien que très supérieurs en nombre, furent mis en fuite après un combat meurtrier. Duquesne fut blessé et obligé de relâcher au port de Brest pour réparer ses avaries ; mais il avait maintenu l'honneur du pavillon et donné une bonne leçon à l'orgueil de nos voisins d'outre-Manche : il se trouvait doublement payé.

Toutefois, son désintéressement et sa valeur ne restèrent point sans autre récompense : Anne d'Autriche, reine-régente, le nomma chef d'escadre ; et, ne pouvant le rembourser immédiatement des dépenses qu'il avait faites pour l'armement de son escadre, elle lui donna, par forme de dédommagement, l'île et le château d'Indre en Bretagne, qui étaient de son domaine.

La nullité des opérations maritimes pendant les années qui suivirent, et le repos que procura la paix des Pyrénées, forment un grand vide dans la carrière militaire de Duquesne. Pendant vingt ans, il se vit obligé de consacrer son activité et son génie aux spéculations de l'armateur et aux travaux de l'industrie privée. Si cette période d'occupations paciques fut stérile pour sa gloire, elle ne le fut point pour son avancement dans la science nautique ; l'expérience et les connaissances spéciales qu'il acquit alors le préparèrent admirablement à seconder l'illustre Colbert dans l'accomplissement des réformes qu'il avait conçues pour relever la marine française et l'élever à un degré de grandeur et de prospérité qu'elle n'avait jamais connues.

La paix des Pyrénées ayant été rompue en 1667, Duquesne fut rappelé à l'activité avec le titre de lieutenant général des armées navales ; « et c'était particulièrement sur lui, dit un historien, que Louis XIV et Colbert se reposaient de la direction de toutes les grandes actions navales. On recommandait à chacun, en toute occasion, de s'en référer à ses conseils (1). » Cependant l'histoire ne fait aucune mention de lui à cette époque : il est vrai que la guerre était toute continentale, et ne prit un caractère maritime qu'en 1672, alors que les Hollandais y intervinrent, et qu'on vit ces alliances contre nature de la France et de l'Angleterre d'un côté, de l'Espagne et de la Hollande de l'autre.

(1672) La flotte française, que commandait le duc Jean d'Estrées, s'était réunie à celle d'Angleterre, sous les ordres du duc d'York, qui fut depuis le malheureux roi Jacques II. L'armée navale hollandaise, conduite par l'illustre Ruyter, vint à leur rencontre dans la baie de Solebai, sur les côtes d'Angleterre. Le combat s'engagea le 7 juin, sur les cinq heures du matin, et dura jusqu'à huit heures du soir. Duquesne, qui commandait la seconde division de l'escadre française, eut affaire à Evertzen, vice-amiral de Zélande, le battit et lui fit éprouver une perte considérable. Jamais, au témoignage de Ruyter lui-même, bataille n'avait été plus sanglante, ni moins décisive ; les deux partis, en se retirant pour réparer respectivement leurs pertes et leurs avaries, s'attribuèrent également la victoire.

L'année suivante (1673), les escadres combinées de France et d'Angleterre se remirent en campagne sous les mêmes chefs. Elles allèrent chercher dans ses propres eaux la flotte hollandaise, et trois grandes affaires s'engagèrent consécutivement, les 7, 14 et 21 juin, sous les côtes de la Hollande. D'Estrées et Duquesne y maintinrent, comme l'année précédente, l'honneur et la réputation de nos armes ; mais il y avait plutôt jalousie qu'émulation entre les deux flottes combinées ; et le peu d'ensemble et d'accord qui régna dans leurs opérations ne permit pas d'obtenir des résultats proportionnés aux forces mises en jeu, et à l'habileté des chefs qui les dirigeaient : le but de l'expédition fut manqué ; on ne put

(1) Léon Guérin, *Hist. maritime de France.*

opérer la descente projetée sur le territoire des Provinces-Unies. On ne fit qu'ajouter à la gloire du grand Ruyter, que le maréchal d'Estrées eut la magnanimité de proclamer lui-même, en écrivant à Colbert ces dignes et nobles paroles, qui lui feront toujours autant d'honneur qu'une victoire : « Je voudrais avoir payé de ma vie la gloire que Ruyter vient d'acquérir. »

« D'Estrées méritait, dit Voltaire, que Ruyter parlât ainsi de lui. » Mais l'illustre amiral hollandais, qui, dans ces deux dernières campagnes, avait pu comparer aux œuvres et d'Estrées et Duquesne, n'avait pu que s'étonner de voir le rôle subalterne dévolu à celui qui aurait dû avoir le premier. Son instinct de héros lui avait révélé dans Duquesne le seul rival digne de lui. Là où Duquesne commandait, il avait reconnu l'allure magistrale et sûre du véritable général de mer, et il sentait intérieurement que l'issue de cette lutte navale eût pu être funeste à la Hollande, malgré tous ses efforts, si la direction des opérations des alliés eût été livrée plutôt aux calculs du génie qu'aux inspirations de la valeur, plutôt à un Duquesne qu'à un duc d'Estrées. Celui-ci, marin de fraîche date, bien que touchant déjà à la cinquantaine, avait encore, et il avait la franchise de le reconnaître, des leçons à recevoir ; Duquesne, véritable enfant de la mer, et vieux déjà d'une expérience de cinquante années, était en mesure d'en donner et de marcher de pair avec les plus grands maîtres : il le fit bien voir à quelques années de là. Ruyter, en parlant de Duquesne et de d'Estrées, comme on l'a vu au début de cette notice, était sévère, peut-être, envers le second, mais juste envers tous les deux : son jugement devait être celui de la postérité.

Enfin le moment approche où l'amiral dieppois va donner à la France et à l'Europe la mesure de sa valeur réelle, et se trouver porté, par la force des choses, à sa véritable place. En 1674, Messine, une des principales villes de la Sicile, avait secoué le joug des Espagnols pour se placer sous la protection de la France. Vivonne, général des galères, y fut envoyé, au commencement de 1675, en qualité de vice-roi, avec une escadre de huit vaisseaux de guerre, que commandait sous ses ordres le lieutenant général Duquesne. Cette escadre entra triomphalement dans le port de Messine, le 14 février, après avoir foudroyé et mis en fuite une flotte de trente-sept vaisseaux espagnols, qui avait essayé de lui fermer l'entrée du détroit. L'affaire fut aussi vive que meurtrière. Duquesne, qui s'était mis à l'avant-garde avec trois vaisseaux, eut d'abord à soutenir tout l'effort du combat, et les Espagnols, dix fois plus nombreux, s'étaient acharnés sur le vieux marin avec une ardeur et une opiniâtreté désespérées. Mais ils n'avaient pu ni l'écraser ni même le faire reculer d'une demi-encâblure, et leur fougue s'était inutilement épuisée contre son imperturbable sang-froid. « Impassible comme le génie de la guerre, dit un historien, il détachait de superbes bordées contre tous les vaisseaux qui se flattaient de l'approcher, et les rejetait l'un après l'autre à distance (1). »

En vertu des règles de la hiérarchie, les honneurs de la journée furent attribués à Vivonne ; elle lui valut même le bâton de maréchal de France ; mais il eût été difficile de persuader aux hommes du métier, et surtout à ceux qui faisaient partie de l'escadre victorieuse, que la victoire n'était pas, avant tout, l'œuvre du génie et de l'expérience de Duquesne. On savait très bien à quoi s'en tenir sur ce point à Versailles ; aussi, lorsqu'on apprit que les Espagnols avaient appelé les Hollandais à leur aide, et que le grand Ruyter conduisait la flotte des Provinces-Unies dans la mer de Sicile, on comprit très bien que ce n'était pas Vivonne, mais Duquesne qu'il fallait opposer à un si rude joûteur.

Duquesne se trouvait alors à Toulon, où le vice-roi l'avait envoyé avec une partie de la flotte de la Méditerrannée, pour en ramener des vivres, des munitions et des renforts. On le consulta ; il proposa un plan de campagne qui fut adopté et dont on lui confia l'exécution. Il arma une flotte de vingt vaisseaux de guerre et de six brûlots, qui sortit de Toulon le 17 décembre 1675, pour se porter à la rencontre de la flotte qui portait le pavillon de Ruyter. C'était une grande épreuve qui commençait pour le marin dieppois ! « On l'allait voir, dit M. Léon Guérin, utiliser pour ses propres desseins son expérience consommée, la merveilleuse sûreté de son coup d'œil, l'énergique et puissante domination de son sang-froid entre le ciel et les flots, dans la tempête des batailles ; on l'allait voir à travers la fumée, les boulets, la mitraille, se développer dans toute l'étendue de son génie. »

Ruyter s'était réjoui d'apprendre qu'il aurait bientôt à se mesurer avec un adversaire digne de lui. Un capitaine anglais, l'ayant rencontré avec sa flotte à la hauteur de Melazzo, ville de Sicile, qui n'est qu'à huit lieues de Messine, lui demanda pourquoi il

(1) Léon Guérin, *Hist. maritime de France.*

louvoyait ainsi dans ces parages; le célèbre amiral des Provinces-Unies répondit : « J'attends le brave Duquesne. » L'attente ne fut pas longue, et, le 7 janvier 1676, les deux flottes se trouvèrent en présence, non loin des îles de Lipari.

Nous avons fait connaître la force de la flotte française; celle de Ruyter se composait de vingt-quatre vaisseaux de guerre, quatre brûlots, deux flûtes et neuf galères d'Espagne. La première journée et la nuit qui lui succéda se passèrent en évolutions préparatoires, chacun des deux amiraux cherchant à s'emparer du vent. Vers le matin, il se déclara décidément pour les Français, et, dès la pointe du jour, Duquesne força de voiles vers les ennemis, qui se tenaient à deux lieues de lui, sous le vent de l'île de Stromboli, la plus septentrionale des îles de Lipari.

L'amiral français avait divisé sa flotte en trois escadres : celles d'avant-garde et d'arrière-garde étaient composées chacune de six vaisseaux; la première avait pour commandant le marquis de Reuilly-d'Humières, officier aussi brave qu'expérimenté; Gabaret, l'aîné, commandait la seconde, monté sur le *Sans-Pareil*. Duquesne s'était réservé le corps de bataille, formé de huit vaisseaux; il avait arboré son pavillon sur le *Saint-Esprit*, l'un des plus magnifiques vaisseaux de la marine royale. Il avait pour matelots (1) le *Pompeux* et le *Sceptre*, commandés, l'un par le Provençal de Valbelle, l'autre, par le Normand de Tourville; le premier, chef d'escadre, le second, à la veille de l'être, — deux officiers d'élite parmi cette élite d'officiers, tels que les Relingue, les Villette, les Coëtlogon, un La Galissonnière, un Langeron; tous appelés à occuper un jour le sommet de la hiérarchie navale, et qui tous avaient sollicité à l'envi l'honneur de seconder Duquesne dans sa lutte contre Ruyter.

L'amiral hollandais avait aussi divisé sa flotte en trois escadres : Verschoor à la tête, de Haan à la queue, étaient ses vice-amiraux; car, comme Duquesne, il avait gardé pour lui le corps de bataille. A l'ombre du volcan toujours embrasé de Stromboli, il avait disposé sa ligne de combat. Il était prêt à répondre au premier appel de son adversaire, qu'il voyait s'avancer magistralement sous l'impulsion d'une brise favorable. « A l'ordre merveilleux dans lequel les Français arrivaient sur lui, il reconnut bien Duquesne, et ne put se défendre d'admirer. » Cette remarque est de

---

(1) Les deux vaisseaux entre lesquels le vaisseau pavillon, ou chef de division, doit combattre dans l'ordre de bataille.

M. Léon Guérin, auquel nous nous permettrons encore, dans l'intérêt de nos lecteurs, d'emprunter une saisissante description des préliminaires du combat mémorable qui allait s'engager.

« Des deux côtés les vaisseaux étaient en ligne, distants les uns des autres d'une encâblure ou deux cents mètres, pour ne point courir le risque de s'aborder involontairement. Presque toutes les voiles étaient *ferlées* ou repliées autour de leurs vergues; il n'y avait que les *huniers*, ces voiles trapéziennes qui posent si fièrement au-dessus des bas mâts, qui se gonflassent encore au souffle de la brise. Le *branle-bas* s'était fait en un clin d'œil ; tous les hamacs ou *branles* avaient été dépendus et jetés avec les matelas et autres objets dans les filets de bastingage tendus au-dessus des bords des vaisseaux, pour amortir l'effet des canons ennemis ; les cloisons des chambres, démontées, n'avaient pas même été mises à l'abri du branle-bas, afin de parer les batteries de long en long. Des tonneaux debout et défoncés, les uns pleins de boulets pour l'usage des canonniers, les autres d'eau, étaient rangés d'espace en espace, sur le milieu des ponts, avec des cuirs trempés, destinés aussi à arrêter les incendies. De la cendre et du sable étaient répandus partout pour empêcher les pieds de glisser dans le sang, qui tout à l'heure allait couler.

» Quoique l'abordage fût devenu extrêmement rare dans les batailles générales, depuis que l'art de se disposer en ligne laissait presque tout à faire à la manœuvre et à l'artillerie, on n'en avait pas moins placé avec ordre, entre les *sabords* (1), pour le cas échéant, toutes les armes dont on se servait alors sur les vaisseaux une fois qu'ils s'étaient accrochés : d'abord, pour défendre l'abordage, les piques, les demi-piques, les espontons, assez semblables à ces dernières, les longues hallebardes et pertuisanes à la lame armée d'un croissant ; puis, pour passer à l'abordage, les pistolets, les sabres et les haches d'armes au fer tranchant, à crochet et à pointe.

» Chacun était à son poste sur son bord : les capitaines à l'étage le plus élevé de la poupe, pour donner leurs ordres et surveiller ; les lieutenants et les enseignes dans les batteries, pour faire servir le canon ; les maîtres sur les *dunettes,* ces sortes de belvédères de l'arriére des vaisseaux, afin d'entendre les ordres de manœuvres des capitaines et de les faire exécuter. Des soldats et des

(1) *Sabord,* embrasure pratiquée dans le côté du vaisseau pour y placer le canon en batterie.

On vit alors Duquesne et Ruyter se rencontrer vaisseau à vaisseau. (Page 118.)

matelots étaient distribués à chaque pièce de canon, au nombre de sept, neuf ou onze, selon le calibre; d'autres se tenaient sur le pont d'en haut, armés de fusils et plus encore de mousquets, arme si en usage autrefois, qui se tirait au moyen d'une mèche; quelques-uns étaient postés jusque sur les *hunes*, ces plates-formes situées au faîte des mâts des vaisseaux, et qui, outre leur utilité première pour l'ensemble de la mâture et de la voilure, et de ceux qui y sont spécialement affectés, présentent, au moment du combat, des sortes de citadelles aériennes d'où la mort peut choisir ses victimes...

« Il y eut un moment muet, mais solennel. Pas un coup de canon encore n'avait été tiré, et pourtant on se trouvait à portée; toutes les poitrines, même celles des plus braves, étaient soulevées; un frissonnement indéfinissable les parcourait intérieurement; une extrême anxiété régnait sur chaque vaisseau. Le duel entre Duquesne et Ruyter, dont les préliminaires avaient été si majestueux, allait commencer éclatant et terrible. »

L'impatience d'un vaisseau de l'avant-garde, qui devança le

signal de l'amiral, et une manœuvre mal accomplie, après le signal donné par Preuilly, commandant de cette escadre, faillirent
compromettre dès le début la flotte française ; mais Duquesne
eut bientôt paré à ce double accident. Voici sa division en travers
de celle de Ruyter. Langeron, de Béthune, Valbelle, ont fièrement
préludé à la lutte sous les yeux de leur amiral. Valbelle surtout,
qui se trouvait sous le feu de l'amiral hollandais, justifiait, par sa
mâle contenance, l'honneur que lui avait fait Ruyter de se mesurer corps à corps avec lui. Il allait succomber cependant, lorsque
Duquesne lui-même s'avança pour le dégager des étreintes de son
terrible ennemi.

» On vit alors Duquesne et Ruyter se rencontrer vaisseau à
vaisseau. Les deux Jupiters sont aux prises, et les foudres qu'ils
se lancent l'un à l'autre avec une rapidité effrayante, qui n'exclut
pas l'ordre le plus parfait, dominent et font taire les éléments (1). » Les coups de Ruyter sont terribles, mais ceux de
Duquesne sont plus terribles encore, et c'est Ruyter qui cède ; il
se retire doucement, avec ordre, dissimulant autant qu'il peut les
ravages qui le forcent à se dérober à la lutte, et faisant bonne
contenance jusqu'à la fin. Tous les vaisseaux de son corps de bataille se laissent dériver à la suite de leur amiral. »

Duquesne, après avoir fait reculer Ruyter, ordonne à Preuilly
de donner avec toute son escadre sur celle du contre-amiral
Verschoor. Preuilly avait à réparer sa faute du début : il le fit en
brave et énergique capitaine qu'il était, et son attaque fut si terrible, que tous les vaisseaux de l'escadre ennemie furent, pour
ainsi dire, en un clin d'œil, désemparés de la manière la plus
pitoyable ; ces vaisseaux n'étaient plus qu'autant de charniers
couverts d'hommes horriblement mutilés, de membres sanglants
et dispersés. On retrouva sous un monceau de cadavres celui du
malheureux contre-amiral Verschoor

La nuit mit fin au combat, et sauva sans doute l'arrière-garde
ennemie, qui fut à peine engagée, d'une défaite semblable à celle
de la première escadre.

Cette victoire n'était pas décisive, mais elle venait d'élever au
plus haut rang la marine française, en prouvant que, si elle ne le
cédait à aucune autre par la bravoure de ses officiers, elle possédait en outre un général capable de se mesurer avec celui qui

(1) Léon Guérin, ouvrage cité.

avait tenu jusqu'à présent le sceptre de la tactique navale sur les mers européennes.

Louis XIV s'empressa d'écrire de sa main au lieutenant général Duquesne pour le complimenter sur sa victoire.

Duquesne, pour ne pas compromettre le succès définitif d'une entreprise si bien commencée, différa sagement la reprise de la lutte. Aussi bien, sa flotte avait besoin de réparations et ses équipages de quelque repos ; il fit le tour de la Sicile, et entra dans le détroit de Messine par le sud, au lieu d'y entrer par le nord.

Les deux flottes se radoubèrent à loisir ; elles reçurent l'une et l'autre quelques renforts, et se trouvèrent ainsi en mesure de rentrer en lice, mais pour engager cette fois une partie décisive. Duquesne sortit, le 20 avril 1676, du port de Messine, à la tête de trente vaisseaux et de huit brûlots. Il longea la côte orientale de Sicile, sûr de rencontrer de ce côté la flotte hollandaise, qu'il savait à l'ancre dans le port de Syracuse. Il la rencontra en effet, le 22 avril, à la hauteur du mont Etna ou mont Gibel, qui projette incessamment sa blanchâtre vapeur de soufre sur le ciel bleu de la Sicile. La flotte hollandaise se composait de vingt-neuf vaisseaux de guerre, neuf galères et quelques brûlots. Ruyter, cette fois, s'était placé à l'avant-garde, tandis que Duquesne, comme pour la journée de Stromboli, s'était réservé le corps de bataille. Il avait donné son avant-garde au brave d'Almeiras, qui devait payer de sa vie, dans cette journée, l'honneur de se mesurer le premier avec Ruyter ; Gabaret avait conservé le commandement de l'arrière-garde.

Un épisode de bon augure pour les Français forma comme le prologue du grand drame qui allait s'accomplir : à peine les deux flottes avaient-elles pris leurs positions, qu'on vit avec un étonnement mêlé d'admiration un vaisseau français qui passait superbement entre les deux lignes pour venir prendre sa place au corps de bataille de Duquesne. C'était la *Sirène*, que le chevalier de Béthune amenait du port d'Agosta, où les escadres d'Espagne et de Hollande n'avaient pu parvenir naguère à la brûler, et qui n'entendait pas qu'il se livrât si près de son mouillage une grande bataille sans elle. Cette fière venue du chevalier de Béthune fut saluée par des acclamations unanimes, et elle seule aurait suffi pour faire passer dans tous les cœurs l'électrique enthousiasme du combat (1).

(1) Léon Guérin, *Hist. maritime de France.*

Ce fut Ruyter qui prit l'initiative de la lutte, sur les deux heures après midi, en se portant avec toute sa division sur l'avant-garde de la flotte française. L'attaque fut des plus vigoureuses, et vigoureuse aussi fut la riposte ; de part et d'autre la valeur était égale. « Ruyter, dit un de nos historiens maritimes, ayant voulu commander l'avant-garde, l'avait composée de ses meilleurs vaisseaux. M. d'Almeiras, animé par la gloire de se mesurer avec un si grand homme, faisait des efforts extraordinaires ; il endommagea beaucoup quatre des meilleurs vaisseaux hollandais ; mais il ne jouit point de l'honneur de la victoire qu'il avait préparée à l'armée du roi par cette action de vigueur, il fut emporté d'un coup de canon. L'équipage de son vaisseau, déconcerté par sa mort, ne fit plus les mêmes manœuvres ; le navire arriva considérablement et se trouva entièrement hors de ligne. Ce malheur n'empêcha pas cependant le reste de la division de soutenir avec une égale fermeté l'effort de Ruyter. M. Gratier remplit le vide qu'avait formé le vaisseau de M. d'Almeiras en s'éloignant ; il se battit contre Ruyter, et répondit au feu de cet amiral pendant près d'une heure. MM. de Châteauneuf, de Forbin (1), de Belle-Fontaine, de Saint-Aubin, et tous les autres capitaines, firent aussi merveilles. Plusieurs vaisseaux hollandais furent fort maltraités, et, les quatre qui l'avaient déjà été beaucoup avant la mort de M. d'Almeiras ne pouvant plus soutenir le combat, Ruyter fut obligé de les faire remorquer par les galères d'Espagne, qui les conduisirent à Syracuse.

« L'amiral hollandais, se trouvant alors fort affaibli, et désespérant de pouvoir rompre l'avant-garde française, fit un mouvement pour s'approcher de son corps de bataille. L'occasion était belle pour les Français ; s'ils en avaient profité, leur victoire aurait été complète. Il était aisé à leur avant-garde de revirer ; elle aurait par ce moyen gagné le vent, et enfermé Ruyter entre elle et le corps de bataille... Mais, après la mort de M. d'Almeiras, l'équipage du *Lis* avait oublié de désarborer le pavillon du vice-amiral, et sa mort était restée ignorée du reste de la flotte ; ce qui avait empêché le chevalier de Valbelle, chef d'escadre, de prendre le commandement, selon son droit. Il n'aurait pas manqué de faire une manœuvre qui aurait rendu complet le triomphe de l'armée du roi ; mais, les capitaines ne recevant point d'ordres,

(1) Il ne faut pas le confondre avec Claude de Forbin : il était son frère aîné.

chacun resta à son poste, et Ruyter, échappé du danger qu'il avait couru, essuya seulement le feu de la queue de l'arrière-garde (1). »

Du reste, ce coup de fortune ne le sauva pas d'un autre danger beaucoup plus grand ; car il se trouva bientôt avec son vaisseau amiral (la *Concorde*) en travers du *Saint-Esprit*, où Duquesne avait arboré son pavillon. « Une sorte de fatalité, dit l'éloquent auteur de l'*Histoire maritime de France*, avait amené Ruyter sous le canon de Duquesne. Jamais ces deux grands hommes, même à Stromboli, ne s'étaient rencontrés de si près pour se combattre. La lutte fut entre eux, pour ainsi dire, d'homme à homme ; elle devait être décisive ; il fallait inévitablement qu'un des athlètes y restât. Le *Saint-Esprit* avait avec lui le *Saint-Michel* et le *Scipion*, montés par de Preuilly et de Tourville, qui faisaient à ses côtés un feu, une fumée si effroyables, qu'on eût pu croire vraiment la majesté de Dieu se révélant dans la tempête à travers les éclairs et les tonnerres. Quelque chose d'extraordinaire venait certainement de se passer sur la *Concorde* ; son feu chancela, elle revira de bord à la faveur des nuages épais que causaient de part et d'autre les canonnades, et l'on eût dit qu'elle voulait aller ensevelir quelque mystère dans les profondeurs mêmes de la nuit qui s'approchait. On ne devait savoir que plus tard tout ce que ce mystère renfermait de deuil pour la Hollande.

« Cependant l'escadre de l'amiral de Haan et une partie de celle d'Espagne occupaient d'assez loin l'arrière-garde française. De Haan, qui s'était réservé à dessein, se décida, quoiqu'un peu tard, à tomber sur Gabaret, qui tint aussi ferme que son ennemi arrivait fort. On se battit par là de si près, que l'on pouvait se défier à la façon des héros d'Homère. On entendait les capitaines de Lafayette, de Langeron, de Beaulieu et de Léri, qui, de la galerie de leurs vaisseaux, appelaient à l'abordage les capitaines hollandais. Les balles, la mitraille, les boulets, les chevilles de fer, les éclats de bois volaient de toutes parts, et de toutes parts les voiles étaient criblées, déchirées comme de vieux drapeaux ; la mer retentissait des coups de canon qui se succédaient avec rapidité et souvent partaient tous à la fois. Le salpêtre infectait l'air dans une large étendue, et l'Etna et ses fumées avaient disparu derrière les nuages pénétrés de flammes incessantes qui

____

(1) *Hist. de la Marine française*, par Bois-Méta.

abondaient, par les sabords béants de chaque vaisseau, comme par autant de cratères en éruption.

« Enfin, la nuit abaissant ses voiles, le contre-amiral hollandais perdit toute espérance de ramener du côté des alliés la victoire qu'ils n'avaient pu obtenir ni au corps de bataille ni à l'avant-garde. Il se rallia au gros de son armée, pour laquelle le sort s'était montré ce jour-là si cruel, et ce fut lui qui fut chargé de la conduire, à grand'peine et traînant l'aile, se réfugier dans le port de Syracuse. Car le mystère dont s'était enveloppé, en face de Duquesne, le vaisseau de l'amiral général de Hollande, venait d'être révélé. Ruyter, le grand Ruyter, qui était parvenu à l'âge de soixante-dix ans, qui avait assisté à tant de combats et commandé en chef dans quinze mémorables batailles sans jamais avoir reçu aucune atteinte dangereuse, s'était vu frapper à désespérer de sa vie, dans la journée du 22 avril 1676. En effet, il finit sa glorieuse carrière le 29 du même mois. Cette mort, déplorée même des Français, laissait Duquesne sans rival sur les mers. On ne connut plus désormais celui qui avait triomphé du grand Ruyter que sous le nom du grand Duquesne. C'est ainsi que la gloire du vaincu servait encore à rehausser celle du vainqueur. »

La mission de Duquesne se trouvait remplie ; rentré à Messine, il remit la flotte au maréchal de Vivonne, et reprit modestement le commandement d'une escadre. Dans les derniers jours de mai, Vivonne, voulant à son tour s'illustrer par quelque grand exploit, alla attaquer, dans le port de Palerme où elles s'étaient réfugiées, les flottes d'Espagne et de Hollande. Admirablement secondé dans cette entreprise par Duquesne et Tourville, il obtint un succès complet de ravage et de destruction, qui réduisit les alliés à l'impuissance de rien entreprendre désormais pour faire rentrer la ville de Messine sous le joug espagnol. Mais la politique détruisit bientôt l'œuvre de la victoire. Louis XIV rappela Vivonne et sa flotte, en même temps qu'il ouvrait les conférences, préliminaires de la paix de Nimègue (1678), qui rendit Messine aux Espagnols.

Louis XIV eût bien voulu récompenser avec éclat la gloire que Duquesne s'était acquise en Sicile, en lui remettant le bâton de maréchal ; mais, nous l'avons dit, Duquesne était calviniste, et les scrupules religieux du roi ne lui permettaient pas, en cette circonstance, de suivre l'impulsion de son cœur. Il eût été heureux de pouvoir obtenir la conversion du vainqueur de Ruyter, comme il avait obtenu celle de Turenne. « Monsieur Duquesne, lui dit-il un jour, je voudrais bien que vous ne m'empêchassiez pas de récompenser vos services comme ils méritent de l'être ; mais vous êtes protestant, et vous connaissez mes principes là-dessus. » Ne croyant pouvoir en faire un maréchal de France, Louis XIV en fit du moins un marquis. « A cet effet, dit Moréri, il acheta la terre du Bouchet, près d'Étampes, l'érigea en marquisat, substitua à son ancien nom celui de *du Quesne*, et en fit don à l'illustre lieutenant général de ses armées navales. »

Devenu septuagénaire, arrivé à cet âge où la nature semble faire à l'homme une loi de la retraite et du repos, Duquesne n'était pas encore parvenu au terme de ses exploits maritimes, et il devait être appelé plus d'une fois encore à faire resplendir sur la Méditerranée la gloire du pavillon français et la prépotence de Louis XIV.

Les pirates barbaresques avaient recommencé leurs courses avec une ardeur et une audace nouvelles. On avait vu les Tripolitains assez osés pour se montrer jusque sur les côtes de Provence. En 1681, Duquesne reçut l'ordre de poursuivre ces forbans partout où il les rencontrerait et d'en faire bonne justice. A l'apparition de son escadre, les Tripolitains se réfugièrent dans le port de Scio, croyant se mettre à couvert sous la protection des canons du Grand-Seigneur. Mais Duquesne, sans s'inquiéter du parti que pourraient prendre les Turcs, les poursuivit jusque dans ce refuge, et les y cribla de boulets sous les yeux du capitan-pacha, qui était entré dans le port avec trente-six galères musulmanes, et qui ne fut pas, non plus que la ville, sans recevoir quelques éclaboussures. Tripoli demanda grâce : Duquesne en dicta les conditions. Les corsaires rendirent un navire français qu'ils avaient pris, tout l'équipage, et un grand nombre d'autres esclaves français ; ils payèrent en outre une rançon ou indemnité de guerre.

Mais Alger était toujours le repaire le plus redoutable de ces pirates barbaresques ; Duquesne était d'avis qu'il y allait de l'intérêt et de la dignité de la France de débarrasser à tout jamais la Méditerranée de ces forbans, en détruisant leur principale citadelle. Il proposait d'attaquer Alger simultanément par terre et par mer, d'en chasser les Turcs et de s'y établir à leur place. Ce projet parut trop hardi ; mais on lui donna mission, en 1682, d'aller châtier le dey d'Alger, qui avait eu l'insolence de prendre l'initiative des hostilités. Duquesne partit de Toulon le 12 juillet. Il avait pour contre-amiraux Tourville et Léri. L'inventeur des galiotes à bombes, Petit-Renau, s'était joint à lui avec cinq de ses terribles instruments de destruction, dont on allait faire le premier essai sur la ville barbaresque. Ce premier essai fut terrible. Après avoir foudroyé de son artillerie tous les vaisseaux qui se trouvaient dans la rade, Duquesne fit bombarder la ville pendant deux nuits, et s'en éloigna lorsqu'elle n'était plus, pour ainsi dire, qu'un monceau de ruines et de cadavres.

Mais la leçon n'avait pas encore été assez forte, car il fallut y revenir l'année suivante (juillet-août 1683). Cette fois l'œuvre de destruction fut à peu près complète; et quand Duquesne eut épuisé toutes ses bombes, il reprit le chemin de Toulon, ramenant avec lui plus de six cents esclaves chrétiens rendus à la liberté et à leur pays, et laissant à Tourville le soin de dicter les conditions de la paix au dey d'Alger, réduit pour longtemps, on le croyait du moins, à l'impuissance matérielle de nuire au commerce du Levant. Le dey, estropié par un éclat de bombe, exécré de ses sujets, ruiné, dut envoyer un ambassadeur à Louis XIV, pour présenter d'humbles excuses et implorer un pardon qui lui fut trop facilement octroyé.

Gênes, à qui l'on reprochait de fournir, par cupidité, leurs armes et leurs munitions de guerre aux barbaresques, et que le cabinet de Versailles soupçonnait d'avoir contracté une alliance secrète avec l'Espagne; Gênes avait osé encourir la colère de Louis XIV, en lui refusant formellement l'autorisation d'établir à Savone un magasin de sel pour l'approvisionnement de Casal qu'il venait d'acheter du duc de Mantoue. A la nouvelle que la république armait quatre galères et avait reçu une garnison espagnole, le roi, ne doutant pas que ces préparatifs ne fussent faits contre lui, chargea Duquesne d'armer une flotte à Toulon pour châtier tant de présomption. Le marquis de Seignelai, fils de Colbert et ministre de la marine, voulut présider lui-même aux vengeances de son maître. Il se mit à bord de l'escadre que commandait le vieil amiral. Arrivé devant Gênes, le 17 mai 1684, il reçut le lendemain sur son bord une députation du sénat, qui, après l'avoir complimenté, lui demanda de vouloir bien faire connaître quels étaient les motifs et l'objet de sa mission. Seignelai exposa avec hauteur les griefs, plus ou moins fondés, qui avaient amené les vaisseaux du grand roi dans la rivière de Gênes, et donna son ultimatum, en déclarant que, si les satisfactions exigées n'étaient pas données dans un délai de cinq heures, l'amiral Duquesne procéderait immédiatement à son œuvre de destruction. A l'expiration de ce court délai, la réponse des Génois fut une décharge de toutes leurs batteries sur l'escadre française. Ce fut le signal du bombardement. Il se prolongea pendant dix jours consécutifs, sauf quelques courtes intermittences. Dès le deuxième jour, plus de trois cents maisons, plusieurs palais, entre autres celui du doge et celui de Saint-Georges, où était déposé le trésor de la république, avaient été incendiés ou renversés ; l'arsenal et le magasin général de la marine avaient été détruits. La *superbe* Gênes n'était plus qu'un théâtre de ruine et de désolation. Un débarquement fut opéré, et les soldats et matelots français, pénétrant dans un des faubourgs de la ville, attaquèrent avec la hache et la torche incendiaire ce que la bombe avait épargné. Comme devant Alger, l'escadre française ne se retira qu'après avoir épuisé son approvisionnement de bombes et de boulets. Duquesne ramena à Toulon le ministre Seignelai, auquel il venait de donner l'un des plus terribles spectacles que le génie de la guerre puisse produire.

Une croisière avait été laissée devant Gênes, sous les ordres du chevalier de Tourville, afin qu'aucun bâtiment ne pût sortir du port et que les Génois restassent bien convaincus qu'une soumission complète pouvait seule détourner d'eux la menace d'une ruine complète. Résignés enfin à humilier leur orgueil devant la puissance du grand roi, ils prièrent le pape de leur ménager un accommodement. Louis XIV, par déférence pour le souverain Pontife, voulut bien consentir à laisser subsister la ville de Gênes, mais à quelles dures conditions ! « Le roi, dit un de nos historiens, rendit ses bonnes grâces à la république, moyennant qu'elle désarmerait ses galères ; que la garnison espagnole évacuerait Gênes ; — il faut ajouter, que Gênes payerait tous les frais de son bombardement, — et que le doge, nonobstant la loi fondamentale de l'État, qui lui interdisait de sortir de la ville, serait envoyé, accompagné de quatre sénateurs, porter à Versailles l'assurance de sa soumission. Ils furent reçus avec une magnificence tenant de la hauteur, mais aussi avec toute sorte de politesses et d'égards. Comme on les promenait dans les jardins et les appartements, dont on leur faisait remarquer la magnificence, Seignelai ayant demandé au doge, Imperiale Lescaro, ce qu'il trouvait de plus extraordinaire à Versailles : *C'est de m'y voir*, répondit-il (1). »

Pour mieux caractériser la réception solennelle qui fut faite aux magistrats de Gênes, Louis XIV avait voulu que Duquesne y fût présent.

Le bombardement de Gênes clôtura la carrière active de Duquesne ; non pas qu'il ne se sentît plus lui-même assez d'ardeur et de force pour conduire les flottes au combat et tenir avec fermeté le pavillon de notre marine : loin de là, il demandait toujours au roi de ne pas le laisser oisif ; mais il paraît que Seignelai l'avait trouvé beaucoup trop fier à son égard, et trop porté à maintenir sa dignité d'amiral sur son bord en face d'un ministre qui n'avait aucun rang dans la hiérarchie navale. Le fils de Colbert portait donc rancune au vieux marin, dont les soixante-quinze ans lui offraient un honorable prétexte de décliner le dévouement beaucoup moins obséquieux que sincère. Louis XIV n'était en réalité que le noble interprète de l'amour-propre froissé de son ministre, lorsqu'il donnait à son vieil amiral ce congé si bienveillant, d'ailleurs, et si flatteur pour celui qui le recevait : « Monsieur Duquesne, un homme qui a servi aussi longtemps et aussi utilement que vous, doit se reposer. Ceux qui vont commander dans la marine suivront vos leçons et vos exemples : ce sera encore vous qui conduirez mes flottes. » — Du reste, après la révocation de l'édit de Nantes, il était impossible, sous peine de la plus flagrante contradiction, que le roi continuât d'employer, à la tête de ses escadres, un hérétique dont la haute influence était un danger pour la pacification désirée des esprits en France. Tout ce qu'il put faire pour lui prouver sa reconnaissance royale et la haute estime qu'il conservait pour lui, ce fut de lui délivrer un sauf-conduit qui lui permit de demeurer en France, malgré les rigueurs de l'édit.

La verte et vigoureuse vieillesse du noble marin supporta mal l'inactivité forcée de la retraite ; Duquesne mourut presque subitement à Paris, le 2 février 1688, dans sa soixante-dix-huitième année.

Voici en quels termes un écrivain de ce temps-ci apprécie les qualités qui firent de Duquesne non-seulement un des premiers hommes de mer de son époque, mais encore le plus utile auxi-

____

(1) Anquetil, *Hist. de France.*

liaire, pour les affaires de la marine, du génie créateur et réfor-
mateur de Colbert : « On trouvait chez ce grand marin une qualité extrêmement précieuse et rare, en cela qu'elle se rencontre
peu souvent chez les hommes d'action : c'était un admirable esprit d'ordre, puissamment aidé par une telle faculté de per-
ception, qu'il embrassait d'un coup d'œil tous les détails du matériel et de l'administration de la marine. Constructions, approvisionnements, fonte des canons, fabrication des ancres, des
cordages et des agrès, intérêts commerciaux, droit et législation
maritime, Duquesne avait tout étudié, tout approfondi, tout
comparé, parce qu'il avait été à la fois constructeur, marchand,
armateur et capitaine, et qu'appliquant ensuite à la marine du
roi les connaissances pratiques et spéculatives qu'il avait amas-
sées dans l'exercice de ces branches variées de la même carrière,
il pouvait mieux que pas un solliciter les réformes et les améliora-
tions que voulait l'intérêt du service. »

Trois hommes ont mérité d'être inscrits au premier rang dans
les fastes de la marine du dix-septième siècle :

Colbert, le grand administrateur;

Ruyter, le grand tacticien :

Duquesne, qui était à la fois l'un et l'autre.

Duquesne laissait en mourant quatre fils. Il les avait élevés pour
servir comme lui dans la marine royale ; et, sous les yeux de leur
illustre père, les deux aînés avaient déjà fait preuve de courage
et de talents aux bombardements d'Alger et de Gênes.

FORBIN (CLAUDE, comte DE), chef d'escadre, né à Gardanne
(Bouches-du-Rhône) en 1656, mort en 1733.

Appartenant à une noble famille de Provence, vouée depuis
longtemps à une carrière maritime, Claude de Forbin commença
à servir très jeune sur les galères royales, sous les auspices d'un
de ses oncles, le capitaine Forbin-Gardanne. Doué des qualités
essentielles du marin, la promptitude du coup d'œil, l'audace et
l'intrépidité, tout lui promettait un avancement rapide, s'il n'avait
pas été trop souvent écarté du droit chemin par les emportements
d'une jeunesse orageuse et dissipée. Aussi ne fut-ce qu'après plus
de trente années de services signalés par mille traits de bravoure
et par plus d'un succès brillant, après avoir été distancé de beau-

coup par ses contemporains, que, grâce à la déconsidération que sa conduite privée fit longtemps peser sur sa personne, il lui fut enfin donné de pouvoir arborer sur son vaisseau la cornette de chef d'escadre.

A vingt-deux ans, à la suite d'un duel où il tua son adversaire, et dont la cause n'était rien moins qu'honorable, à ce qu'il paraît, il fut poursuivi criminellement et condamné à mort par le parlement d'Aix. Ce ne fut pas sans peine que sa famille, fort bien appuyée en cour, put obtenir des lettres royales de rémission. On se hâta de l'éloigner du théâtre de sa mésaventure judiciaire, en le faisant partir sur un des vaisseaux de la flotte que l'amiral Jean d'Estrées conduisit, en 1678, à la conquête de l'île de Tabago. Il servit ensuite comme enseigne sous les ordres du grand Duquesne, et prit part aux deux expéditions de cet illustre amiral contre Alger, qu'il bombarda si terriblement à quelques mois de distance, en 1682 et l'année suivante (*voyez* Duquesne).

La belle conduite du jeune Forbin lui valut, au retour, le grade de lieutenant, et il eut immédiatement l'honneur de commander en cette qualité la frégate qui conduisit à Lisbonne le marquis de Torci, envoyé par Louis XIV pour complimenter sur son avènement au trône don Pèdre de Bragance, frère et successeur de l'imbécile Alphonse VI (1683).

Bientôt se présenta une occasion de donner au jeune officier une mission conforme à son esprit amoureux d'aventures et de nouveautés. Louis XIV, au grand contentement de la France, avait reçu à Versailles un ambassadeur du roi de Siam ; autant par politique que par politesse, il voulut rendre ambassade pour ambassade. Forbin fut chargé d'armer à Brest les deux vaisseaux qui devaient conduire dans l'Indo-Chine l'envoyé du grand roi et sa suite. Celle-ci se composait en grande partie de missionnaires auxquels le monarque très chrétien avait confié le soin de convertir à la foi le roi de Siam et ses sujets. C'était l'époque du règne intime de madame de Maintenon et du père Lachaise, l'année même qui devait voir éclore la révocation de l'édit de Nantes, et Louis XIV, rassasié de conquêtes, mettait alors sa gloire à faire de la propagande religieuse dans les régions lointaines comme à l'intérieur. Forbin et la légation française mirent à la voile le 3 mars 1685, et six mois après, le 23 septembre, ils arrivèrent à la barre de Siam, formée par le dégorgement du fleuve Meïnam.

Forbin eut un grand succès auprès du despote siamois ; car,

au départ de l'ambassadeur de France, ce prince, voulant absolument que le jeune officier restât auprès de lui, lui conféra le
double titre d'amiral de sa flotte et de général de ses armées. Ce
n'était peut-être qu'une double sinécure, vu la situation des choses dans l'empire de Siam ; mais c'en fut deux fois plus qu'il n'en
fallait pour attirer à l'officier français la jalousie du premier ministre de l'empereur. Malgré la faveur dont il jouissait, Forbin ne
tarda pas à trouver la position aussi dépourvue de sécurité que
d'agrément : aussi s'empressa-t-il de saisir la première occasion
qui s'offrit à lui de se rembarquer pour la France, où il rentra
en 1688. S'étant, à son retour, présenté à Versailles, Louis XIV
lui demanda ce qu'il pensait du royaume de Siam. « C'est un pays,
dit Forbin, qui ne produit rien, et qui ne consomme rien. —
C'est dire beaucoup en peu de mots, » répliqua le roi.

La guerre était alors flagrante de toutes parts, et l'amiral dé-
missionnaire de l'empire de Siam, redevenu lieutenant de vaisseau
dans sa patrie, ne tarda pas à rencontrer plus d'une occasion de
se signaler. Il avait été envoyé, avec le célèbre Jean Bart, à l'escadre de Flandre, qui détachait incessamment du port de Dunkerque ses plus hardis officiers, soit pour se mettre à la piste des
convois d'Angleterre et de Hollande, soit pour protéger nos flot-
tilles marchandes contre les croisières des deux nations ennemies.
Nous avons raconté dans la Notice de Jean Bart (*voyez* ce nom)
une aventure de mer que nos deux intrépides marins eurent ensemble, dans la Manche, en 1689 ; nous ne reviendrons pas sur
ces détails, mais nous rappellerons à cette occasion un trait qui
fait le plus grand honneur au caractère du marin provençal.
Échappé, comme nous l'avons dit dans l'article auquel nous prions
le lecteur de se reporter, de sa prison de Plymouth, et admis
auprès de Louis XIV, qui lui remit à cette occasion un brevet de
capitaine et une gratification, il vit qu'on semblait oublier son
compagnon de gloire et d'infortune, Jean Bart, qui n'avait pas
l'honneur d'appartenir comme lui à une famille titrée et blason-
née. En recevant la récompense qu'il avait si bien méritée, il osa
rappeler au roi les services de son camarade Jean Bart. « C'est
trop juste, » dit Louis XIV. Et, se tournant vers le ministre
Louvois, le monarque ajouta : « Monsieur de Louvois, qu'il soit
pris note de ce que vient de dire le chevalier de Forbin. Il a
fait là une action bien généreuse, et qui n'a pas assez d'exemples
dans ma cour. » Du reste, il est juste d'ajouter que, si Louvois,

ministre de la guerre, était susceptible d'être peu touché du mérite personnel d'un marin roturier, il n'en était pas de même de Seignelay, fils de Colbert, et qui avait alors le département de la marine. Sa noblesse, à lui, n'était pas de si vieille date, et il connaissait trop Jean Bart pour ne pas l'apprécier tout ce qu'il valait.

Nous ne suivrons pas le chevalier de Forbin dans toutes les actions particulières où il eut occasion de se signaler sur les escadres royales jusqu'à la paix de Riswick (1697). Il nous suffira de dire que son nom se trouve toujours cité avec honneur, dans cette période de notre histoire maritime, à côté de ceux des Jean Bart, des Nesmond, des Cassart et des Duguay-Trouin, combattant isolément ou sous le commandement des d'Estrées, des Tourville et des Château-Regnaud.

En 1702, au commencement de la guerre suscitée par la succession d'Espagne, le capitaine Forbin, à la tête de deux frégates, fut chargé d'une croisière dans la mer Adriatique. Il avait pour mission d'intercepter les secours que l'empereur d'Allemagne essayerait d'envoyer à l'armée que commandait le prince Eugène de Savoie, et qu'il avait opposée à celle que Louis XIV et Philippe V entretenaient dans le Milanais. Ses instructions prescrivaient au chef de la croisière française de ménager les susceptibilités de la république de Venise, qui était en paix avec la France, et qui, malgré sa déchéance, conservait sa vieille prétention d'être la reine de l'Adriatique. Mais Forbin crut s'apercevoir que le sénat de Venise, loin de se maintenir dans une ligne de parfaite neutralité, agissait de connivence avec l'empereur et le favorisait au détriment de la France. Dès-lors, se laissant aller à toute l'impétuosité de son caractère méridional, il résolut de faire sentir à la république combien il était dangereux de s'exposer aux représailles de la France. Son escadre ayant été renforcée de deux frégates, Forbin s'estima en mesure d'agir en maître à l'égard des Vénitiens. Il ne laissa plus passer aucun de leurs bâtiments sans le visiter, faisant jeter à la mer la cargaison de ceux qui lui paraissaient suspects; il en brûla même quelques-uns. Une flotte de quatre-vingts navires, se rendant de Venise à Trieste, s'était vu barrer le passage, et le terrible capitaine se disposait à la livrer aux flammes lorsqu'il reçut de l'ambassadeur de France à Venise, dont sa fougue compromettait au plus haut point la diplomatie, l'ordre de les relâcher. Ce ne fut pas sans une vive indignation que Forbin obéit à une pareille injonction ; mais il suivit de près la flotte vénitienne, et alla bloquer le port de Trieste pour empêcher tout convoi d'en sortir. Notre ambassadeur, ému par les représentations du sénat, qui revendiquait, avec toute apparence de raison, le droit exclusif de faire la police sur les mers de sa dépendance, ordonna à Forbin de sortir du golfe de Trieste. Il fallut encore se soumettre à la direction du diplomate ; mais, ainsi que Forbin l'avait prévu, les Vénitiens n'empêchèrent nullement les secours destinés à l'armée impériale de sortir de Trieste et d'arriver à leur destination. Alors l'ambassadeur de France, se tenant pour joué par le gouvernement de Venise, donna carte blanche au chef de la croisière française, pourvu qu'il y mit certaines précautions et sauvât les apparences ; car il ne voulait pas se trouver dans la nécessité de demander ses passeports à la république. Il signala à Forbin un vaisseau anglais de cinquante canons, que les agents de l'empereur avaient fait armer secrètement dans le port de Venise, et lui ordonna d'y mettre le feu.

Forbin, heureux de voir la diplomatie abonder enfin dans ses propres idées, et désireux de gagner dans cette campagne le titre de chef d'escadre, auquel il aspirait depuis longtemps, et non sans les droits les plus réels, se hâta d'exécuter l'ordre de destruction qu'il venait de recevoir. Il espérait que la ville des Lagunes recevrait bien quelques étincelles de l'incendie qu'il allait allumer. Voici comment le fait est raconté dans les Mémoires publiés sous son nom.

Il met en mer ses deux chaloupes et son canot, y embarque cinquante hommes d'élite, leur donne en signe de ralliement des cocardes blanches, et part. La mer était calme ; il faisait un magnifique clair de lune. A l'entrée du port, il rencontre un bateau pêcheur monté par deux hommes. Il s'avance vers eux, et leur fait demander, par un Italien de son équipage, des nouvelles du vaisseau anglais, ajoutant qu'ils appartenaient à son bord, et que, surpris par les Français, ils avaient été indignement dépouillés par eux, et n'étaient parvenus à leur échapper qu'au péril de leur vie. « Ah ! le chien de Forbin ! s'écrient les pêcheurs vénitiens, quand en serons-nous débarrassés ? Il n'est plus permis de sortir des Lagunes !... » Cela dit, ils s'empressent d'indiquer aux prétendus Anglais le vaisseau qu'ils cherchaient.

Forbin se dirige vers lui, et le reconnaît bientôt au léopard doré qui brille à sa poupe. En l'abordant, il s'aperçoit que les sabords de la sainte-barbe sont restés ouverts. Voilà un passage trouvé pour pénétrer sans bruit dans le navire, et y semer de prime-abord la confusion et la terreur. Il fait entrer par là son maître nocher et deux soldats, qui commencent à mettre à mort cinq à six matelots à moitié endormis. A l'instant même il saute, intrépide et la hache au poing, sur le tillac, en criant : « Tue ! tue ! » Les soldats qui l'ont suivi font main basse sur les premiers qui se présentent à eux, la plupart sans armes et en chemise. Forbin va droit à la grand'chambre, où sont ordinairement les armes, étend à ses pieds tous ceux qui essayent de s'opposer à son passage, se rend maître du château de devant, se précipite vers la chambre du conseil, où le capitaine du vaisseau, son gendre et ses deux fils s'étaient retirés, et dont ils défendaient l'entrée avec la vigueur du désespoir. Forbin fait fendre la cloison à coups de hache, jette plusieurs grenades au milieu de la chambre, et force ainsi ceux qui s'y étaient retranchés à capituler. Ceux qui étaient aux entre-ponts se jettent à la mer par les sabords et se sauvent à la nage. Forbin était maître du vaisseau, mais beaucoup d'Anglais se tenaient réfugiés dans la cale : il leur fait crier qu'ils aient à se rendre en toute hâte s'ils ne veulent pas sauter avec le vaisseau ; ils remontent sur le tillac au nombre de vingt-sept. Le vainqueur les fait passer sur son canot, avec le capitaine, son gendre et ses deux fils, et, s'étant assuré que le vaisseau avait été évacué de toute âme vivante, il y fait mettre le feu en trois endroits, et se rembarque à la lueur de l'incendie qui va dévorer, aux yeux des Vénitiens, un navire décoré des armes de la perfide Albion.

Bientôt la flamme eut envahi le corps même du vaisseau ; les canons, chargés à boulets, partirent d'eux-mêmes, et lancèrent leurs projectiles jusqu'aux palais qui se mirent si complaisamment dans les canaux qui forment les rues de Venise *la belle*. Enfin, le feu ayant gagné jusqu'à la soute aux poudres, ses débris sautèrent en l'air avec un horrible fracas qui réveilla les habitants de la cité mollement endormie, pour les livrer à toutes les angoisses de la terreur.

Devenu maître du golfe par ce coup de main, Forbin redoubla de vigilance et de rigueur dans sa croisière ; il arrêtait impitoyablement tout vaisseau qu'il ne trouvait pas muni de passe-ports réguliers. Il alla bombarder Trieste, où se faisaient les armements destinés à l'armée impériale. Il préparait le même sort au port de Fiume, dans le golfe d'Istrie ; mais la ville se racheta par une capitulation de quarante mille écus. Toutefois, Forbin ne toucha pas le prix de cette capitulation ; pendant les vingt-quatre heures qu'il avait imprudemment accordées au gouverneur pour se libérer, des secours puissants survinrent, et forcèrent l'escadre française à lever l'ancre. La saison étant fort avancée, le capitaine Forbin rentra à Toulon, où il ne trouva point, comme il l'avait espéré, sa commission de chef d'escadre.

Il dévora son dépit, espérant bien forcer le gouvernement du vieux Louis XIV et son peu digne ministre de la marine, Jérôme de Pontchartrain, à lui rendre enfin justice. En attendant, il ne laissait échapper aucune occasion de mettre en relief le pavillon de la France. Voici, à ce sujet, un des traits consignés dans ses Mémoires :

Sur la fin de l'année 1703, Forbin, devenu comte de Janson par la mort de son père et de son frère aîné, escortait une flotte marchande destinée pour le Levant. Arrivé à l'entrée de l'Archipel, il aperçoit un vaisseau de soixante-dix canons et de trois cents hommes d'équipage. Il lui donne la chasse, et, dès qu'il se trouve à portée de voix, il demande à qui appartient ce bâtiment. « A Venise, lui répond-on. — Saluez le pavillon du roi de France, crie-t-il au capitaine. — Je suis dans les mers de la république, et je ne salue personne, » répond le Vénitien. Sur cette réponse, Forbin se dispose à l'attaquer. Le Vénitien s'en aperçoit, et demande le nom du capitaine auquel il a affaire. On lui nomme le comte de Forbin. « Eh bien ! ne tirez pas, je vais saluer M. le comte de Forbin ! — Pas d'équivoque ! s'écrie celui-ci ; saluez le pavillon du roi, sinon, je vous envoie toute ma bordée. » Le Vénitien trouva qu'il était prudent de s'exécuter, et, sans autre objection, il fit l'acte de déférence qui lui était si impérieusement prescrit.

L'année suivante (1704), Forbin avait reçu le commandement de l'escadre de Flandre, bien qu'on s'obstinât toujours à lui faire attendre le titre d'officier général. S'il faut en croire les Mémoires de Forbin, lorsqu'on lui confia ce poste d'honneur, il demanda au ministre qu'on lui laissât carte blanche. « C'est au-dessus de mon pouvoir, dit le ministre ; il faut en parler au roi. » La question fut immédiatement soumise à Louis XIV, qui répondit : « M. de Forbin a raison ; il faut se fier à lui et le laisser faire. » Lorsque le nouveau commandant de l'escadre de Flandre vint prendre congé du ministre, celui-ci lui dit : « Monsieur de Forbin, il n'y a en France que M. de Turenne et vous à qui on ait donné carte blanche. » Il en usa d'une manière glorieuse pour lui et pour son escadre, désastreuse pour les ennemis de la France. Pendant quatre ans qu'il conserva ce commandement, il eut mille occasions de se signaler : les raconter toutes nous mènerait beaucoup trop loin ; nous sommes forcés, pour ne pas sortir des bornes qui nous sont prescrites, de nous en tenir à quelques épisodes choisis parmi les plus saillants.

En 1706, à la hauteur de Hambourg et de l'embouchure de l'Elbe, Forbin rencontre une flotte marchande hollandaise, forte de cent voiles, et venant de Norwége, sous l'escorte de six vaisseaux armés chacun de cinquante pièces de canon. L'occasion était trop magnifique pour la laisser échapper. Il fait donc aussitôt ses dispositions pour une vigoureuse attaque. S'étant, comme de juste, réservé l'honneur de combattre lui-même le commandant de l'escorte, Forbin arrive résolûment sur celui-ci, l'accroche sous le feu de sa mousqueterie et de son artillerie, fait le commandement d'abordage, et se précipite lui-même à l'avant pour donner l'exemple. Plus prompt que lui, un jeune garde-marine, nommé d'Escalis, a sauté le premier sur le bord ennemi, l'épée à la main, immédiatement suivi d'un grand nombre d'officiers, de gardes-marines et de soldats. Il se fit alors un carnage horrible de part et d'autre. Forbin y perdit beaucoup de monde. Toutefois, la tuerie ne dura qu'un instant. Bientôt Forbin entendit le jeune d'Escalis, qui, l'appelant par son nom, lui criait de l'arrière du vaisseau hollandais : « Nous sommes les maîtres ! j'ai tué le capitaine ! » Forbin avait déjà commencé à faire passer les Hollandais sur son bord, quand le feu se déclara à sa prise, à laquelle il était toujours accroché. Le vent soufflait avec une telle impétuosité, que celle-ci fut embrasée en un clin d'œil. Forbin ne se dégagea qu'avec beaucoup de peine de ce terrible incendie, qui menaçait de le faire sauter lui-même. La mer était fort agitée, et l'eau entrait avec violence par six des sabords ouverts du vaisseau français. Pour l'empêcher de couler à fond, Forbin se disposait à le faire pencher, en le chargeant du côté qui n'était point endommagé, lorsqu'un vaisseau ennemi s'approcha pour l'attaquer, et interrompit cette manœuvre. Se trouvant désormais dans la nécessité ou de vaincre ou d'être submergé, Forbin eut bientôt

pris son parti. « Enfants, dit-il aux hommes qui lui restaient de
son équipage, bon courage ! abordons, nous sommes encore
assez forts ; ne craignez rien, et ce vaisseau est à nous ! » Ce peu
de mots rendit du cœur à l'équipage, et Forbin mit incontinent
son bâtiment en travers, présentant au vent le côté malade. Dès
qu'il fut à portée, les ennemis tirèrent sur lui toute leur artillerie, mais sans le moindre succès. Forbin leur répondit par toute
sa bordée de canons et de mousqueterie, et cela fut fait si à propos, que le vaisseau hollandais, criblé et dans le plus affreux
désordre, abattit pavillon, et se rendit dès que les Français l'eurent abordé (1).

Un troisième vaisseau de l'escorde hollandaise avait été enlevé
par les deux frégates de François-Cornil Bart et du capitaine
Hennequin ; mais les autres vaisseaux de l'escadre française
avaient eu la chance moins heureuse, et avaient laissé échapper
les trois autres bâtiments d'escorte avec la flotte marchande.

L'année suivante (1707), l'escadre de Flandre se signala encore
par de nouvelles prouesses et de nouveaux succès dans la mer du
Nord. A la suite d'un combat sanglant, livré le 12 mai, contre un
grand convoi d'Angleterre, Forbin rentra dans le port de Dunkerque, amenant avec lui vingt-deux bâtiments de guerre ou de
commerce pris à l'ennemi. — Cette fois, enfin, on lui envoya la
cornette de chef d'escadre ; jamais cornette ne s'était fait plus
longtemps attendre, et n'avait été plus loyalement et plus glorieusement gagnée. Forbin comptait alors plus de trente-deux années
de service sur mer, et passait depuis vingt ans, dans l'estime des
hommes du métier, pour l'un de nos plus intrépides et de nos
plus habiles marins, réunissant, selon l'expression heureuse et
vraie de l'un de ses panégyristes, la tête d'un général à la main
d'un soldat.

« Il n'eut pas été plus tôt nommé chef d'escadre, dit M. Léon
Guérin, qu'il courut au-delà du cercle polaire, jusque dans la mer
Blanche, pour se mériter le grade de lieutenant général des armées navales. Malgré les tempêtes fréquentes qui troublent la
navigation dans cette mer, Forbin y chercha et y battit en maintes
rencontres les flottes marchandes d'Angleterre et de Hollande,
avec leurs escortes ; il y fit plusieurs riches captures, et, après
avoir déjoué, par des ruses ingénieuses, les plans des ennemis,

(1) L. Guérin, *Hist. maritime de France.*

qui brûlaient du désir de se venger de lui, il revint en France en passant par le nord de l'Ecosse et de l'Irlande. Cette campagne est une de celles qui lui firent le plus d'honneur, autant par sa bonne exécution que par sa rare audace (1). »

(1708.) La France possédait toujours de brillants officiers de mer ; mais, grâce à une administration dont l'imprévoyance et l'incurie autorisent jusqu'au soupçon de la trahison, le matériel de sa flotte offrait le plus déplorable spectacle du délabrement et de la pénurie. Cependant Louis XIV, qui mettait, à protéger la cause à tout jamais perdue des Stuarts, une obstination qui n'est pardonnable qu'aux prétendants, avait fait un suprême effort pour appuyer une nouvelle tentative de restauration en faveur du fils de Jacques II, connu sous le nom de chevalier *de Saint-Georges*, et que ses partisans désignaient sous son nom dynastique de Jacques III. Des vaisseaux de transport avaient été réunis dans le port de Dunkerque pour une armée de sept mille hommes ; ils devaient avoir pour escorte une flotte de huit vaisseaux de guerre et de vingt-quatre frégates, placés sous le commandement du comte de Forbin. Les informations adressées d'Ecosse au prétendant promettaient un succès infaillible. Le peuple l'attendait avec impatience, et son apparition sur la côte devait être le signal d'un soulèvement général. Il y avait à peine en Ecosse deux mille cinq cents hommes de troupes réglées. Le château d'Edimbourg, dépourvu de munitions, se rendrait à la première sommation, et cette forteresse renfermait des trésors qui aplaniraient toutes les difficultés sous les pas du roi Jacques. Il y avait dans les ports de la côte d'Angus plusieurs navires hollandais chargés de canons, de poudre, d'armes, de sommes considérables, qui semblaient avoir été amenés là et être retenus par les vents contraires tout exprès pour devenir la proie des amis du prétendant. Tout devait donc réussir à souhait. Aussi, lorsque Jacques III vint à Versailles prendre congé de Louis XIV, le vieux monarque lui répéta-t-il l'adieu qu'il avait déjà fait à son père, au départ de l'expédition qui aboutit à la bataille de la Boyne : « J'espère bien ne vous revoir jamais. » Mais il ne fut pas meilleur prophète cette fois que la précédente. Lorsque la flotte française, partie de Dunkerque le 17 mars, et poussée par un vent favorable, fut arrivée dans le golfe d'Edimbourg, elle fit tous les signaux convenus pour se

(1) *Hist. maritime de France.*

faire reconnaître des partisans du prétendant ; mais il n'y fut fait aucune réponse. Ce silence déconcerta tous les plans arrêtés au départ. Forbin, qui répondait de la personne du prince et qui avait lieu de craindre que toutes les mesures n'eussent été préparées par le gouvernement de Guillaume III pour faire échouer l'entreprise, ne crut pas devoir prendre sur lui d'opérer une descente pleine de périls. Il vira prestement de bord, et ramena en France le prétendant, qui resta le chevalier de Saint-Georges jusqu'à sa mort. Bien en prit à l'amiral français de n'avoir pas perdu le temps à délibérer ; car, pour peu qu'il se fût attardé dans les eaux d'Edimbourg, il fût immanquablement tombé au milieu d'une flotte de quarante-deux vaisseaux de ligne, envoyée à sa poursuite sous les ordres de l'amiral Byng, et à laquelle il n'échappa qu'à force de ruses et d'habiles manœuvres. Les partisans de la maison de Stuart, ces hommes qui n'avaient pas donné signe de vie à l'aspect de l'escadre française, accusèrent cependant l'intrépide Forbin d'avoir manqué d'audace et de résolution. Nous regrettons de voir un historien français, ordinairement plus judicieux, le baron de Sainte-Croix, se rendre l'écho de ces absurdes récriminations d'un parti cherchant à se disculper de ses propres fautes en les rejetant sur les autres.

Quoi qu'il en soit, l'insuccès de cette expédition d'Ecosse avait fait perdre à Forbin toute espérance d'arriver au grade de lieutenant général, dont il avait fait le terme de son ambition. Atteint des infirmités qui sont les conséquences inévitables des fatigues et des terribles épreuves de la vie maritime, mais dégoûté surtout par l'esprit qui présidait au gouvernement de la marine royale sous l'administration de Pontchartrain, il se retira du service en 1710, âgé de cinquante-quatre ans seulement, mais vieux de gloire et de renommée. Il alla demander le repos de l'âme et du corps à son beau ciel bleu de Provence, et ne sortit plus, pendant près d'un quart de siècle, de son château patrimonial de Gardanne, près de Marseille. C'est là qu'il s'abandonna, en véritable sage, à ce loisir plein de dignité qui sied si bien aux hommes dont la jeunesse et la virilité furent pleines de grands labeurs et marquées par de grandes choses accomplies. Sa principale distraction fut de mettre en ordre les Mémoires de sa vie maritime, rédigés sous ses yeux par une plume élégante qui a su ajouter l'attrait de la forme à l'intérêt du fond.

Forbin s'était condamné au célibat. Privé des consolations et des soins que le cœur du vieillard trouve au sein de la famille intime, il s'en était fait une extérieure par l'exercice de la bienfaisance, en prodiguant ses richesses, avec une munificence toute royale, aux pauvres de son voisinage. Dans le recueillement de sa retraite, il avait retrouvé les pieuses traditions d'une famille qui avait fourni des prélats à l'Église et de nobles chevaliers à l'ordre de Malte. On le vit réparer, par une vieillesse animée de la plus sincère piété, les écarts d'une existence où les désordres avaient trop souvent marché de pair avec les actions glorieuses. Il finit comme un saint, après avoir débuté comme un vrai libertin.

RUYTER (Michel-Adrien), né à Flessingue (Zélande) en 1607; mort en Sicile en 1676.

« Ruyter est le dieu Mars de la Hollande, » a dit madame de Sévigné dans une de ces lettres familières où se reflètent avec tant de charme et de vérité les idées, les opinions et le grand esprit de la cour et de la ville, sous le règne de Louis XIV. Ce dieu Mars vint au monde sous un toit d'où le plus rude labeur de chaque jour pouvait à grand'peine écarter la misère : son père n'était qu'un pauvre porteur de bière à Flessingue, la ville aux riches armateurs zélandais; et comme le brave homme avait de l'ambition à l'endroit de son fils, dès que l'enfant eut atteint sa dixième année, il le plaça en qualité d'apprenti chez un maître cordier. C'était là une industrie lucrative et relevée, par cela même qu'elle se rattachait à la marine : la marine grandit et ennoblit tout ce qu'elle touche, dans un pays où toute activité, toute industrie va à la mer, où toute richesse, toute gloire, vient de cet élément. Cependant, le fils du pauvre porteur de bière, né agile, vigoureux, hardi, et qui avait encore plus d'ambition que son père, ne tarda pas à quitter la corderie, qui le retenait au rivage, pour se lancer, en plein Océan, vers l'horizon sans bornes que lui révélaient ses instincts d'avenir : il se fit mousse à bord d'un bâtiment de guerre. A peine âgé de onze ans (1648), l'enfant qui devait être un jour le grand Ruyter se condamna gaiement à passer par les plus humbles fonctions et les plus dures épreuves du métier; celui qui devait commander un jour aux flottes de la Hollande eut à se courber plus d'une fois sous la garcette d'un brutal bosseman. Pourquoi en aurait-il rougi? L'illustre Martin Tromp, qui fut son maître et son modèle, n'avait pas commencé autrement.

Ruyter naviguait depuis vingt-trois ans, tantôt sur les vaisseaux de guerre, tantôt sur les navires de commerce, lorsqu'il fut nommé, en 1641, capitaine de vaisseau au service des Provinces-Unies. Après dix années encore d'expéditions et de voyages, parvenu à une certaine aisance, il avait résolu de quitter la marine et de vivre dans la retraite, lorsque les Zélandais, ses compatriotes, le conjurèrent de se mettre à la tête de l'escadre qu'ils devaient fournir à la flotte qui, sous les ordres de Martin Tromp, allait entrer en campagne contre les Anglais. On était alors en 1652; Olivier Cromwell gouvernait despotiquement l'Angleterre sous le titre de *protecteur de la République*. Jaloux de la prépondérance qu'avait prise la marine hollandaise, depuis que ce pays avait conquis son indépendance et s'était constitué aussi en république, Cromwell renouvela la vieille prétention des rois d'Angleterre à la suprématie maritime, et déclara la guerre aux Provinces-Unies, sous prétexte de les forcer à l'exécution d'anciens traités qui leur imposaient l'obligation de saluer le pavillon britannique, partout où des vaisseaux des deux nations se rencontraient. « Les Anglais, dit un historien, avaient commencé les hostilités par la prise de deux cents vaisseaux marchands, ce qui obligea les Provinces-Unies de confier à Martin Tromp le soin de protéger leur commerce, et de mettre sous voiles tous leurs vaisseaux de guerre. »

Ruyter ne pouvait manquer de répondre à l'appel de ses concitoyens, pour une cause qui touchait de si près aux intérêts les plus chers et les plus vivaces de son pays. Il renonça donc à ses projets de retraite prématurée, pour aller au rendez-vous d'honneur qui lui était assigné sous le pavillon amiral de Martin Tromp. L'escadre qu'on lui donna n'était composée que de vaisseaux armés de trente à quarante canons, et montés d'un petit nombre de soldats et de matelots. Les vaisseaux anglais étaient généralement plus forts en canons et en hommes : avantage que toute l'habileté et la bravoure des amiraux hollandais ne put pas toujours compenser. Néanmoins, Ruyter ayant attaqué devant Plymouth, le 16 août 1652, une escadre commandée par le vice-amiral Georges Askue, le battit malgré la supériorité de ses forces, et l'obligea à rentrer dans le port, où il se disposait à le poursuivre, et où il eût enlevé ou brûlé les vaisseaux ennemis, s'il n'en eût été empêché par un vent violent du sud-est qui s'éleva tout-à-coup.

Vers la fin de la même année, Ruyter concourut si vaillamment et si habilement à une victoire que l'amiral Tromp remporta, près de Portland, sur la flotte anglaise commandée par le célèbre Blake, que les états généraux lui en témoignèrent publiquement leur satisfaction.

Pendant cette guerre, qui se prolongea jusqu'en 1654, Tromp et Ruyter, au témoignage de tous les historiens, se disputèrent le prix de la valeur. Elle occasionna des pertes considérables aux Anglais, mais elle fut surtout fatale à leurs adversaires, qui y perdirent leur célèbre amiral, Martin Tromp, tué glorieusement sur son vaisseau, le 10 août 1653. Dans cette journée, qui se passa à l'embouchure de la Meuse, les deux armées se battirent avec un tel acharnement, qu'elles ne se séparèrent qu'après avoir épuisé leurs munitions, et s'être réduites mutuellement, pour ainsi dire, à l'impuissance d'agir. « Toute la mer, dit Sainte-Croix, paraissait couverte de corps morts, de débris, de carcasses de vaisseaux qui fumaient ou brûlaient encore. Le reste de ces deux flottes n'offrait presque plus que des vaisseaux démâtés et des voiles criblées de coups de canon (1). » Les amiraux qui avaient survécu

(1) *Hist. de la puissance navale de l'Angleterre.*

à Tromp, Evertzen, Ruyter et Jean de Witt, avaient eu soin de
cacher cette perte à l'ennemi ; le pavillon amiral n'avait pas cessé
de flotter sur le bâtiment, qui ne portait plus que le cadavre du
héros ; mais bientôt Evertzen, qui avait pris le commandement de
la flotte hollandaise, se trouva si maltraité, qu'il fut obligé de se
faire remorquer jusque dans la Meuse. Ruyter ne tarda pas à être
forcé de le suivre, n'ayant plus que son mât d'artimon, et se trouvant sans poudre et sans boulets. Jean de Witt resta le dernier
sur le champ de bataille ; mais ce fut pour voir la plupart des
vaisseaux de son escadre fuir sous l'empire d'une panique aux
dernières décharges des vaisseaux anglais, qui ne purent les
poursuivre, tant ils se trouvaient eux-mêmes affaiblis et déla-
brés.

S'il faut en croire les annalistes anglais, cette affaire coûta à la
république batave vingt-sept ou trente navires coulés bas, et six
mille soldats ou matelots tués pendant l'action. Les mémoires
hollandais réduisent ce désastre de beaucoup. L'auteur de la *Vie
de Corneille Tromp*, fils de celui qui venait de périr si glorieusement dans sa défaite, croit pouvoir assurer que les pertes de sa
patrie ne dépassèrent pas neuf bâtiments, cinq cents tués, sept
cents blessés et autant de prisonniers. Il ajoute que les Anglais
n'en furent pas quittes à moins de onze navires de guerre pendant
l'action, et qu'après ils furent obligés d'en brûler huit incapables
de rentrer dans les ports. Ce qui est certain, c'est que la terreur
fut au comble chez les Hollandais, à la rentrée de leur flotte si
cruellement écharpée, et veuve de son amiral général ; c'est, d'un
autre côté, que les Anglais se trouvèrent dans l'impuissance de
profiter de cette terreur et de poursuivre leur victoire jusqu'au
bout, bien que l'affaire se fût passée en vue même des côtes de la
Hollande et dans ses propres eaux.

Il y eut donc un armistice forcé entre les deux parties belligérantes. Les Hollandais, en perdant Martin Tromp, n'avaient pas
tout perdu, puisque Ruyter leur restait ; mais ce grand homme,
tout prêt qu'il était à se dévouer pour relever l'honneur du pavillon de la République, avait compris qu'avant de courir à une
revanche, il était indispensable que la Hollande égalisât les conditions matérielles de la lutte entre sa marine et celle de ses ennemis. Ses vaisseaux de guerre étaient d'un trop faible échantillon
pour lutter avec avantage contre les constructions colossales de
l'Angleterre et la supériorité de leur artillerie ; il fallait donc, de

toute nécessité, qu'elle commençât par se procurer des bâtiments de haut bord, armés et équipés aussi formidablement que ceux de sa rivale. Ainsi la paix était nécessaire pour assurer le succès d'une guerre prochaine, et Ruyter se joignit par raison et par calcul à ceux qui la demandaient par terreur ou par lassitude. Les états généraux en firent les premières ouvertures au Parlement d'Angleterre : des incidents politiques, dont nous n'avons pas à nous occuper ici, en retardèrent la conclusion ; elle ne fut signée que le 15 avril 1654, entre le protecteur Cromwell et le grand pensionnaire Jean de Witt, à des conditions assez humiliantes pour la Hollande, mais dont elle espérait bien se relever en temps opportun.

Après la conclusion de la paix, Ruyter, promu, pour ainsi dire malgré lui, au grade de vice-amiral de Hollande, alla croiser dans la Méditerranée ; il y fit une chasse impitoyable aux corsaires barbaresques, auxquels il enleva une quantité de bâtiments et de prisonniers. Parmi ceux de ces écumeurs de mer qui lui tombèrent sous la main, se trouvait un fameux renégat espagnol, nommé Amand de Diaz, que Ruyter fit pendre à la grande vergue de son propre bâtiment. Ce scélérat, à la suite d'un meurtre commis dans sa patrie, s'était enfui sur la côte d'Afrique. Il y avait embrassé le mahométisme et voué une haine implacable à ses compatriotes. Dans l'espace de douze ans, il en avait enlevé plus de deux cents, dont plusieurs étaient ses parents, et les avait vendus aux Maures. Il avait poussé la scélératesse, assure-t-on, jusqu'à menacer son père d'un pareil traitement. « Dans cette expédition sur les côtes de Barbarie, dit un de ses biographes (1), Ruyter brûla, détruisit ou prit aux corsaires six gros vaisseaux, en reprit trois qu'ils avaient enlevés aux Hollandais, rendit la liberté à un grand nombre de prisonniers, fit la paix avec la régence de Salé, et apporta en Hollande une grande quantité d'argent. »

Le nom de la régence de Salé nous fournit l'occasion de rappeler une des prouesses de Ruyter, alors qu'il n'était encore que capitaine et monté, non pas sur un vaisseau de l'État, mais sur un navire de commerce armé en guerre. Arrivé devant le port de ce nom, qui est à l'embouchure d'une rivière, au royaume de Fez, et ayant besoin de se ravitailler, il força l'entrée de la rade malgré cinq vaisseaux corsaires d'Alger qui prétendaient lui barrer

(1) Richer, d'après Brandt, auteur d'une vie de Ruyter en néerlandais.

le passage et le forcer à prendre le large, pour lui courir sus. Les Maures de Salé, témoins de cette belle et fière action, applaudirent de leurs acclamations enthousiastes l'intrépide capitaine ; ils accoururent en foule sur le port pour le saluer, et voulurent qu'il entrât en triomphe dans la ville, monté sur un cheval superbe et suivi des capitaines corsaires marchant à pied.

En 1659, Ruyter avait été envoyé avec une escadre au secours du roi de Danemark, alors en guerre avec la Suède, qui avait pour alliée l'Angleterre. Un jour qu'il se trouvait dans l'île d'Amack, où le monarque danois (Christiern IV) faisait sa résidence, il eut une conférence, au sujet de la paix, avec les ambassadeurs de Suède et d'Angleterre ; ceux-ci le prirent sur un ton de hauteur et de supériorité dont s'indigna la fierté de l'amiral hollandais. Reculant de deux pas, il mit la main sur la garde de son épée, et leur dit : « Vous faites des projets avec vos flottes, et moi je les décide avec mon épée. » La paix ne se fit pas, et Ruyter alla mettre le siége devant la ville suédoise de Nyborg. Il s'en rendit maître, ainsi que de toute l'île de Funen. En reconnaissance de cet exploit, Christiern le combla de présents, lui fit une pension de huit cents écus, l'anoblit lui et toute sa postérité, et lui présenta lui-même ses lettres de noblesse. Elles étaient libellées en latin de chancellerie, langue parfaitement inconnue du rude marin ; mais il n'eut pas même la curiosité de se faire traduire les lettres-patentes du roi Christiern ; il était trop fier de son titre de citoyen de la république batave pour attacher quelque importance à cette noblesse de convention qui se formule sur parchemin.

(1664.) Dix années s'étaient écoulées depuis la paix, lorsque la guerre éclata de nouveau entre la république des Provinces-Unies et l'Angleterre, redevenue monarchie par la restauration de Charles II. Les prétentions du peuple anglais et de ses gouvernants à la suprématie maritime se perpétuaient à travers les révolutions politiques. Charles II ne se montrait pas moins jaloux que Cromwell de la puissance navale de la Hollande : il s'était hâté de mettre en vigueur le fameux acte de navigation rendu sous le protectorat du premier ; acte dont les circonstances politiques avaient fait ajourner l'exécution, et qui était principalement dirigé contre le commerce des Hollandais, surnommés alors à bon droit les facteurs des deux mondes. La guerre commença sourdement par des avanies faites aux navires des Provinces-Unies, sous le prétexte de ce droit insolent du pavillon que s'ar-

rogeait l'Angleterre, et que le dernier traité l'autorisait formellement à exercer sur la marine batave. Charles II, dans son mani-
feste de guerre, n'eut garde d'oublier de relever, comme une vio-
lation flagrante et intolérable des traités, les révoltes fréquentes
de la fierté nationale d'un peuple libre contre cette humiliante
sujétion. Il prétendit en outre, voyez le crime énorme ! que le
frère du pensionnaire de Hollande, le lieutenant-amiral Corneille
de Witt, avait eu l'impertinence de se décerner les attributs d'un
vainqueur de l'Angleterre, en se faisant peindre dans un tableau
dont le fond représentait des vaisseaux au pavillon britannique,
captifs ou brûlés. Ce fut sur des motifs aussi futiles, aussi déri-
soires, que le parlement accorda un subside de près de soixante
millions de francs pour soutenir une guerre dont le but réel était
la ruine d'un peuple industrieux, devenu grand par le travail et
par la liberté !

Suivant un procédé trop familier aux gouvernements de cette
époque, à celui des Anglais particulièrement, les hostilités avaient
précédé toute déclaration de guerre. Une escadre, sortie de la
Tamise, en 1664, et commandée par le chevalier Holmes, s'était
portée furtivement sur la côte d'Afrique, où elle s'était emparée,
par surprise, du cap Corse et de l'île de Gorée, appartenant aux
Hollandais. De là elle s'était rendue dans l'Amérique septentrionale, où elle n'avait pas plus respecté les établissements des
Provinces-Unies. A ces nouvelles, Ruyter eut ordre d'armer une
escadre en toute hâte, et d'aller relever dans les mers lointaines
où il avait été si déloyalement insulté l'honneur et l'autorité du
pavillon hollandais. Il s'acquitta de cette mission avec autant de
rapidité que de bonheur, reprit l'île de Gorée, en chassa le gouverneur anglais et rétablit tous les comptoirs hollandais de la
côte. Il fit voile ensuite pour l'Amérique, où il obtint les mêmes
succès et fit payer aussi chèrement que possible aux ennemis de
son pays le prix de leurs violences et de leur perfidie.

Cependant des flottes imposantes avaient été armées et mises en
mer de part et d'autre : l'une, partie du Texel, l'autre sortie de la
Tamise. Celle-là commandée par le baron d'Opdam, de l'ancienne
et illustre maison de Wassenaer, ayant pour vice-amiraux
Evertzen et le fils de Martin Tromp ; celle-ci, obéissant au frère du
roi d'Angleterre, au duc d'York, qui avait sous ses ordres le
vaillant prince Rupert, de Bavière, et le vieux comte de Sandwich,
qui avait fait, à soixante ans passés, son début dans la carrière
maritime.

Les deux armées navales se rencontrèrent le 13 juin 1665, à la hauteur de Lestoff, près d'Yarmouth, au comté de Suffolk. Une action terrible et meurtrière s'engagea : elle dura plus de neuf heures, et se termina par la déroute de la flotte hollandaise, qui laissa dix-huit vaisseaux de guerre et trois mille prisonniers entre les mains de l'ennemi. Opdam, dont le vaisseau avait sauté en l'air au milieu du combat, avait péri avant de voir sa défaite consommée.

Ce grave échec, au début de la guerre, n'avait point ébranlé le courage des Hollandais. Ruyter, qui revenait couvert de gloire de sa double expédition dans les mers d'Afrique et du Nouveau-Monde, promettait une éclatante revanche à sa patrie. Il fut promu, par les états généraux, à la dignité de lieutenant-amiral général, et prit aussitôt le commandement de la flotte des Provinces-Unies, laquelle, malgré la défaite de Lestoff, s'élevait encore au nombre imposant de quatre-vingt-treize vaisseaux. Beaucoup, il est vrai, avaient besoin d'être réparés et réarmés; mais, grâce à l'activité du nouveau commandant en chef, toute la flotte put reprendre la mer dans le courant du mois d'août 1665.

Le grand pensionnaire Jean de Witt, sentant qu'il s'agissait d'une lutte suprême, s'était cru obligé d'y présider en personne. Il s'était embarqué sur la flotte qui portait les destinées de la république : il en prit le commandement en chef, sans que Ruyter, non moins grand citoyen que grand général, s'en montrât ni mécontent ni jaloux. La flotte sortit du Texel avec le vent contraire, et, quelques jours après, une horrible tempête dispersa ses vaisseaux, en fit périr plusieurs; il fallut rentrer dans le port.

L'intervention de Louis XIV, qui s'était offert comme médiateur entre les deux nations belligérantes, suspendit les hostilités pendant quelques mois. Cette médiation ne produisit aucun résultat, et Louis XIV, qu'un traité d'alliance unissait aux Hollandais, se déclara ostensiblement en leur faveur, au commencement de l'année 1666. Il leur avait promis le secours de sa flotte; mais elle se fit si longtemps attendre que les Hollandais, se défiant avec assez de raison de la politique ambiguë du grand roi à leur égard, se décidèrent à reprendre la lutte avec leurs seules forces. Ruyter, sorti des eaux du Texel à la tête de quatre-vingt-onze vaisseaux de ligne, de douze frégates et de treize brûlots, alla chercher la flotte anglaise jusque sous ses propres côtes. Celle-ci était commandée par le prince Rupert et par le célèbre Monck, alors duc d'Albermale. Elle était plus forte de quelques voiles que celle des États; mais vingt-cinq bâtiments s'en étaient détachés, sous les ordres du prince Rupert, pour se porter à la rencontre d'une escadre française, qu'on supposait partie de La Rochelle pour venir se joindre à la flotte hollandaise.

Le 11 juin, contre l'avis de ses principaux officiers, Monck résolut d'en venir aux mains. Il avait le vent pour lui, et son orgueil le poussait à rechercher une victoire dont il n'aurait point à partager l'honneur. Il vint à toutes voiles sur les Hollandais, mouillés en ligne à l'est-sud-est de la pointe nord d'Angleterre, Ruyter ayant le corps de bataille, Corneille Tromp l'avant-garde et Evertzen l'arrière-garde. Les Hollandais attendirent leurs ennemis à l'ancre jusqu'à ce qu'ils fussent à portée : Ruyter fit couper les câbles, et l'action s'engagea avec une vigueur foudroyante. Tromp, qui eut tous les honneurs et tous les périls du début, fut admirable d'énergie et d'impétuosité; le vaisseau qu'il montait fut si maltraité qu'il fut obligé de transporter son pavillon sur un autre. Il en arriva autant à Ruyter; mais plus calme, et dirigeant la foudre de ses batteries avec autant de supériorité que de précision, le terrible amiral fit un ravage affreux dans le corps de bataille qui lui était opposé, et coula à fond cinq vaisseaux anglais, dont trois de première grandeur. Les Anglais, comme on l'a dit, avaient le vent pour eux, mais il était si frais qu'ils ne purent se servir de leurs batteries basses ; ce qui faisait une immense compensation en faveur des Hollandais. Ceux-ci firent en outre d'horribles dégâts sur les vaisseaux ennemis, en se servant de boulets ramés, nouvelle invention qu'ils devaient au génie de Jean de Witt.

L'action, commencée sur le midi, fut un instant interrompue par un mouvement de retraite de la flotte anglaise. Ruyter la poursuivit; mais la honte de fuir sous les yeux mêmes des Anglais et dans ses propres eaux la ramena au combat, et la lutte recommença pour se prolonger jusqu'à dix heures du soir. Suspendue par la nuit, elle reprit le lendemain à la pointe du jour. Un calme qui dura jusqu'à midi l'interrompit encore; mais, le vent s'étant levé, on lutta de part et d'autre avec tout l'acharnement que peuvent inspirer l'orgueil national, l'amour de la gloire et l'ivresse du combat : véritable lutte de géants, dont l'empire de la mer devait être le prix! Les deux armées se traversèrent plusieurs fois. Tromp, qui était l'Achille de la flotte hollandaise, comme Ruyter en était le *Mars*, avait encore été obligé de changer de vaisseau : il s'était engagé si avant au milieu de la flotte ennemie, qu'il allait périr infailliblement, si son amiral, accourant à son secours, n'eût fait, pour le sauver, des prodiges de valeur et d'habileté.

Les Anglais eurent, dans cette journée, huit de leurs plus grands vaisseaux brûlés ou coulés à fond ; entre autres, le roi de la flotte britannique, le *Royal-Prince*, vaisseau à trois ponts et de quatre-vingt-seize canons, que montait l'amiral Askue. Cet amiral, en voulant se retirer dans la Tamise, eut le malheur d'échouer sur un banc de sable qui se trouve à l'entrée de cette rivière. Il voulait néanmoins s'y défendre et s'y faire tuer ; mais son équipage se révolta et le força d'amener son pavillon. Ruyter, qui l'avait déjà battu autrefois dans ces mêmes parages, le reçut prisonnier à son bord, et lui donna le navrant spectacle de l'incendie de son gigantesque vaisseau. Le *Royal-Prince* avait cependant été remis à flot ; mais, son mauvais état ne permettant pas d'emmener en Hollande ce trophée de la victoire, on avait dû se décider à le détruire.

Au moment où Monck rentrait dans la Tamise pour s'y mettre en sûreté, il fut rejoint par le prince Rupert, qui n'avait pas rencontré l'escadre française. Les deux généraux, impatients de prendre une éclatante revanche sur Ruyter, revinrent, dans la matinée du 14 juin, pour lui présenter le combat. Ils avaient mis en ligne soixante et onze vaisseaux, sans compter les brûlots et quelques bâtiments légers. Ruyter n'en avait, en ce moment, que soixante-quatre à leur opposer ; mais il sut gagner l'avantage du vent, et pressa si vigoureusement ses adversaires, que ceux-ci, après quelques heures de combat, déjà horriblement maltraités désemparés, furent trop heureux de pouvoir profiter d'une brume épaisse qui s'éleva tout-à-coup, pour couvrir leur retraite et échapper à la poursuite de leur terrible ennemi. Cette brume était un phénomène extraordinaire pour la saison : Ruyter, dont l'intrépidité naturelle était tempérée par un grand fond de religion, y vit une manifestation de la Providence qu'il devait respecter : « C'est Dieu, s'écria-t-il, qui, par pitié pour ces fiers insulaires, a mis entre eux et nous ce voile épais ; c'est Dieu qui les sauve, et qui, ne voulant pas achever de les perdre, les a seulement corrigés de leur présomption. » Paroles admirables de modestie et de piété naïve, dans un moment où il eût été si pardonnable au héros hollandais de céder à l'enivrement de la victoire :

car c'était pour la troisième fois, en quatre jours, que Ruyter forçait les Anglais à lui céder le champ de bataille.

Ces quatre jours de combat coûtèrent aux Anglais vingt-trois grands vaisseaux et plusieurs autres bâtiments ; ils y perdirent six mille hommes tués, dont un de leurs officiers généraux, le vice-amiral Barkeley ; ils laissèrent à l'ennemi deux mille six cents prisonniers, parmi lesquels l'amiral George Askue. Du côté des Hollandais, on eut à regretter la perte de six vaisseaux, et de deux mille huit cents soldats et matelots. Le lieutenant-amiral Evertzen fut tué, à la tête de son escadre, dans la première journée (11 juin).

Cependant la fierté britannique ne voulait pas convenir de ses défaites, et, pour mieux les dissimuler, Charles II se montra prodigue de récompenses et d'honneurs envers les généraux et les principaux officiers de la flotte vaincue. Il se hâta d'ailleurs de faire réparer ses vaisseaux et d'en augmenter le nombre ; et bientôt le prince Rupert et le duc d'Albermale appareillèrent avec une flotte de plus de deux cents voiles pour se mettre à la recherche de la flotte hollandaise. Celle-ci avait dû aussi rentrer dans ses ports pour s'y réparer, et n'avait pas tardé non plus à reprendre la mer.

Les deux armées ennemies se trouvèrent de nouveau en présence, le 24 juillet (1666), à la hauteur de l'embouchure de la Tamise. Ruyter avait pour vice-amiraux Bankœrt et Corneille Tromp. L'action s'engagea avec beaucoup de vigueur sur toute la ligne. A l'avant-garde, la perte du vaisseau portant le pavillon de Bankœrt, et qui fut coulé bas, amena un grand désordre dans son escadre ; elle fut mise en déroute par l'escadre blanche ou avant-garde des Anglais. Tromp, qui commandait l'arrière-garde, avait attaqué l'escadre bleue des ennemis avec son impétuosité accoutumée, et l'avait presque aussitôt mise en fuite ; mais, cédant trop facilement à son ardeur, il s'était lancé à sa poursuite, en découvrant le corps de bataille où commandait Ruyter ; faute non moins désastreuse pour ce général, que la défaite de son avant-garde ; car, elle le laissa seul aux prises avec les deux divisions de l'armée ennemie, restées en ligne. Les Anglais ne manquèrent pas de profiter de cette circonstance et de l'envelopper ; mais Ruyter ne se laissa pas entamer et les tint à distance, par la vigueur et l'activité de son feu, jusqu'à la nuit.

« Le lendemain, au point du jour, dit le baron de Sainte-Croix,

l'amiral hollandais se trouva, avec sept ou huit vaisseaux seulement, environné de toute la flotte anglaise, rangée en croissant
sous le vent et à l'arrière. Elle fit sur lui un feu terrible. Ruyter
eut bien de la peine à déterminer ses gens à se battre ; ils étaient
épuisés de fatigue et couchés sur le tillac. Après avoir évité deux
brûlots et se voyant pressé de toutes parts, l'intrépide général,
qui se sentait perdu, s'écria plusieurs fois : « Faut-il que je sois
» assez malheureux pour que de tant de boulets qui passent sur
» ma tête, il ne s'en trouve pas un seul qui puisse m'atteindre ! »
Partout il cherchait la mort, et partout elle le respecta. Enfin, un
sentiment plus réfléchi, celui de l'amour de la patrie, l'emporta
dans son cœur sur cet héroïsme aveugle : il ne pensa bientôt plus
qu'au salut des siens, en les conduisant au port. Semblable au
lion assailli par une nombreuse troupe de chasseurs, il ne céda
qu'à la force, étant aussi terrible dans sa retraite que redoutable
au premier choc. Informé de ses exploits dans cette circonstance
suprême, Louis XIV écrivit lui-même aux Etats généraux « que
» Ruyter avait agi de cœur et de tête ; qu'il avait fait des choses
» qui surpassaient les forces humaines. J'estime plus sa retraite,
» ajoutait ce prince, que s'il avait gagné la bataille, ayant résisté
» avec huit vaisseaux contre vingt-deux des plus grands d'Angle-
» terre, et aux deux amiraux (1). »

Toute l'habileté de ceux-ci n'avait pu empêcher Ruyter de rentrer à Flessingue avec les glorieux débris de son escadre. Pour se
dédommager, Rupert et Monck se portèrent à la rencontre de
Tromp, dont ils espéraient avoir meilleur marché. Ils le trouvèrent à la hauteur de Harwich. Mais il leur échappa et se retira
sans perte au Texel. Ruyter se plaignit sévèrement aux Etats de
cette valeur aventureuse et irréfléchie, dont l'éclat n'avait rien de
solide, et qui ne lui avait causé que des embarras en mainte
occasion. Il faisait peser avec toute raison sur l'imprudence de
Tromp la responsabilité d'un échec qui venait de coûter à la république vingt vaisseaux et des milliers de braves gens. Une
décision des Etats généraux mit le trop impétueux Tromp aux
arrêts et lui retira son emploi : d'où naquit une profonde inimitié
entre les deux amiraux.

Au lieu de se décourager, les Hollandais, sous l'impulsion ferme
et stoïque du grand pensionnaire Jean de Witt, ne s'occupèrent

____

(1) *Hist. de la puissance navale de l'Angleterre*, liv. II.

que du soin de se préparer une terrible revanche; et les préparatifs se poursuivaient pendant les lenteurs des préliminaires ouverts pour la paix, et que le grand pensionnaire sut faire tirer en
longueur par des incidents calculés. Son dessein, dont Ruyter
seul avait la confidence, était de détruire la marine anglaise, en
l'attaquant au fond même de ses ports les mieux défendus, et de
porter l'incendie jusque dans ses chantiers et ses arsenaux. L'occasion était on ne peut plus favorable pour une entreprise aussi
hardie; car le roi Charles II, trop confiant dans l'issue des négociations entamées, et dont les ressources se trouvaient d'ailleurs
épuisées par la guerre et par d'autres calamités publiques, avait
désarmé ses vaisseaux et licencié leurs équipages. L'affaire fut
conduite avec autant de secret que d'activité, et le 6 juin 1667,
Ruyter appareilla avec une flotte de soixante-dix vaisseaux et
seize brûlots. Le 14, il mouillait à l'embouchure de la Tamise.
Deux vaisseaux, appuyés par dix autres navires et deux brûlots,
s'avancèrent jusqu'à la rivière de Medway, prirent le fort de
Sherness et le rasèrent. Ruyter arrive alors avec le reste de son
armée; poussé par la marée et le vent d'est, il remonte jusqu'à
Chatam. Après avoir rompu une forte estacade qui traversait la
Medway, détruit trois vaisseaux qui la défendaient, et passé au
travers de ceux qu'on avait coulés bas dans la rivière, il parvient
à Upnor, s'empare du château, prend et brûle plusieurs gros navires de guerre, les plus forts de la marine anglaise; quatre autres
sont détruits à Blackwall et neuf à Woolwich. Des magasins et
une grande quantité de munitions navales deviennent la proie des
Hollandais ou celle des flammes.

La consternation se répand sur toute la côte. Charles pense à
quitter Londres et à se retirer à Windsor. La capitale craint
même de voir attaquer sa tour et incendier ses faubourgs qui
étaient sans défense. On se hâte de couler à fond plusieurs bâtiments au milieu de la rivière; on établit des batteries en plusieurs
endroits. Toute la milice est sous les armes... Mais Ruyter, cédant
à un excès de prudence, renonce au dessein de remonter jusqu'à
Londres; il sort de la Tamise, au grand étonnement des Anglais
eux-mêmes, et va détruire quelques vaisseaux dans les baies de
Harwick et de Torbay, après avoir mis en fuite une escadre commandée par l'amiral Spragh. Il se dirige ensuite vers les Sorlingues, en jetant la terreur dans tous les lieux d'où l'on peut voir
flotter son pavillon, en visitant tous les havres et toutes les baies

pour y détruire les vaisseaux de guerre ou de commerce qui s'y
tiennent abrités. Il attendait toujours la flotte française pour
mettre la dernière main à son œuvre de destruction, et c'en était
fait pour longtemps de la marine anglaise, si cette flotte, que commandait le duc de Beaufort, eût été fidèle au rendez-vous. Mais
l'amiral français, après avoir donné quelque espérance, finit par
un refus formel, motivé sur ce qu'il n'avait reçu aucun ordre de
sa cour, et que l'on était sur le point de conclure la paix.

Elle fut, en effet, signée à Breda, le 31 juillet 1667, à des conditions qui auraient dû être meilleures pour la Hollande, si les
négociateurs avaient tenu quelque compte de la situation nouvelle
que venait de créer, entre les deux nations, cette dernière expédition de Ruyter. Mais les négociateurs hollandais se montrèrent
plus touchés, dans cette affaire, des considérations de commerce
que de celles d'amour-propre, et il ne faut pas trop les en
blâmer.

Cette paix ne fut pas de longue durée : dès la fin de 1671, la
Hollande se trouvait aux prises avec les forces réunies des rois de
France et d'Angleterre, qu'un intérêt commun d'ambition et de
jalousie avait unis dans un pacte de guerre et de destruction contre cette active et industrieuse république de marchands et de
navigateurs. Les Provinces-Unies avaient donc à se défendre à la
fois et contre les armées de terre de Louis XIV, conduites par
Turenne et Condé, et contre les flottes combinées des deux royau-
mes, confiées à leurs plus illustres amiraux, parmi lesquels
figuraient, du côté de la France, non les premiers en grade, mais
les plus grands en renommée, Duquesne et le chevalier de Tourville. La Hollande n'avait à leur opposer que le grand Ruyter, et
elle ne désespéra pas de sa fortune.

Le lieutenant-amiral général des Provinces-Unies mit à la voile
le 13 mai 1672, à la tête d'une armée navale de quatre-vingt-onze
navires de guerre et de quarante-quatre brûlots, et se porta fièrement à la rencontre des flottes ennemies jusque sous les côtes
d'Angleterre. Il les rencontra dans la matinée du 7 juin, mouillées
entre Harwich et Yarmouth, au comté de Suffolk. Il les provoqua
aussitôt au combat. La lutte se prolongea pendant toute la journée, et ce fut Ruyter qui resta le dernier sur le champ de bataille.
Toutefois les résultats furent assez incertains pour permettre aux
deux armées de s'attribuer la victoire. Cette affaire eut lieu à la
hauteur de Southwold, mais elle est désignée par nos historiens

sous le nom de Solebay. Ruyter s'y comporta en véritable géant. On assure que son vaisseau amiral, les *Sept-Provinces*, employa vingt-cinq milliers de poudre et tira plus de deux mille cinq cents coups de canon.

Cette affaire de Solebay ou de Southwold eut du moins pour les Hollandais cet important résultat, qu'elle empêcha les flottes ennemies de rien entreprendre de considérable pendant tout le reste de la campagne. Il n'en était pas de même du côté du continent. Le prince Guillaume d'Orange, le même qui fut plus tard roi d'Angleterre sous le nom de Guillaume III; le prince d'Orange, jeune homme de vingt-deux ans, avait été improvisé général en chef, avant d'avoir même commandé un régiment : l'armée qu'on lui avait donné à conduire se composait à peine de trente mille hommes, assez mauvais soldats; aussi n'avait-il pu arrêter le torrent de la conquête, dirigé par Louis XIV en personne, escorté, comme nous l'avons déjà dit, par ses plus illustres capitaines et secondé par le génie de Vauban. Lorsque Ruyter rentra avec sa flotte au Texel, les Français étaient déjà aux portes d'Amsterdam. « Déjà, dit Voltaire, les plus riches familles, les plus ardentes pour la liberté, se préparaient à fuir aux extrémités du monde, et à s'embarquer pour Batavia. On avait fait le dénombrement de tous les vaisseaux qui pouvaient faire ce voyage, et le calcul de ce qu'on pouvait embarquer : on avait trouvé que cinquante mille familles pouvaient se réfugier dans leur nouvelle patrie. La Hollande n'eût plus existé qu'au bout des Indes orientales (1). »

Pour comble de calamité, effet naturel d'ailleurs de ces crises suprêmes qui mettent en question l'existence même d'un peuple, la république était divisée en deux factions exaspérées, prêtes à en venir aux mains sous les yeux de l'ennemi. La fureur populaire se tourna contre le grand pensionnaire Jean de Witt; lui et son frère, l'amiral Corneille de Witt, furent massacrés par la populace en délire, et le stathoudérat, qui avait été supprimé dans l'intérêt de la liberté, fut rétabli, sous la menace de l'émeute, en la personne de ce même Guillaume de Nassau, prince d'Orange, dont nous venons de parler. Ruyter était l'ami des deux frères de Witt; à la nouvelle de leur catastrophe, il ne put retenir ses larmes. La mort du grand pensionnaire était un sujet de deuil non-seulement pour son amitié, mais encore pour son patriotisme; il protesta

(1) *Siècle de Louis XIV*, ch. x.

contre l'injustice de son pays; et cette protestation fut considérée comme une complicité dans la prétendue trahison que la passion populaire reprochait aux deux frères. Pendant que l'illustre amiral défendait son pays à la tête de ses vaisseaux, la populace ameutée s'attroupa autour de sa maison, et il fallut tout le dévouement de quelques amis pour soustraire sa femme et ses enfants à la fureur de cette tourbe aveugle et féroce; et plus tard, ce grand homme, qui était toujours resté étranger aux intrigues et aux factions, ne dut qu'à une circonstance fortuite le bonheur d'échapper à un attentat dirigé contre sa personne. Il se vit forcé d'invoquer pour sa famille une sauvegarde spéciale de l'Etat.

La révolution qui venait de s'opérer à la Haye ne changea rien d'ailleurs à la position de Ruyter, qui conserva le commandement général de la flotte hollandaise; mais le prince d'Orange, élevé au slathoudérat, se hâta de réintégrer dans son emploi de lieutenant-amiral Corneille Tromp, qui, depuis cinq ans et pour les causes que nous avons fait connaître, vivait dans la retraite. Ruyter et Tromp, citoyens avant tout, abjurèrent leurs inimitiés sur l'autel de la patrie; on ne vit plus entre eux qu'une émulation de zèle et de dévouement pour le salut de la Hollande. Ils dirigèrent ensemble et dans le plus cordial concert la campagne maritime de 1673. Elle s'accomplit dans les eaux et en vue des côtes de Zélande. Les flottes combinées de France et d'Angleterre y étaient venues dans le double but de s'emparer d'un immense convoi de navires de commerce expédié des Indes orientales, et d'opérer une descente sur le territoire des Provinces-Unies. Trois grandes affaires eurent lieu, aux dates des 7 et 14 juin, et du 21 août. Ruyter et Tromp, inspirés par tout ce que le sentiment patriotique a de plus généreux et de plus sublime, y firent à l'envi des prodiges de courage et d'habileté; « mais, dit l'auteur du *Siècle de Louis XIV*, la conduite et la valeur furent si égales de tous côtés, que la victoire resta toujours indécise. » Et toutefois le résultat final fut à l'avantage des amiraux hollandais, puisqu'ils sauvèrent la flotte des Indes orientales, et empêchèrent les amiraux ennemis de toucher au sol des Provinces-Unies.

Ces résultats facilitèrent aux Etats généraux de Hollande les moyens de détacher Charles II de son alliance avec Louis XIV, et d'obtenir du parlement anglais une paix qui conjura leur ruine complète ; elle fut signée à Westminster, le 16 février 1674.

Après cette paix partielle, Ruyter appareilla pour l'Amérique avec une forte escadre ; il avait pour mission d'attaquer les îles françaises des Antilles. Il se présenta devant la Martinique, vers le milieu du mois de juillet 1675 ; mais il la trouva si bien défendue et par mer et par terre, qu'il fut obligé de renoncer à cette entreprise : il reprit la route de l'Europe, après avoir perdu douze cents hommes dans une tentative malheureuse de débarquement. Le gouverneur de la Martinique, qui eut l'insigne honneur de causer cet échec au grand Ruyter, mérite que son nom passe à la postérité : il était chef d'escadre et s'appelait d'Amblimont.

L'amiral hollandais avait besoin de se relever d'un échec qui faisait ombre à sa gloire, et les États lui en fournirent bientôt l'occasion, en le chargeant, vers la fin de l'année 1675, du commandement d'une flotte qu'ils envoyaient au secours du roi d'Espagne, contre les Messinois en révolte et soutenus par les Français. Ruyter devait avoir pour adversaire dans cette campagne notre célèbre amiral Duquesne, dont il avait été le premier à reconnaître et à proclamer le génie naval. Nous avons rapporté, dans notre notice sur cet illustre capitaine de mer, les principaux incidents de cette lutte mémorable entre les deux plus grands amiraux de cette grande époque : il serait inutile d'y revenir. Nous nous bornerons à rappeler qu'à la seconde bataille qui fut donnée entre ces deux géants, le 22 avril 1676, à la hauteur du Mont-Gibel (Etna), près de Syracuse, Ruyter fut atteint d'un boulet qui le blessa mortellement. Emporté sur son lit, il ne cessa, malgré d'horribles souffrances, de donner ses ordres, de ranimer le courage des siens et de veiller au salut de la flotte, qui opéra sa retraite. Il succomba sept jours après (29 avril), dans le port de Syracuse.

Le corps de cet illustre marin, transporté en Hollande, y reçut de magnifiques funérailles. On lui éleva, dans la principale église d'Amsterdam, aux frais de la république, un mausolée de marbre, dont la longue inscription en lettres d'or résume les titres de ce grand homme à l'admiration de la postérité. On y rappelle qu'il fut « anobli et honoré de l'ordre de chevalerie par trois monarques : » les rois de Suède, de France et d'Espagne. Ce dernier lui conféra le titre de duc avec une rente de deux mille ducats, à l'occasion de son expédition dans la mer de Sicile. Les lettres-patentes délivrées à cet effet n'arrivèrent qu'après sa mort à la famille de l'illustre titulaire. Les honneurs et les avantages qu'elles lui conféraient étaient perpétuels et héréditaires ; mais le nom de Ruyter était trop glorieux dans sa simplicité plébéienne, pour que ses fils consentissent à le quitter ou à l'altérer par un titre d'origine étrangère. Ils déposèrent sur le tombeau de leur père les faveurs posthumes du roi d'Espagne, et les refusèrent pour eux-mêmes.

Homme d'une piété sincère, d'une austérité de mœurs toute républicaine, d'une modestie rare et d'une simplicité vraiment antique, Ruyter était aussi aimable, aussi doux dans la vie privée, qu'il était héroïque et sublime au milieu des périls d'une action navale. « Quel grand maître dans l'art de la marine ! » écrivait le duc d'Estrées le lendemain de l'une de ces grandes journées où le génie de Ruyter semblait disposer de la foudre et des vents. — Un brave gentilhomme français, le duc de Guiche, qui avait combattu en volontaire sur la flotte hollandaise, dans la mémorable campagne de 1665, constate, dans ses *Mémoires*, qu'étant allé visiter ce héros, le lendemain d'une victoire, il le trouva « balayant sa chambre et donnant à manger à ses poules. »

Il se montrait humain et sensible jusque dans l'exaltation du combat. Dans l'affaire du 7 juin 1673, un brûlot anglais s'était approché de son vaisseau. Ceux qui l'avaient amené, après y avoir mis le feu, se sauvaient en toute hâte dans une chaloupe, pour se soustraire eux-mêmes à l'effet de leur infernale machine. Les gens de Ruyter se préparaient à couler leur chaloupe à fond, lorsque l'amiral les retint en disant : « Laissez échapper ces malheureux, ils ne sont plus en état de nous faire du mal. »

Louis XIV s'honora par les témoignages publics d'estime qu'il donna au grand Ruyter. En apprenant la mort de ce héros, il laissa échapper ces dignes paroles : « C'était un ennemi redoutable ; mais cet homme-là faisait honneur à l'humanité, et sa mort est bien regrettable. » Il avait décoré Ruyter de l'ordre de Saint-Michel, et avait voulu avoir son portrait, qu'il avait fait placer parmi ceux de ses plus illustres généraux.

L'éloge de Ruyter peut se résumer en deux mots : Il fut un grand capitaine de mer et un grand homme de bien.

SUFFREN DE SAINT-TROPEZ (PIERRE-ANDRÉ, bailli de), né au château de Saint-Cannat (Var), en 1726, mort à Paris en 1788.

Il semble que ce fût un des priviléges de la noblesse de Provence de fournir de braves chevaliers à l'ordre de Malte et d'habiles officiers à la marine royale. Issu de noble race, arrivé au déclin de toutes ces grandes choses, l'ordre de Malte, la marine royale et la noblesse elle-même, Pierre-André de Suffren fut le dernier sans doute qui jouit de ce double privilége du gentilhomme provençal. En 1747, à vingt et un ans, en même temps qu'il suspendait à sa poitrine la croix de Saint-Jean de Jérusalem, il montait en qualité d'enseigne sur les vaisseaux du roi. Il eut à peine le temps de faire une campagne avant la paix d'Aix-la-Chapelle (1748); mais c'en fut assez pour montrer son courage et faire deviner ce qu'il deviendrait un jour, si la fortune ne lui refusait pas les bonnes occasions. Il fut fait prisonnier par les Anglais, au combat de Belle-Isle (14 juin 1747), célèbre dans la marine française par la belle résistance du *Tonnant*, que le brave chef d'escadre de l'Estanduère disputa pendant toute une journée et arracha à la poursuite acharnée d'une flotte anglaise.

A vingt-cinq ans de là (1772), nous voyons Suffren, qui s'était fait remarquer au service de son ordre et distingué sur nos escadres, promu presque simultanément à la dignité de commandeur et au grade de capitaine de vaisseau.

En 1782, tandis qu'il s'illustrait dans les mers de l'Inde, comme chef d'escadre intérimaire, il apprenait, sur le théâtre de ses exploits, dont la renommée entretenait l'Europe, que ses frères en religion lui avaient décerné le titre de *bailli*, sous lequel ses contemporains et l'histoire ont pris l'habitude de le désigner.

« Avant la circonstance qui l'a fait connaître comme le premier marin de son époque, dit M. Léon Guérin en parlant du bailli de Suffren, ce qu'on savait déjà de lui à bord des vaisseaux français et dans les ports de guerre, c'est qu'il était doué d'un courage qu'aucun autre ne pouvait surpasser, que sa corpulence (car il était d'une constitution physique qui tendait à l'obésité) ne lui enlevait rien de son activité; qu'à une extrême vivacité d'esprit, à un prompt coup d'œil, il alliait des connaissances très étendues, et une grande élévation de caractère; et qu'il avait souvent

montré, dans son commandement particulier de capitaine, les
qualités d'un excellent tacticien. On savait aussi qu'esclave du
devoir, il était ferme et sévère pour ceux qui étaient placés sous
ses ordres, mais jamais plus que pour lui-même. Le matelot, dont
il était l'ami, le bienfaiteur silencieux, ne s'effarouchait pas trop
d'ailleurs de cette rigueur dans le service, et n'en disait pas
moins, en se souvenant d'avoir reçu pour lui-même ou pour sa
famille les preuves discrètes de la paternité de son cœur :
« Bon comme M. le bailli de Suffren (1). »

En 1781, ces deux éternelles rivales, la France et l'Angleterre,
étaient en guerre flagrante : le théâtre de la lutte n'était plus en
Europe ; mais il était à la fois sur les rivages de l'Afrique, de
l'Amérique et de l'Asie. Dans les mers de l'Asie, la France avait à
défendre contre les entreprises de sa rivale ses propres établissements, et ceux des Hollandais, ses alliés, sur la côte de Coromandel et dans l'île de Ceylan. Il s'agissait, dans ce but, de renforcer
une escadre qui se tenait en observation à l'Ile-de-France, sous
les ordres du comte d'Orves, et de la mettre en état de prendre
l'offensive. Il fallait surtout envoyer de ce côté-là un officier d'é-
lite, capable de remplacer l'amiral, qu'on savait malade et lan-
guissant. Le choix tomba sur le commandeur de Suffren, un des
plus anciens officiers de son grade et le plus digne, incontestablement, d'une pareille mission. En ce temps-là, cet infortuné
Louis XVI avait encore quelquefois la main heureuse !

Suffren sortit de Brest au commencement du printemps
de 1781, à la tête d'une division de cinq vaisseaux de soixante-
quatre à soixante-quatorze canons, d'une corvette de seize et
d'un certain nombre de bâtiments de transport contenant des
troupes de débarquement et des munitions de guerre. Il avait à
bord le vieux et infatigable marquis de Bussi, qu'il devait, chemin
faisant, déposer dans la colonie hollandaise du cap de Bonne-
Espérance, avec quelques bataillons de troupes françaises. Bussi
devait se rendre ultérieurement sur le continent indien, où il
avait combattu déjà avec gloire comme lieutenant de Dupleix, et
où il jouissait d'une haute renommée et d'une grande influence
parmi les indigènes. Les instructions de Suffren portaient que
s'il rencontrait une escadre anglaise dans les parages du Cap, il
la surveillerait avec soin, l'attaquerait au besoin et l'empêcherait

(1) *Hist. maritime de France*, deuxième partie, ch. xv.

à tout prix de faire aucune entreprise sur l'établissement hollandais.

Arrivé aux îles portugaises du cap Vert, sur la côte occidentale
du continent africain, Suffren eut connaissance qu'une escadre
anglaise était mouillée dans la baie de la Praya, devant San-Yago,
qui est la principale de ces îles. Elle avait pour commandant le
commodore Johnstone, un des marins les plus renommés de sa
nation. Placée dans un port neutre, elle devait se croire à l'abri
de toute attaque ; mais l'occasion parut trop belle à Suffren pour
la laisser échapper, et, sans autre souci que de réduire Johnstone
à l'impuissance de rien tenter contre le Cap, il résolut de l'attaquer, même dans les eaux portugaises et sous le canon des batteries de San-Yago. Son dessein arrêté, il se détache de sa division,
monté sur le *Héros*, vaisseau de soixante-quatorze, et suivi de
deux autres vaisseaux seulement. Il pénètre dans la baie, et passe
fièrement à travers une multitude de bâtiments, qu'il ne cesse de
cribler de boulets pendant plus d'une heure, par un feu bien
nourri de tribord et de babord. Ce fut un ravage et un désordre
immenses au milieu de l'escadre anglaise, qui avait à peine eu le
temps de se reconnaître sous le coup d'une agression aussi hardie.
Ce n'est pas que Suffren n'eût reçu, de son côté, plus d'une blessure ; mais il avait atteint son but, et avec ses trois vaisseaux plus
ou moins désemparés, mais faisant toujours mâle contenance et
ne se laissant pas approcher, il sortit aussi fièrement de la baie
qu'il y était entré, et reprit sa route vers le cap de Bonne-Espérance, gagnant sur son adversaire l'avance que celui-ci avait eue
d'abord sur lui.

Le commodore anglais, malgré l'état pitoyable de ses vaisseaux,
s'était tout d'abord mis à la poursuite de son audacieux agresseur;
ce que Suffren apercevant, il s'était écrié : « Allons, point de
manœuvre honteuse ! » Et, revirant de bord, il s'était aussitôt
reformé en ligne de bataille pour attendre son adversaire. Sa
ferme contenance en imposa à Johnstone, qui jugea prudent de
retourner dans la baie de la Praya. Les soins qu'il fut obligé de
donner à la réparation de son escadre l'y retinrent pendant seize
jours. Ce qui laissa à Suffren tout le temps de débarquer au cap
de Bonne-Espérance les secours qu'il avait été chargé d'y conduire. Aussi le commodore Johnstone renonça-t-il à toute espèce
d'entreprise sur ce point, et se borna-t-il à prendre directement
la route des Indes.

Suffren avait heureusement rallié à l'Ile-de-France l'escadre du comte d'Orves, qui se trouva ainsi portée à douze vaisseaux de ligne. Se sentant désormais en mesure de prendre l'offensive, l'amiral, tout malade qu'il était, se hâta d'appareiller pour les rivages indiens. Suffren, qui conduisait l'avant-garde, ayant fait rencontre de l'*Annibal*, vaisseau anglais de cinquante canons, s'en empara et l'ajouta à sa division.

La maladie du comte d'Orves s'était aggravée durant la traversée ; il mourut dans les premiers jours de février 1782, comme son escadre atteignait la côte de Coromandel, laissant le commandement général au capitaine Suffren, qui se trouva ainsi mis en possession de la cornette par la force même des choses. « Celui qui déjà était l'âme de l'armée, dit M. Léon Guérin, en devint la tête, et le mouvement, désormais, suivit la pensée avec le plus bel ensemble et la plus admirable activité. »

Dès le 15 février, le nouveau commandant de notre escadre des Indes se présenta devant Madras, pour provoquer l'escadre anglaise. Elle avait pour amiral un rival digne de Suffren, et avec lequel il était glorieux de lutter de bravoure et d'habileté : il se nommait sir Edouard Hughes. Depuis plus d'un an il régnait en maître dans ces parages : récemment arrivé de l'île de Ceylan, où il venait d'enlever, presque sans coup férir, le port de Trinquemale aux Hollandais, il occupait la rade de Madras avec dix vaisseaux, embossés d'une manière inattaquable. Alors Suffren porta au sud. Sir Hughes, croyant qu'il l'évitait, sortit de la rade et se mit à sa poursuite. Il s'empara de quelques vaisseaux de transport qu'une brise avait séparés de l'escadre, et qui s'étaient laissés atteindre par l'avant-garde ennemie. Suffren, qui marchait toujours en ligne, revire brusquement, et, malgré toutes les manœuvres de son adversaire pour éviter le combat, il le force à l'accepter dans des conditions désavantageuses.

Cette première affaire s'engagea le 17 février, à la hauteur de Madras. Elle n'eut qu'un résultat peu décisif, grâce à la brume, à la pluie et au temps orageux qui survinrent pendant l'action, et qui ne permirent pas au bailli de pousser les choses à bout. Il força néanmoins l'amiral anglais à quitter la côte de Madras et à regagner l'île de Ceylan, pour réparer ses nombreuses avaries dans le port de Trinquemale. Quant à Suffren, il cingla vers Pondichéry, notre principal établissement sur la côte de Coromandel, mais dont le fort était tombé depuis plusieurs mois au pouvoir des Anglais. Après avoir pris connaissance de ces parages, il alla effectuer à Porto-Novo le débarquement des troupes de terre qu'il avait à bord, et qui avaient été destinées à renforcer la garnison de Pondichéry. Il mouilla à Porto-Novo le 23 février : les trois mille Français qu'il y déposa s'emparèrent presque aussitôt du fort de Gondelour, un des points les plus importants de cette côte. Suffren reçut à Gondelour la visite du célèbre Haïder-Ali-Khan, régent du royaume de Mysore, qui luttait avec une persévérance souvent couronnée de succès contre les envahissements des Anglais. Il régla avec ce prince indien, que les Européens ont surnommé le *Frédéric de l'Est*, les conditions du concours que devaient lui prêter les troupes françaises, après quoi il reprit la mer et se mit à la recherche de sir Edouard Hughes. Il l'aperçut le 9 avril, lui donna la chasse, et bien que l'armée anglaise fît des efforts surhumains pour échapper à sa poursuite, il l'atteignit, la pressa et l'acccula de manière qu'il ne lui resta plus d'autre ressource que de se résigner à une seconde bataille.

Cette nouvelle rencontre eut lieu le 12 avril 1782, à la hauteur de Provodiérus, à l'est de l'île de Ceylan. Le combat se prolongea pendant cinq heures avec un grand acharnement, et surtout avec une rare habileté de manœuvres de part et d'autre ; mais l'amiral anglais, voyant que les choses tournaient au plus mal pour lui, prit le parti de céder le champ de bataille : une brume épaisse qui s'éleva vers le soir protégea sa retraite, et lui permit de ramener son escadre tout éclopée dans la baie de Trinquemale. La plupart de ses vaisseaux étaient désemparés ; plusieurs avaient perdu leurs capitaines et plus de la moitié de leurs équipages. Quand il eut regagné son abri, sir Edouard Hughes s'y tint coi tant qu'il vit l'escadre française croiser à l'affût du moindre mouvement qu'il pourrait faire pour en sortir. Las de l'attendre, et ayant besoin lui-même de réparations, Suffren gagna le port hollandais de Tranquebar. Il y rallia à son escadre trois vaisseaux de cette nation, et y fut, en outre, rejoint par deux vaisseaux de ligne français, accompagnés d'un convoi de troupes et de munitions.

Il se trouvait alors à la tête d'une flotte de dix-huit vaisseaux de guerre ; ce qui lui suggéra le dessein de reprendre aux Anglais le bel établissement de Négapatnam et de le rendre aux Hollandais, auxquels il appartenait. Il se remet aussitôt en mer, dans la pensée d'accomplir ce coup de main ; mais il est obligé de faire une station dans la rade de Gondelour, où il avait à déposer de nouvelles troupes et à ravitailler la garnison. Cependant, sir Hughes, informé de sa marche, et en devinant le but, s'était hâté d'accourir au secours de la garnison de Négapatnam, et lorsque, le 5 juillet 1782, Suffren arriva en vue de cette place, il y trouva l'escadre anglaise au mouillage. N'ayant pu surprendre la vigilance de son adversaire, il se décida à lui offrir le combat. Il voulait le faire immédiatement, mais un vent peu favorable et un grain qui endommagea fortement un de ses vaisseaux, le forcèrent de remettre l'affaire au lendemain. Elle s'engagea dès la pointe du jour, car les deux amiraux avaient employé toute la nuit à faire leurs dispositions de combat.

La bataille s'engagea à nombre égal de vaisseaux, onze contre onze. Les deux arrière-gardes restèrent inactives; non pas que celle des Français ne manifestât une vive intention d'en venir aux mains; mais elle provoqua vainement le flegme de l'arrière-garde britannique, qui s'obstina à se tenir à grande portée de canon. L'action dura près de six heures : les deux amiraux, Suffren sur le *Héros*, et sir Hughes sur le *Superbe*, échangèrent de vives et rudes bordées, et la journée eût indubitablement abouti à un résultat décisif en faveur des Français, si le bailli eût été également bien secondé par tous ses officiers, s'il eût pu inspirer à tous l'esprit dont il était animé, sa résolution, son coup d'œil rapide, son activité, si du moins tous les signaux eussent toujours été bien compris et strictement exécutés. D'ailleurs, une brise du large qui vint à s'élever rompit les deux lignes, et les jeta dans le plus grand désordre. Il fallut cesser de combattre pour se rallier de part et d'autre. Sir Hughes, dont l'habileté consistait principalement à ne pas s'entêter dans les luttes d'une issue douteuse pour lui, au lieu de ramener ses vaisseaux ralliés au combat, les poussa tout doucement au fond de la baie de Négapatnam. L'amiral français, resté en panne sur le champ de bataille, fut témoin de la fuite de ses adversaires, et se borna à lancer à leurs traînards quelques dédaigneux coups de canon, en guise de huées. Quand il les eut vu rentrés dans la rade, il se dirigea sur le port de Karikal, où il jeta l'ancre, à deux lieues seulement de l'escadre anglaise, dont il surveilla les mouvements pendant quelques jours. Elle resta dans l'inaction la plus complète, ce qui le détermina à retourner à Gondelour, pour y attendre une occasion meilleure de frapper un coup décisif.

Les Marins illustres. 11

Informé de son séjour à Gondelour, le sultan de Mysore, Haïder-Ali-Khan, fit près de cinquante lieues, avec une armée de quatre-vingt mille hommes, pour venir complimenter l'amiral français sur ses exploits et lui payer le tribut de son admiration.

Nous avons assez donné à entendre, un peu plus haut, que dans le combat donné en vue de Négapatnam, Suffren avait eu à se plaindre de plus d'un officier de son escadre; et ce qui le prouve, c'est qu'après le combat il se vit obligé de faire acte de sévérité envers trois de ces officiers. Il suspendit le capitaine du *Sévère*, nommé Cillart; deux autres capitaines reçurent l'ordre de remettre leurs commandements; l'un d'eux portait un nom célébre dans la marine française : il s'appelait de Forbin; c'était un petit-neveu de l'amiral qui fut le contemporain et l'émule des Jean Bart et des Dugay-Trouin. Il fallait des motifs bien graves pour que Suffren ne sentît pas sa sévérité fléchir devant un pareil nom !

Quant au capitaine du *Sévère*, voici ce qui était arrivé : dans un moment de faiblesse ou de lâcheté bien difficile à comprendre, et au milieu sans doute de la confusion dont nous avons parlé, cet officier avait baissé son pavillon devant l'ennemi. Rien ne pouvait justifier cette capitulation; c'était un acte de vertige : aussi, quand la nouvelle en fut parvenue dans les batteries du vaisseau, les officiers refusèrent-ils d'y croire. L'un d'eux, appelé Dieu, était accouru sur le pont, et, voyant en effet le *Sévère* sans pavillon, il s'était répandu en paroles de reproches et de colère contre le capitaine, sans que celui-ci parût s'en émouvoir. Alors ce brave officier, ne pouvant plus contenir son indignation, dit à Cillart : « Vous êtes le maître de votre pavillon comme de votre honneur, et libre à vous de vous vautrer dans la honte! Mais sachez que ni moi, ni mes camarades, ne sommes disposés à imiter votre lâcheté et à partager votre ignominie, et nous allons continuer le combat. » Ces paroles dites, l'intrépide Dieu était redescendu dans les batteries, et le feu avait recommencé de plus belle. D'habiles manœuvres avaient achevé de dégager le vaisseau français, et Cillart s'était enfin décidé à rehisser son pavillon. Mais on se souvint longtemps de sa déplorable défaillance, et l'on disait dans le corps de la marine, « qu'un jour le capitaine du *Sévère* avait voulu se rendre aux Anglais, mais que *Dieu* ne l'avait pas permis. »

Il n'est que trop vrai que le bailli de Suffren n'avait pas trouvé

dans l'état-major du comte d'Orves l'élite de la marine française ;
et il avait besoin de beaucoup de fermeté et d'énergie pour ramener sur ses vaisseaux le sentiment du devoir et de la discipline.
Peu de temps avant l'affaire du 6 juillet, plusieurs officiers avaient
témoigné une grande impatience de retourner dans l'Ile-de-
France, sous le prétexte de l'impossibilité de tenir plus longtemps
la mer, et de l'inutilité et des dangers inévitables d'un plus long
séjour à la côte. Ces observations avaient été suivies de sourdes
rumeurs et de récriminations à voix basse, mais amères, contre
le bailli, qu'on accusait de sacrifier la santé et la vie de ses équipages, aussi bien que le matériel de l'Etat, au désir de faire parler de lui et de satisfaire son ambition. Ces bruits étant parvenus
aux oreilles de Suffren, il en avait été aussi indigné que surpris.
« Quoi ! disait-il, nous retirer dans les circonstances où nous
sommes ! fuir devant une escadre anglaise que nous pouvons
combattre à forces égales ! abandonner cinq mille soldats français
qui combattent sur le continent indien à la merci de leurs ennemis ! Quels sont les lâches qui osent faire de pareilles propositions, et qui comprennent si mal l'honneur du pavillon ? Qu'ils
viennent, et ils apprendront mes résolutions ; elles sont conformes
aux instructions qui m'ont été données, et, tant que je vivrai, tant
qu'il me restera un vaisseau, je maintiendrai sur les mers l'honneur du pavillon français. Il n'y a pas de retour possible avant la
paix. » Les murmures et les récriminations s'arrêtèrent ; mais le
brave amiral avait compris qu'il devait redoubler de vigilance et
de sévérité : ainsi fit-il, et il tint le frein de la discipline d'autant
plus serré que celui de l'honneur semblait s'être relâché davantage parmi les hommes qu'il avait à commander.

Cependant Suffren avait appris que l'escadre anglaise s'était
éloignée de Trinquemale. Il sortit aussitôt de Gondelour pour
aller faire le siége de cette place. Les Anglais, pris à l'improviste,
le laissèrent pénétrer dans la rade ; il descendit à terre, fit élever
de nouvelles batteries et construisit des retranchements. La garnison du fort fit une sortie, mais elle fut reçue avec une telle
vigueur, qu'elle eut à peine le temps de se réfugier précipitamment dans ses casemates. Le neuvième jour du siége
(30 août 1782), les batteries françaises avaient ouvert la brèche
dans les flancs du fort principal ; sommé de se rendre, et n'espérant aucun secours, le capitaine anglais capitula. Le lendemain,
la garnison d'Ostembourg, fort voisin, en fit autant ; ce qui per-

mit aux Français d'arborer leur pavillon sur tous les points de la baie. Ainsi, le bailli de Suffren se trouvait maître d'un des plus beaux ports de l'Inde, et cette conquête importante le dédommageait bien du coup manqué sur Négapatnam.

Ce fut pendant qu'il était occupé à ce siége si rapide et si vigoureux qu'on lui apporta un message du grand maître de l'ordre de Malte, qui, en le félicitant de ses succès, lui annonçait sa promotion à la dignité de bailli.

Le 3 septembre 1782, trois jours après la prise de Trinquemale, on signala au large l'escadre de sir Edouard Hughes. « Nous avons le mouillage, s'écria Suffren, il nous faut maintenant la flotte ! » Et cela dit, il fait rembarquer ses troupes, retourne à bord du *Héros*, et se dispose à chauffer la lutte navale, comme il avait chauffé le siége. Mais sir Hughes n'était pas homme à se livrer ainsi : quand il eut reconnu que c'était le pavillon françois qui flottait sur les forts et dans la rade, il revira de bord et s'éloigna. Suffren, qui croyait voir lui échapper une proie certaine, fit appareiller à toutes voiles pour se mettre à sa poursuite. On était loin de partager son ardeur et sa confiance dans son état-major. Plusieurs de ses capitaines lui représentent qu'il serait peut-être prudent de ne pas courir après une aventure, et d'imiter en cela la conduite de son adversaire, vieil habitué de ces mers si difficiles à tenir, et qui n'avait jamais accepté une bataille qu'à son corps défendant. La possession de Trinquemale assurait à notre escadre un bon port pour l'hivernage et un rendez-vous commode pour les convois qu'on attendait ; que pouvait-on désirer de plus? Après avoir en quelque sorte présenté le combat aux Anglais en appareillant à leur vue, on pouvait se contenter de les avoir vus décliner ce défi et battre en retraite à l'aspect de nos vaisseaux. C'était une assez belle satisfaction donnée à l'amour-propre de l'amiral et à l'honneur du pavillon.

Ces considérations commençaient à ébranler Suffren, lorsque l'officier qui avait été chargé de reconnaître l'escadre ennemie vint lui apprendre qu'elle ne se composait que de douze vaisseaux. Suffren en avait quatorze à lui opposer. — « Messieurs, dit le brave amiral à ses officiers, si l'ennemi était en forces supérieures, je me retirerais ; contre des forces égales, j'aurais de la peine à prendre ce parti ; contre des forces inférieures, il n'y a pas à balancer, il faut combattre. » Et les ancres furent levées.

L'armée anglaise était déjà à sept lieues au large ; on ne put la

rejoindre que sur les deux heures après midi. Suffren avait donné
le signal d'arriver, mais, comme le mouvement ne s'exécutait pas
avec toute la promptitude désirable, il fit appuyer son signal par
des coups de canon. On crut alors, dans les batteries, que c'était
le commencement du combat, et les bordées partirent; les Anglais ripostèrent, et, dès ce moment, le combat devint général.
Cependant la ligne des Français n'était pas encore régulièrement
formée, et une bataille engagée dans ces conditions ne pouvait
être qu'une bataille perdue. Suffren, désespéré, mais toujours
maître de lui, multipliait les signaux à chaque division et pour
ainsi dire à chaque vaisseau; il était admirable d'activité et de
présence d'esprit : tous ses efforts, cependant, furent impuissants
à établir l'ordre stratégique dans la ligne française, tandis que
celle de l'ennemi, au contraire, était parfaitement formée, et
maintenait le désordre de notre escadre par un feu régulier et
bien nourri.

Trois vaisseaux seulement, faisant corps de bataille, soute-
naient tout le poids du combat. C'étaient le *Héros*, où flottait le
pavillon de l'amiral, et ses deux gardes de pavillon : l'*Illustre*,
capitaine Desbruyères, et l'*Ajax*, capitaine de Beaumont le Maître.
Rien n'était beau, rien n'était sublime comme l'attitude mâle et
vigoureuse de ces trois vaisseaux en face d'un ennemi prêt à les
écraser; ils multipliaient les foudres de leurs batteries, pour ne
pas laisser sans riposte un seul coup de leurs adversaires, doubles
en nombre, mais qu'ils tenaient en respect à force d'audace et
d'activité. Il était à craindre, cependant, qu'un mouvement de
l'avant-garde anglaise ne mît la petite division entre deux feux.
Ce danger fut prévu et conjuré par l'intrépidité du chevalier de
Saint-Félix, qui commandait l'*Artésien*. Cet officier, se portant
rapidement en travers de cette avant-garde, combattit à lui seul
les trois vaisseaux dont elle se composait. Il en maltraita deux
d'une telle sorte, qu'ils furent obligés de quitter la ligne, et tint
en respect le troisième. L'un des capitaines anglais avait été tué
sur son bord. Cette belle et vaillante action du capitaine Saint-
Félix sauva indubitablement le bailli de Suffren; elle épargna à
toute l'escadre une défaite qui paraissait inévitable. Le gros de
cette escadre, tombé en calme, pouvait à peine manœuvrer, et
paraissait condamné à demeurer spectateur immobile de la perte
de son amiral.

Pour comble de malheur, le feu prit à l'un de ses vaisseaux, le

Vengeur. La flamme, qui sortait par torrents de toutes les ouvertures, effraya les vaisseaux voisins, et ils forcèrent de voiles pour s'en éloigner : ce mouvement mit le comble au désarroi qui régnait déjà dans une partie de l'escadre.

Décidément cette journée était marquée pour Suffren au coin de la fatalité : désespéré de tous ces contre-temps, persuadé, d'ailleurs, que la plupart de ses capitaines l'avaient abandonné, l'intrépide amiral ne songeait plus qu'à s'ensevelir glorieusement dans sa défaite. « Presque toute la mâture de son vaisseau avait croulé, dit un de nos historiens maritimes ; il s'aperçoit, aux cris de joie de l'armée ennemie, que son pavillon de commandement est abattu. « Des pavillons ! s'écrie alors Suffren avec une sorte de délire ; des pavillons ! qu'on en mette partout ! que l'on en couvre mon vaisseau ! » Et à l'accent dont il donnait cet ordre, on voyait bien que de ces nobles étendards il voulait s'en faire un linceul ; car, l'œil étincelant de fureur, il courait sur la dunette s'offrir aux boulets ennemis. Mais sa rage héroïque fit son salut. Malheur à qui serrait de trop près le *Héros !* Le *Worcester* et la *Sultan* y perdirent tous deux leurs capitaines, Wood et Watbs, braves gens, mais qui n'étaient pas de taille à lutter contre le désespoir de Suffren. Le *Superbe*, vaisseau amiral anglais, que le *Héros* avisait entre tous, était criblé de boulets. Enfin, la longue résistance du grand homme laissa aux vaisseaux français le loisir de se rejoindre, puis la nuit qui vint fit cesser le combat (1). »

Le *Héros*, qui avait soutenu sans succomber cette gigantesque lutte, était jonché de corps sanglants et mutilés. Deux lieutenants, un enseigne et quatre-vingt-douze hommes d'équipage avaient été tués du côté des Français ; un capitaine, trois enseignes, six autres officiers et trois cent quatre-vingt-quatre hommes d'équipage avaient été blessés. On pense bien que les trois vaisseaux qui avaient subi pendant toute la durée du combat le feu incessant de l'ennemi ne pouvaient être que dans un état pitoyable. Malgré leurs nombreuses et profondes blessures, ils purent néanmoins rentrer dans le port de Trinquemale, tandis que l'*Orient*, qui n'avait pris aucune part au combat, soit fatalité, soit maladresse des hommes du bord, toucha pendant la nuit sur une roche à l'entrée de la baie et sombra ; on fut assez heureux, néanmoins, pour sauver l'équipage et les effets.

(1) Léon Guérin, *Hist. maritime de France*, deuxième partie, ch. xv.

Des pavillons! s'écria alors Suffren avec une sorte de délire. (Page 166.)

Il y aurait lieu peut-être de reprocher au bailli de Suffren son obstination à courir après cette malheureuse affaire du 3 septembre, contre l'avis de la plupart de ses officiers; l'opportunité du combat était sans doute contestable; mais Suffren avait les plus fortes raisons de se défier des conseils de son état-major; il n'y comptait qu'un petit nombre d'officiers susceptibles de résolutions et d'actions héroïques. D'ailleurs, l'occasion était si belle, qu'un général aussi brave, aussi résolu que le bailli, ne pouvait manquer de s'y laisser tenter; et l'on a vu qu'il avait fallu une suite fatale de contre-temps et de malentendus inexplicables pour lui donner tort. Plus d'habileté ou de bon vouloir de la part de tant de capitaines, qui l'avaient laissé se sacrifier à l'honneur du pavillon sans épuiser tous leurs efforts pour le seconder, et il eût peut-être dominé la fortune et inscrit une victoire de plus dans les fastes de notre marine. En voyant le bailli de Suffren si mal secondé dans la plupart des occasions où il eut à lutter contre son habile et prudent rival, on ne peut qu'admirer davantage les beaux résultats par lui obtenus dans sa mémorable campagne de l'Inde.

Tandis que sir Edouard Hughes était obligé de se retirer vers Madras, en faisant remorquer son vaisseau le *Superbe*, criblé des blessures que lui avait faites le *Heros*, Suffren se hâtait de réparer ses avaries dans la baie de Trinquemale. Grâce à son activité, il lui avait fallu moins de quinze jours pour être en état de reprendre la mer, et il arrivait assez tôt dans la baie de Gondelour pour protéger ce port important contre une surprise qu'avait méditée l'amiral anglais. Puis, le temps de l'hivernage étant venu, et ne trouvant pas les mouillage assez sûrs, pour cette saison, sur la côte de Coromandel, il alla se mettre à l'abri dans la baie d'Achem, à la pointe septentrionale de l'île de Sumatra. Les Anglais, de leur côté, se retirèrent à Bombay.

Dès que le temps le permit, Suffren reprit la mer; et, croisant le long des côtes d'Orixa et de Coromandel, il enleva aux Anglais une de leurs frégates et un convoi de plusieurs bâtiments de transport ou de commerce. La côte orientale de la Péninsule indoustanique était, pour ainsi dire, tenue en état de blocus par l'escadre française, toute faible qu'elle était, de l'embouchure du Gange à la baie de Madras, sans que l'amiral anglais osât sortir de son mouillage pour s'y opposer. Après avoir ainsi établi la suprématie de son pavillon dans ces parages, Suffren vint de nouveau jeter l'ancre dans la baie de Trinquemale, dont il avait résolu de faire le centre et le point d'appui de ses opérations pour la campagne qui allait s'ouvrir. Il y fut bientôt rejoint par le marquis de Bussi, qui lui amenait de l'Ile-de-France trois vaisseaux de ligne, une frégate et trente-deux transports, sur lesquels étaient deux mille cinq cents hommes de troupes de débarquement et des munitions de guerre en abondance.

Sir Edouard Hughes, qui venait de recevoir aussi des renforts considérables, dont il avait d'ailleurs grand besoin, se hâta d'en profiter pour aller établir, avec dix-huit vaisseaux de ligne, le blocus maritime de la place de Gondelour, en même temps qu'elle était investie par une armée de terre. Les Français qui formaient la garnison de cette place, abandonnés à eux-mêmes, allaient être forcés de capituler, lorsque des bâtiments portant le pavillon de France apparurent à l'horizon. C'était Suffren, qui, à la tête d'une escadre composée de quinze vaisseaux seulement, accourait pour rompre le blocus. A la vue de ces vaisseaux français qui s'avançaient dans le plus bel ordre, sir Edouard Hughes fit lever l'ancre, forma à son tour sa ligne de bataille, et se porta au large pour éviter de combattre sous le vent de son adversaire. C'était une faute, néanmoins, dont Suffren se hâta de profiter, pour s'approcher de terre et communiquer avec Bussi, qui avait pris le commandement de la place, et qui renforça les équipages de l'escadre de douze cents Européens et cipayes (1). Muni de ce renfort, l'amiral ne songea plus qu'à faire naître et à saisir l'occasion d'engager avantageusement le combat avec son habile adversaire.

Pendant deux jours et demi les deux escadres ne cessèrent de s'observer et de manœuvrer : les Anglais, pour gagner le vent, les Français, pour le conserver. C'était une magnifique partie, jouée sur l'échiquier maritime par deux joueurs de première force. Las enfin de perdre le temps à cette stratégie savante, mais sans résultat, ce fut Suffren qui arbora le premier le signal du combat et qui fit tirer les premiers coups. Cette fois, il avait été obligé de laisser à un autre le commandement du *Héros*, ce glorieux théâtre de ses exploits depuis plus de deux ans, pour se conformer à une ordonnance récente qui prescrivait au commandant en chef d'une escadre de se tenir à bord d'une frégate pendant le combat. L'affaire s'engagea le 20 juin 1783, sur les six heures du soir, et ce ne fut, à proprement parler, qu'une vive canonnade qui se prolongea pendant près de trois heures. Les Anglais, malgré la supériorité de leur nombre, furent les premiers à faire taire leurs batteries ; ils se retirèrent à la faveur de la nuit. Pour la quatrième fois, le bailli de Suffren restait maître du champ de bataille, et, cette fois, le succès était aussi décisif que complet ; le blocus de Gondelour avait été définitivement levé du côté de la mer.

L'escadre victorieuse se mit en panne pour attendre le retour du jour ; mais laissons ici parler un historien auquel nous avons déjà fait plus d'un emprunt pour cette esquisse : « La joie des assiégés fut extrême, dit M. Léon Guérin, lorsqu'avec les premiers rayons du soleil ils virent leur pavillon national qui flottait dans la rade à la place du pavillon d'Angleterre. Ils accouraient et se pressaient sur le rivage pour saluer, pour remercier, par des cris d'allégresse, l'immortel Suffren. Bussi lui-même, entouré de son état-major, attendait le vaillant marin sur la plage. « Le voilà,

(1) Les *Cipayes* (prononcez *Cipaïs*) sont des soldats indigènes au service des Européens.

» dit-il, dès qu'il l'aperçut, voilà notre sauveur ! » A ces mots, les cris de joie redoublent, et, d'échos en échos, ils vont jeter le trouble dans le camp ennemi. Le bailli de Suffren, qui seul paraît étonné de son triomphe, se voit enlevé dans un magnifique palanquin, et c'est ainsi qu'il entre dans Gondelour, porté par les soldats français, qui ont forcé les noirs à leur céder cet honneur. »

Peu de jours après, on reçut dans ces parages éloignés la nouvelle officielle que les préliminaires de la paix avaient été signés à Versailles depuis plus de quatre mois. A ce message était joint l'ordre de cesser immédiatement toute hostilité sur la mer et sur le continent indiens. Des ordres identiques arrivaient en même temps à l'escadre anglaise. Il ne restait plus à l'intrépide et habile amiral, qui avait si vaillamment relevé l'éclat de notre pavillon dans ces contrées, qu'à retourner en France, pour y jouir de sa gloire et y recevoir la récompense de ses services.

A son retour, Suffren relâcha au cap de Bonne-Espérance ; ému au spectacle de la détresse dans laquelle il trouva la colonie hollandaise, il fit verser dans sa caisse cent trente mille livres, provenant de la vente de prises qu'il avait faites sur les Anglais dans le cours de son expédition.

Rentré en France, à la fin de mars 1784, après une absence de trois années, il y fut comblé d'honneurs. On frappa à son effigie une médaille où sa longue et glorieuse expédition était résumée en ces quelques mots :

> Le Cap protégé. — Trinquemale pris.
> Gondelour délivré. — L'Inde défendue.
> Six combats glorieux.

Louis XVI, qui honorait la valeur et qui attachait un grand prix à la gloire maritime, reçut le vainqueur de Trinquemale et de Gondelour avec beaucoup de distinction. Il le nomma chevalier de ses ordres, lui accorda les grandes entrées à Versailles, et créa tout exprès pour lui une cinquième charge de vice-amiral de France.

La Hollande devait quelque reconnaissance à l'amiral français : elle s'en acquitta noblement et dignement. Les états-généraux décernèrent à Suffren une médaille commémorative des services qu'il leur avait rendus au Cap et dans la mer des Indes, et décrétèrent que son buste en marbre serait placé dans la salle de leurs délibérations, à côté de ceux de Ruyter et de Tromp. Enfin, ils lui firent remettre, par l'ambassadeur des Provinces-Unies à la cour de France, une épée d'honneur enrichie de diamants.

On peut dire que nul nom ne fut, à cette époque, plus populaire que celui du bailli de Suffren. « Il devint, dit le brillant auteur de l'*Histoire maritime de France*, l'idole de la foule, et il ne pouvait paraître en public, que l'admiration excitée par le souvenir de ses exploits ne s'élevât jusqu'à l'enthousiasme. »

Suffren mourut en 1788, âgé de soixante-deux ans.

TOURVILLE (Anne-Hilarion de Cotentin, comte de), maréchal de France et vice-amiral; né en 1642, mort en 1701.

Normand comme Duquesne, dont il fut le compagnon d'armes et le meilleur élève, le comte de Tourville, après la mort de ce grand homme de mer, se vit décerner, d'une voix à peu près unanime, le sceptre du commandement maritime. A une intrépidité rare, il joignait un admirable sang-froid. Il avait été de toutes les grandes luttes entre Duquesne et Ruyter, et nul n'avait mieux profité que lui aux leçons d'une pareille école. Après avoir été dans sa jeunesse un officier plein de fougue et de témérité à l'attaque, il était devenu dans son âge mûr un tacticien aussi habile que prudent; trop prudent même, au dire de quelques critiques, qui lui reprochaient de n'être pas aussi brave de tête que de cœur, et de ne pas toujours tirer tout le parti possible d'une victoire, par la crainte exagérée d'en compromettre le résultat.

Tourville, bel enfant blond, aux yeux bleus, au teint de lis et de rose, comme on disait dans le style fleuri de son temps, était né d'une complexion frêle et délicate, qui semblait tout-à-fait incompatible avec les rudes exercices de la marine. Ce fut pourtant sa première vocation, et son désir bien prononcé sur ce point détermina son père, premier gentilhomme de la chambre de Louis XIII, et premier chambellan du prince de Condé, à le faire entrer, dès l'âge de quatorze ans, dans l'ordre de Malte. On attendit, cependant, qu'il eût atteint sa dix-huitième année avant de le lancer dans la carrière, sous les auspices d'un brave capitaine, chevalier de Malte aussi, qui s'était acquis une grande renommée à faire la chasse aux Barbaresques sur la Méditerranée. Ce fut en 1661 que le jeune Tourville rejoignit à Marseille son capitaine, porteur d'une lettre de recommandation du duc de Larochefoucauld. En voyant ce beau jeune homme, ou plutôt cette demoiselle, au maintien doux et timide, d'Hocquincourt fut à la fois saisi de surprise et d'une sorte de compassion ; il ne pouvait s'imaginer qu'il y eût l'étoffe d'un marin dans cette nature en apparence si faible et si féminine. Il avait grande envie de le renvoyer immédiatement à sa mère : « Que ferons-nous, répondit-il au noble protecteur de cet Adonis, que ferons-nous, sur des vaisseaux armés en course, de ce jeune homme, qui me paraît plus propre à servir les dames de la cour qu'à supporter les fatigues de la mer ? »

Tourville s'embarqua néanmoins sur la frégate du brave d'Hocquincourt, qui le conduisit à Malte. Depuis son arrivée à Marseille, il s'était attaché à prendre des plus anciens matelots des leçons de manœuvre et de tout ce qui se rattachait à la science nautique, et ses maîtres avaient été émerveillés de son ardeur à s'instruire et de sa promptitude à profiter de leurs leçons. A Malte, il continua son apprentissage, et se fit remarquer par la sagesse de sa conduite et son application à tous les exercices du rude métier auquel il se destinait. D'Hocquincourt commença à revenir sur son premier jugement ; mais il allait bientôt reconnaître combien son pronostic sur la vocation de l'élève qu'on lui avait confié avait été téméraire. Il était sorti sur sa frégate, qui portait trente-six canons, accompagné d'une autre frégate moins forte, commandée par le capitaine Cruvillier. Le jeune Tourville était à son bord. On rencontre deux vaisseaux algériens d'un plus fort tonnage, et qui, se prévalant de leur supériorité apparente, engagent immédiatement le combat en lâchant leurs bordées aux Français. La réponse de d'Hocquincourt fut telle, qu'ils ne virent d'autre ressource que de se précipiter à l'abordage. Ils arrivèrent tête baissée, et sautèrent comme des chacals furieux, lançant d'horribles cris, sur le pont de la frégate chrétienne. Le moment était venu pour le novice Tourville de faire son coup d'essai ; ce fut un vrai coup de maître. « Maniant son sabre avec adresse, à défaut de force, dit un historien, il abattit à lui seul autant d'ennemis que presque tout le reste de l'équipage ensemble. » De ceux qui avaient sauté sur le vaisseau, pas un seul n'échappa : ils furent tués ou jetés à la mer ; et cet Adonis avait éclipsé jusqu'à son capitaine lui-même. La généreuse nature du héros s'était tout-à-coup manifestée en face du danger. Son sang avait abon-

Louis XIV fit l'accueil le plus honorable à Tourville. (Page 174.)

damment coulé par plus d'une blessure; mais il avait reçu avec
bonheur et sans sourciller ce premier baptême de gloire.

Cependant cette affaire n'était qu'un prélude. Deux bâtiments
tripolitains étant survenus, le combat recommence avec une
ardeur nouvelle : après un feu terrible, d'Hocquincourt commande
l'abordage de l'un des vaisseaux tripolitains. Tourville a sauté le
premier sur le bord ennemi, entraînant à sa suite les plus intrépides : son courage décuplant sa force, il culbute tout ce qui veut
lui opposer une résistance, et contraint les Turcs à mettre bas les
armes. D'Hocquincourt, honteux de n'avoir pas deviné tout d'a-
bord ce jeune lion, l'embrasse ruisselant de sueur et de sang, et
le nomme lieutenant du vaisseau qu'il vient de prendre si valeu-
reusement.

A quelques jours de là, monté sur sa prise, Tourville s'empare
d'un vaisseau tunisien plus beau, plus fort que celui qu'il commandait, et il en est nommé capitaine.

Nous devons renoncer à raconter toutes les autres prouesses
qui suivirent ces brillants débuts et signalèrent les courses nom-

breuses de ce jeune marin dans la Méditerranée, dans l'Archipel et dans la mer Adriatique, sous les ordres du duc de Beaufort, ce singulier héros de la Fronde, et toujours en compagnie du brave chevalier d'Hocquincourt. Il était à Venise, en 1666, lorsque, cédant aux instantes prières de sa mère, il se décida à rentrer en France. Quand il vint prendre congé du doge, il en reçut un bref ou diplôme, dans lequel il était qualifié de *protecteur du commerce maritime, et d'invincible*. Cet acte se terminait ainsi : « Et pour marque de notre estime, nous souhaitons à ce valeureux chevalier honneur et gloire dans tous les lieux où il portera ses armes. » Ce diplôme était accompagné d'une médaille avec une chaîne en or, dont il lui avait été fait présent au nom de la république.

A son retour en France, Tourville, le jeune et brillant officier, déjà vieux de cinq années de combats en mer et de nombreuses cicatrices, fut présenté à Louis XIV, qui lui fit l'accueil le plus honorable, et le nomma, quelques jours après, capitaine de vaisseau dans la marine royale. Ce fut en cette qualité qu'il fit partie, en 1669, de l'expédition conduite par les ducs de Beaufort et de Navailles, au secours de l'île de Candie assiégée par les Turcs; expédition où périt le duc de Beaufort, et qui n'eut d'autre résultat que de retarder de trois mois la capitulation de l'île.

Dans la guerre de Hollande, en 1672, il tint honorablement son rang dans la flotte française, commandée par le duc Jean d'Estrées. Il faisait partie de l'escadre de Duquesne, et se couvrit de gloire à côté de cet illustre amiral, à l'affaire du 7 juin 1672, dans la baie de Solebay (*voyez* Duquesne). Il ne se comporta pas avec moins de bravoure et d'éclat dans la campagne suivante; aussi fut-il signalé dans les rapports du chef de la flotte française, pendant ces deux expéditions, comme un des meilleurs officiers de la marine royale.

Il ne se démentit point dans la guerre de Messine contre les Espagnols, où il tint successivement la mer sous le chevalier de Valbelle (1674-1675), sous Duquesne et le duc de Vivonne (1675-1676).

Une frégate française étant tombée seule au milieu de dix galères espagnoles, avait été prise et conduite dans le port de Reggio. Tourville, ne voulant pas que ce trophée restât à l'ennemi, conçut le hardi dessein d'aller l'incendier sous le canon même de la place; ce qu'il exécuta en plein jour avec un succès complet. Il fut assisté dans cette audacieuse entreprise par le capitaine de Léri, et par le capitaine de brûlot Serpaut ; ce dernier alla intrépidement mettre le feu à la prise des Espagnols, tandis que Tourville et Léri, embossés devant le port, tenaient en respect l'artillerie des forts.

A peu de temps de là, Vivonne étant allé faire le siège de la ville d'Agosta, sur la côte orientale de Sicile, à quelques lieues de Syracuse, Tourville obtint l'honneur d'entrer le premier dans le port à la tête de l'armée, et ce fut particulièrement à sa connaissance du lieu, à son courage et à la manière dont il fit jouer son artillerie, que l'on dut la prompte capitulation de la place (1).

A la bataille navale de Stromboli (8 janvier 1676), où Duquesne força Ruyter de lui abandonner le champ du combat, Tourville, monté sur le *Sceptre*, avait l'honneur de servir de matelot au vaisseau amiral ; c'est dire assez qu'il eut une grande part aux périls comme à la gloire de cette grande journée.

Il occupait le même poste d'honneur et de danger lors du combat plus mémorable encore du Mont-Gibel (22 avril 1676), qui fut la seconde et dernière rencontre entre ces deux terribles athlètes, qui avaient noms Duquesne et Ruyter. Peut-être le coup qui abattit le héros hollandais et assura la victoire à son rival était-il parti du vaisseau que commandait Tourville.

Un mois après la mort du grand Ruyter, Vivonne prit la résolution d'aller en personne détruire dans le port de Palerme ce qui restait de la flotte hollandaise, veuve de son glorieux amiral. Arrivé en vue de cette ville, le 31 mai, Vivonne envoya le lendemain quatre de ses plus habiles officiers, entre autres le capitaine de Tourville, pour reconnaître les dispositions des flottes combinées d'Espagne et de Hollande, qui s'étaient rangées derrière le môle qui protége le grand port de Palerme contre les vents du large. D'après les rapports que lui firent ces quatre officiers, qui avaient heureusement accompli leur périlleuse mission, Vivonne assembla son conseil. « Tourville, dit M. Léon Guérin, s'y fit remarquer par la spontanéité de son génie militaire, la vaillance de ses conceptions, comme il devait se faire admirer un jour, à la tête des armées navales, par la prompte étendue de son coup d'œil et le rapide ensemble de ses attaques. Son avis prévalut dans le conseil. Ce n'était pas peu de chose, là où se trouvait le grand

____

(1) Léon Guérin, *Hist. maritime de France*, première partie, chap. xxi.

Duquesne, dont la prudente vieillesse n'aimait à rien confier à la fortune, et n'attendait la victoire que d'un courage solidement appuyé sur les plus exacts et les plus minutieux calculs. »

Ce qui résulta du plan proposé par Tourville, approuvé par Duquesne et adopté par Vivonne, ce fut la destruction à peu près totale de la flotte batave-espagnole réunie dans les eaux de Palerme.

A son retour en France (1677), notre glorieux capitaine reçut la cornette de chef d'escadre. La paix de Nimègue, conclue en 1678, lui procura quelques années de loisir, qu'il consacra utilement aux branches administratives de la marine. Il avait l'honneur de siéger avec Duquesne et Vauban dans un conseil de construction navale formé par Colbert, et qui se réunissait régulièrement à Versailles sous la présidence du ministre. Il en fut un des membres les plus actifs et les plus influents. Colbert le chargea de diriger à Versailles même, sous les yeux du roi et sous les siens, l'exécution d'une frégate dont lui, Tourville, avait proposé le modèle. Elle était d'un dessin qui raffinait sur la fabrique anglaise ; sa mâture et son assiette étaient supérieurs, et l'on admirait comme elle serait légère, quoique chargée de beaucoup d'artillerie ; elle n'avait que dix mètres (trente pieds) de quille, et cependant elle était percée pour soixante pièces de canon. Cette frégate devait servir de modèle pour celles que l'on construirait à l'avenir (1).

Ce fut dans le même temps que Tourville, qui avait un grand talent de démonstration, fut chargé de donner à la cour de France le spectacle d'un combat naval et d'expliquer au roi la théorie, éclairée par la pratique, de l'art où il était passé maître. « Le roi, la reine, la famille royale et tout ce que la cour avait de plus distingué, dit le biographe Richer, se rendirent dans un port de mer. Tourville, monté sur un vaisseau, leur exposa d'abord toutes les manœuvres, et fit faire aux soldats l'exercice des armes. Ensuite, représentant un combat naval, il montra la manière de monter à l'abordage. Le lendemain, deux frégates se livrèrent un combat simulé, pendant une heure, en se canonnant, et en se prenant tour à tour le vent l'une sur l'autre. Le roi observait avec le plus vif intérêt toutes les opéra-ons que Tourville lui expliquait. Ce fut peu de temps après cette fête guerrière (1681) qu'il fut élevé au grade de lieutenant général des armées navales. »

(1) Léon Guérin, ouvrage cité.

Duquesne n'avait plus sur lui que le rang d'ancienneté. Tourville concourut à ses deux expéditions de 1682 et 1683, contre les pirates d'Alger, et ne contribua pas médiocrement au double bombardement de ce repaire d'indomptables forbans. Ce fut lui qui, après la seconde expédition, ayant été laissé en croisière sur la rade d'Alger, fut chargé d'intimer au successeur des deux Barberousse les conditions de Louis XIV.

Il fut aussi de l'expédition contre Gênes, en 1684; de celle du vice-amiral Jean d'Estrées contre Tripoli, en 1685; il dirigea l'attaque du port de cette ville, et la formidable manœuvre des galères à bombes. Là, comme toujours, il donna occasion d'admirer sa hardiesse, son courage et son habileté.

Louis XIV qui, par le traité de Nimègue, avait fait renoncer l'Angleterre à exiger de ses vaisseaux le salut au pavillon britannique, s'arrogeait pour lui-même le droit au salut de la part des nations secondaires, et notamment des Espagnols; ce qui donnait lieu à d'incessants conflits entre nos vaisseaux et ceux de cette nation. En l'année 1688, Tourville, étant accompagné de Victor-Marie d'Estrées, fils du vice-amiral du Ponant, et de Château-Regnaud, chef d'escadre, rencontre par le travers d'Alicante le vice-amiral espagnol Papachim, qui revenait de Naples avec deux vaisseaux de première force, montés d'un nombreux équipage. Les Français avaient un vaisseau de plus, mais ils étaient plus faibles en canons et en hommes. Ils députent vers l'amiral une tartane pour lui demander le salut. Papachim, en bon Castillan, refuse avec fierté. Aussitôt Tourville et Château-Regnaud arrivent sur son vaisseau, lui lâchent leurs bordées et le démâtent, pendant que Victor-Marie d'Estrées aborde l'autre bâtiment et s'en rend maître. Tourville, à son tour, est monté à l'abordage du vaisseau de Papachim et le fait capituler. « Je ne veux qu'une chose, dit l'amiral français, c'est que vous saluiez le pavillon du roi mon maître; » et l'amiral espagnol se vit forcé de donner une salve de neuf coups de canon, de chacun de ses vaisseaux, au pavillon blanc fleurdelisé. Après quoi il lui fut permis d'aller dévorer son dépit et réparer ses avaries dans tel port d'Espagne qu'il lui conviendrait de choisir.

Duquesne était mort sans avoir pu obtenir la dignité de vice-amiral que nul n'avait mieux méritée que lui; tous les regards se fixèrent sur Tourville, son meilleur élève, et le plus digne, après lui, de commander en chef les flottes de la marine royale, alors si florissante. Ce brave officier général quitta alors l'ordre de Malte, auquel il n'avait jamais été engagé par un vœu solennel et définitif. En 1689, déjà frisant de près la cinquantaine, il prit le titre de comte et se maria. « Je souhaite, lui dit Louis XIV, en signant son contrat de mariage, que vous ayez des enfants qui vous ressemblent, et qui soient, autant que vous, utiles à l'État. »

Jacques II, détrôné par son gendre, Guillaume d'Orange, était venu se réfugier à la cour du grand roi. Louis XIV ne se borna point à lui donner une splendide hospitalité, il se fit le champion de sa cause et entreprit de le rétablir sur le trône, en dépit du parlement, de l'armée et du peuple d'Angleterre, qui avaient fait la révolution de 1688, et qui entendaient la maintenir. Louis XIV déclara donc la guerre au nouveau roi, qui n'était à ses yeux qu'un usurpateur, par un acte officiel du 23 juin 1689. Tourville arma à cette époque, à Toulon, une flotte de vingt vaisseaux, quatre frégates, huit brûlots et quelques bâtiments de charge, avec ordre de la conduire dans l'Océan, pour se joindre à Château-Regnaud, qui armait de son côté à Brest. Ces flottes devaient s'opposer à celles d'Angleterre et de Hollande qui venaient de se réunir. La tâche imposée à Tourville était hérissée de difficultés ; il fallait passer le détroit de Gibraltar et côtoyer toute l'Espagne, dont on risquait à chaque instant de rencontrer les vaisseaux, puis déjouer le plan formé par les flottes combinées pour empêcher la jonction des Français. « Tourville, qui, selon la remarque d'un historien maritime, n'était plus dès longtemps le bouillant capitaine si prompt à l'abordage et aux coups de main presque téméraires, mais qui avait acquis toutes les prudentes qualités, toutes les ruses, toute l'expérience d'un général consommé, profita si habilement de la faveur du vent, qu'il surmonta tous les obstacles, passa à travers les flottes d'Angleterre et de Hollande, et joignit celle de Brest sans coup férir, au grand étonnement des ennemis, encore occupés à le chercher (1). » Il prit le commandement général de l'armée navale, qui lui revenait de droit, comme étant le plus ancien de grade. La flotte se mit en mer, ayant le ministre Seignelay à son bord, pour se porter à la rencontre des flottes alliées. Malgré le désir qu'éprouvait le ministre d'assister à une grande bataille, les anglo-bataves ayant jugé prudent de rentrer dans leurs ports, il fut impossible de les

(1) Léon Guérin, *Hist. maritime de France*, deuxième partie, ch. IV.

joindre ; il fallut se contenter de la terreur qu'on leur avait inspirée, rentrer aussi en rade et désarmer jusqu'à la campagne prochaine. — Tourville accompagna Seignelay à Versailles, et fut nommé, le 1er novembre de cette même année, vice-amiral du Levant, en remplacement du fils du duc de Vivonne, qui venait de mourir, après n'avoir joui que quelques mois de la survivance de son père.

Le 23 juin 1690, Tourville sortit de Brest, à la tête d'une flotte de soixante-dix vaisseaux de ligne, de quinze galères, de dix-huit brûlots et de cinq frégates légères. Château-Regnaud commandait la division d'avant-garde. Victor-Marie d'Estrées, qui avait succédé à son père dans la charge de vice-amiral du Ponant, était à l'arrière-garde. Tout ce que la marine royale comptait alors d'officiers les plus renommés était à la tête des escadres et des vaisseaux : c'étaient les lieutenants généraux d'Amfreville et Gabaret ; les chefs d'escadre de Relingue, de Coëtlogon, de Villette, de Nesmond, de Flacourt, de Pannetier et de la Porte ; des capitaines comme de Pointis, la Galissonnière, un Château-Morand, un Belle-Isle-Erard, un d'Aligre. Jean Bart y était aussi sur son *Alcyon*, de quarante canons, et le chevalier de Forbin sur le *Fidèle*, de cinquante-six. Jamais flotte plus redoutable et plus illustrement commandée n'avait promené le pavillon de la France sur l'Océan.

Plein de confiance dans sa force et dans sa bonne étoile, Tourville se porta à la rencontre de la flotte ennemie, jusqu'au-delà du Pas-de-Calais, bien qu'il eût contre lui le vent et la marée. Les deux armées se trouvèrent en présence le 9 juillet, à la hauteur de *Beachy-Head*, que nos historiens appellent *Bevexiers*, sur la côte d'Angleterre, à la vue de l'île de Wight. La flotte ennemie était sous le commandement général de l'amiral anglais Herbert, qui venait d'être promu à la pairie sous le titre de comte de Torrington. L'avant-garde, toute composée de vaisseaux hollandais, était conduite par Evertzen, qui passait pour le plus brave et le plus habile officier de mer de cette nation, depuis qu'elle avait perdu Ruyter. Torrington, par déférence sans doute pour la marine batave, avait laissé à un autre amiral hollandais, Vander-Putten, le commandement du corps de bataille, et s'était réservé l'arrière-garde. Les deux flottes combinées présentaient un effectif de cinquante-neuf vaisseaux de ligne, et de cinquante-trois bâtiments inférieurs, en tout cent douze voiles.

Les deux flottes se rangèrent en deux lignes parallèles l'une à l'autre, et passèrent toute la journée du 9 à manœuvrer dans le but de se gagner le vent, que les ennemis parvinrent à conserver toujours à leur avantage. Fatigué de ces évolutions de parade, Tourville prit son parti, et fit connaître dans la nuit à ses vice-amiraux qu'il était résolu d'engager le combat à quelque prix que ce fût, même au vent des ennemis. Le soleil du lendemain trouva à son lever la flotte française en disposition de combat, et au signal donné par le vaisseau amiral, la lutte s'engagea.

« Le brave Evertzen, dit le baron de Sainte-Croix, s'abandonnant trop, força de voiles, et dépassa l'avant-garde des Français. Il se jeta au milieu d'eux, laissant un vide entre son escadre et le reste de l'armée de Herbert. Tourville profita de cette imprudence, et coupa cette avant-garde d'avec le corps de bataille. Une partie de ses vaisseaux fit tête aux Anglais, et l'autre aux Hollandais ; tandis que Château-Regnaud, avec sa division que ces derniers avaient passée, se replia sur eux pour les investir. Un calme qui survint, et la longue bordée que cet officier général fut obligé de courir, ne lui permirent pas d'arriver assez tôt pour détruire entièrement l'escadre d'Evertzen, qui fit une grande faute, celle de ne pas prolonger assez sa ligne. Elle était déjà exposée au feu du corps de bataille que conduisait Tourville en personne. Ce général l'attaqua à la demi-portée du canon avec tant de vivacité, qu'elle fut presque toute *désemparée* (1) et eut plusieurs bâtiments entièrement démâtés. Elle dut plus son salut au calme et au *jusant* (2), qu'aux efforts d'Herbert pour la dégager. Ce dernier n'arriva qu'avec lenteur, ne soutint pas longtemps le feu de l'ennemi, et s'en tint éloigné avec toute son escadre. Celle que commandait Edouard Russel s'attacha aux plus faibles navires de l'arrière-garde française et en fit d'abord plier quelques-uns. Le chevalier de Rosmadec combattit avec le sien contre cinq vaisseaux anglais dont il soutint avec valeur tout le choc. Les autres capitaines de cette escadre, animés par l'exemple du comte d'Estrées, leur chef, repoussèrent vivement les ennemis et les forcèrent bientôt à tenir le vent. Toute leur flotte fut tellement maltraitée qu'on les vit mettre à la mer leurs chaloupes pour se

(1) On dit qu'un vaisseau est *désemparé*, lorsque, dans le combat, on a détruit ou mis en désordre son gréement, c'est-à-dire tout ce qui lui est nécessaire pour qu'il puisse mettre sous voiles, comme manœuvres (cordages), poulies à voiles.

(2) *Jusant*, reflux ou marée descendante.

remorquer. L'action avait duré huit heures, et les Français commençaient déjà à manquer de munitions.

» Dans sa retraite, Herbert se comporta en marin expérimenté, et ce fut à son habileté que les alliés durent leur salut. Après avoir demeuré quelque temps à une certaine distance de la flotte française, en assez bon ordre et avec toutes ses voiles ferlées, il s'aperçut qu'elle dérivait par la force des courants. Aussitôt il laissa tomber ses ancres, dans l'espérance de séparer les deux armées, si celle des ennemis n'imitait pas cette manœuvre. Tourville mouilla d'abord à la demi-portée de canon de quelques vaisseaux hollandais; mais sur les dix heures, il leva l'ancre pour les poursuivre. Se trouvant chassé par la marée, il fut entraîné, pendant la nuit, loin de l'armée ennemie et d'une partie de la sienne. Cette faute, que ses officiers même lui reprochèrent, laissa aux flottes alliées le temps d'échapper à une destruction totale (1). »

Le jour du combat, douze vaisseaux de la flotte ennemie furent rasés comme des pontons, fait rare et dont Tourville se montrait d'autant plus fier qu'il avait combattu ayant le vent contre lui. Les Français ne prirent qu'un seul vaisseau hollandais de troisième rang, et ce fut M. de Nesmond qui eut les honneurs de cette capture. Dans la nuit, deux vaisseaux de la même nation, dont l'un était celui du vice-amiral, sautèrent en l'air ; douze autres vaisseaux, tant anglais que hollandais, furent ensuite brûlés par l'ennemi lui-même, après qu'il les eut fait échouer sur la côte. La perte en hommes fut considérable et double de celle des Français, qui ne perdirent aucun vaisseau, mais qui en eurent un grand nombre de désemparés. Ces avaries, conséquences inévitables d'un combat en mer, la contrariété du vent et des marées, la fatigue de ses équipages ne permirent pas à Tourville de pousser jusqu'au bout les conséquences de sa victoire. Il poursuivit cependant les deux flottes alliées jusqu'à l'entrée de la Tamise, et les aurait attaquées sous les murs mêmes de Londres, où le retour de Herbert avait jeté la consternation et la terreur, s'il n'eût pas manqué de pilotes qui connussent l'entrée de la rivière, et dont il pouvait d'autant moins se passer, que les Anglais avaient fait enlever toutes les bouées de leurs côtes. C'est cette hésitation, si naturelle et si sage d'ailleurs, que lui reprochait amèrement

____

(1) *Hist. de la puissance navale de l'Angleterre*, liv. IV.

Seignelay, ministre hardi dans ses desseins, impétueux dans ses désirs, qui avait assigné pour but à cette campagne la ruine complète de l'Angleterre par l'incendie de ses ports et par la destruction de sa marine.

Tourville, cependant, pour donner un commencement de satisfaction au bouillant Seignelay, opéra une descente à Tingmouth, au fond de la baie de ce nom, sur la côte du Northumberland. Dix-huit cents hommes, commandés par le comte d'Estrées, forcèrent les retranchements de l'ennemi et le mirent en fuite. Les Français s'emparèrent de trois frégates et de neuf riches bâtiments marchands, qui se trouvaient dans le port, et y mirent le feu, après en avoir enlevé l'artillerie et les marchandises.

Tandis que le roi Guillaume faisait traduire son amiral devant une cour martiale et cassait les officiers de sa flotte, Louis XIV faisait frapper une médaille pour consacrer la victoire de son armée navale et inaugurer sa conquête de l'empire maritime sur ses rivaux de la Tamise et de l'Amstel (1). « En effet, dit Voltaire, ce que Louis XIV souhaitait depuis vingt années, et ce qui avait paru si peu vraisemblable, arriva. Il eut l'empire de la mer, empire qui fut, à la vérité, de peu de durée. Les vaisseaux de guerre ennemis se cachaient devant ses flottes... Les armateurs de Saint-Malo et du nouveau port de Dunkerque s'enrichissaient, eux et l'État, de prises considérables. Enfin, pendant près de deux années, on ne connaissait plus sur les mers que les vaisseaux français (2). » Tel fut le résultat de la journée de Béveziers, malgré les quelques fautes qu'avec plus de sévérité sans doute que de justice on a reprochées au vainqueur.

Quant aux affaires de Jacques II, qui avaient été l'occasion ou le prétexte de cette guerre maritime, elles en profitèrent peu; car le lendemain même de la victoire de Béveziers, ce roi perdait en Irlande la bataille de la Boyne, malgré le courage des Français auxiliaires que commandait Lauzun. Le brave d'Hocquincourt, ce compagnon des premiers exploits maritimes de Tourville, d'Hocquincourt, qui avait quitté son vaisseau pour un régiment de cavalerie, y périt, en faisant de vains efforts pour retenir les bataillons irlandais emportés par une honteuse panique. Nous devions ici ces quelques lignes de souvenir au noble chevalier qui avait

_____

(1) Cette médaille portait pour légende : *Imperium maris assertum.*
(2) *Siècle de Louis XIV*, ch. xv.

ouvert au vainqueur de Béveziers la carrière de la gloire et des honneurs maritimes.

L'année 1691 fut marquée par la campagne dite du *large*, que les hommes du métier considèrent comme le chef-d'œuvre de Tourville. Le but de cette campagne était une preuve nouvelle de l'intérêt que Louis XIV portait à la cause des Stuarts, si compromise par la défaite de la Boyne ; il consistait à tenir incessamment en respect une flotte immense que Guillaume III, après son désastre de Beachy-Head, était parvenu à réunir de nouveau, dans l'espoir de ressaisir sur l'Océan la supériorité que ce désastre avait fait perdre à la marine britannique. Il importait au contraire à Louis XIV de rester maître de la mer, soit pour faire passer des secours au malheureux Jacques II, soit pour protéger la retraite de ses partisans. A cet effet, Tourville avait été chargé d'armer à Brest une flotte de soixante-sept vaisseaux de ligne, avec ordre de tenir la mer en même temps que la flotte anglo-batave, qui en comptait quatre-vingt-six. L'amiral avait pour instructions d'empêcher les ennemis d'insulter nos côtes, en évitant toutefois tout engagement dans la Manche. Sorti de Brest le 25 juin, il croisa pendant quinze jours à l'entrée de cette mer, arrêtant tous les navires qui voulaient y entrer ou en sortir. « Ayant appris, dit Sainte-Croix, que le convoi de Smyrne était arrivé sur les côtes d'Irlande, il s'approcha des Sorlingues pour donner des inquiétudes aux ennemis. Il tombe ensuite sur la flotte de la Jamaïque, la dissipe, prend son escorte et s'empare de quelques bâtiments marchands. Les autres n'échappent qu'à la faveur d'un brouillard épais. Au bruit de ces exploits, Russel, qui commandait les forces navales des confédérés, se réveille, cherche Tourville, et tâche de l'engager à un combat. Le général français le tire au large, conserve l'avantage du vent, et ne lui fournit, pendant l'espace de cinquante jours, aucune occasion de le combattre, en épiant toujours celle de l'attaquer lui-même avec avantage. L'amiral anglais, désespéré, l'abandonne, et va établir sa croisière dans les parages d'Irlande, où, assailli d'une violente tempête, il est forcé de rentrer dans ses ports avec tous ses vaisseaux désemparés, après en avoir perdu trois et quinze cents hommes d'équipage. Tourville comptait profiter de ce désastre, mais les vents s'y opposèrent : il n'arriva pas assez tôt pour enlever aux alliés une partie de leur flotte (1). »

(1) Baron de Sainte-Croix, *Hist. de la puissance navale de l'Angleterre*, t. III.

Telle fut cette fameuse campagne du *large*, qui maintint l'empire de la mer à notre flotte, sans coûter un seul vaisseau, pas même un seul homme à la France, tint nos côtes à l'abri de toute insulte et protégea les convois d'Irlande. « Les savantes manœuvres de Tourville dans cette campagne, dit l'auteur que nous venons de citer, ont été toujours admirées des marins les plus habiles ; et les Anglais avouèrent que ce général se conduisit avec tant de vigilance, de précautions et d'habileté, qu'il rendit inutiles tous les efforts de Russel, son adversaire. » Ce dernier, qui, de son côté, avait fait preuve d'une habileté remarquable, et qui n'avait d'autre tort que de s'être trouvé aux prises avec un adversaire plus habile encore que lui, fut incriminé par la chambre des Communes, et obligé de se justifier. Il prouva qu'il avait fait tout ce qui était humainement possible pour obtenir un meilleur succès, en se conformant aux instructions qu'il avait reçues ; mais ces instructions, suivant un historien anglais, étaient si obscures et si contradictoires, qu'elles n'avaient pu que le mettre dans le plus grand embarras (1).

Nous voici arrivés à une époque à la fois glorieuse et fatale de la carrière maritime de Tourville ; nous voulons parler de cette journée de la Hogue (29 mai 1692), qui aurait pu compter pour une victoire dans les fastes de notre marine, si elle n'avait pas eu de lendemain.

Plus fidèle que la fortune à la cause du roi Jacques, Louis XIV avait résolu de tenter un dernier effort en faveur de ce monarque, et de le relever d'une dernière défaite qu'il avait subie sur le champ de bataille de Kilkonnel, en Irlande. Les rapports qu'adressaient d'Angleterre les partisans de ce prince peignaient le pays comme en proie au mécontentement le plus vif, et n'attendant que l'arrivée de quelques secours pour s'insurger en masse contre l'usurpateur, et acclamer d'une seule voix le roi légitime. On ne doutait pas de nombreuses défections dans l'armée et dans la flotte, dont les officiers étaient, disait-on, honteux et las de se voir supplantés en toute occasion, par les Hollandais, dans l'estime et dans la confiance de Guillaume de Nassau. Ce n'étaient là que de pures illusions.

On armait donc, à Brest et à Toulon, une flotte dont le commandement était dévolu à Tourville, et qui devait ramener en

<hr>

(1) Campbel, *Hist. navale de l'Angleterre*, t. III.

Angleterre le roi Jacques, escorté de quinze à vingt mille hommes. Guillaume III, instruit de ces dispositions menaçantes du roi de France, ne restait pas inactif de son côté, et les vaisseaux se multipliaient comme par enchantement dans ses ports. Bientôt, en réunissant les escadres de la Hollande à celles de l'Angleterre, il eut sous voiles une flotte de quatre-vingt-dix-neuf vaisseaux, portant ensemble plus de sept mille cent cinquante canons, et plus de quarante mille hommes. C'était l'armement le plus formidable qu'on eût encore vu en mer. — La flotte française devait se composer de soixante-huit bâtiments, montés en tout d'environ cinq mille quatre cents canons, et, comme nous l'avons dit plus haut, de vingt mille hommes tout au plus. Entre les mains de Tourville, ces forces pouvaient suffire pour balancer celles des confédérés ; mais telle était l'impatience à Versailles, qu'on ne lui permit même pas d'attendre, pour appareiller, que son armement à Brest fût terminé, et que l'escadre que d'Estrées devait lui amener de Toulon, et qui se trouvait retardée par les vents contraires, l'eût rejoint. Tourville, sur une injonction formelle du gouvernement, sortit avec quarante-quatre vaisseaux de ligne seulement et treize brûlots, portant avec lui cet ordre écrit de la main de Louis XIV : « Allez chercher mes ennemis, et combattez-les, forts ou faibles, partout où vous les trouverez, *quoi qu'il en puisse arriver.* » L'amiral, non point par excès de prudence, mais par un juste sentiment de sa responsabilité, avait cru devoir faire quelques objections, fondées sur la connaissance qu'il avait de la jonction des deux flottes ennemies, et sur la nécessité d'attendre qu'il fût au grand complet pour aller à leur rencontre. Il avait reçu de Pontchartrain, alors ministre de la marine, cette impérieuse réponse : « Ce n'est point à vous qu'il appartient de discuter les ordres du roi ; c'est à vous de les exécuter et d'entrer dans la Manche. Mandez-moi si vous voulez le faire, sinon le roi commettra à votre place quelqu'un plus obéissant et moins circonspect que vous. » Tourville, ayant assemblé ses capitaines, leur donna lecture de cette lettre et leur dit : « Vous le voyez, Messieurs, il ne s'agit pas de délibérer, mais d'agir. Si l'on nous accuse de circonspection, du moins qu'on ne nous taxe pas de lâcheté. » Et, sans plus de réflexions, il donna l'ordre d'appareiller.

Cependant de meilleurs avis étaient arrivés à Versailles. Le complot ourdi par les jacobites avait été découvert, et tous les chefs du parti arrêtés ; les officiers de la flotte avaient dans une adresse protesté de leur fidélité, et témoigné de leur ferme volonté de mourir loyalement pour la cause du roi constitutionnel et pour la défense du pays. Le seul Russel, grand-amiral, n'avait pas signé cette adresse, regardant comme indigne de lui de se défendre contre un soupçon de trahison, et se réservant de prouver par les faits la loyauté et la droiture de ses intentions. Guillaume fit un acte de profonde politique en ne tenant aucun compte des mauvais bruits qui avaient couru à l'endroit de ce lord, et en lui laissant le commandement en chef des deux flottes.

A la réception de ces nouvelles, on expédia de Cherbourg jusqu'à dix corvettes, pour porter à Tourville la révocation de l'ordre impératif qu'il avait reçu, et l'autorisation d'attendre, avant de s'engager avec la flotte ennemie, les renforts que devaient lui amener d'Estrées, Château-Regnaud et le marquis de la Porte. Mais aucune de ces corvettes ne rencontra l'amiral, qui entra dans la Manche le 27 mai, et qui, le 29, à la pointe du jour, découvrit les ennemis à sept lieues au large, entre le cap de la Hogue et la pointe de Barfleur, sur la côte de Normandie. « L'illustre amiral, dit M. Louis Guérin, ne s'était pas attendu à se trouver en si grande disproportion de forces (quarante-quatre vaisseaux de ligne contre quatre-vingt-dix-neuf ; treize brûlots contre trente-sept frégates et brûlots). Son courage n'en fut point ébranlé : il était décidé à se dévouer corps et âme à l'exécution de l'ordre qu'il avait reçu. Mais, pour qu'on ne l'accusât pas, sur la flotte, de folle présomption et d'exposer à plaisir ses vaisseaux et ses hommes à être écrasés, il assembla les officiers supérieurs en conseil de guerre, et leur montra l'ordre écrit de la propre main du roi, de combattre *fort ou faible*. Dès-lors, il n'y eut plus qu'un cri dans le conseil : « Il faut combattre. »

La flotte française était au vent et pouvait éviter le combat. Tourville ne profita de cet avantage que pour donner le temps à ses vaisseaux de se mettre en ligne. Telle était la disposition de son armée :

L'avant-garde, au pavillon bleu et blanc, composée de quatorze vaisseaux, était commandée par le marquis d'Amfreville, monté sur le *Formidable*, de quatre-vingt-douze canons. Chefs de division : de Relingue et de Nesmond.

Tourville commandait le corps de bataille, ou l'escadre au pavillon blanc, composée de seize vaisseaux ; il était monté sur le *Soleil-Royal*, de cent six canons. Chefs de division : de Langeron et de Villette-Murçai.

Enfin, l'arrière-garde, portant pavillon bleu et forte de quatorze vaisseaux, était sous les ordres de Gabaret. Chefs de division : Pannetier et de Coëtlogon.

Du côté des ennemis, l'avant-garde ou escadre *blanche*, composée de trente-six vaisseaux hollandais, avait pour chef l'amiral Allemonde ; le corps de bataille, ou escadre *rouge*, forte de trente et un vaisseaux, dont cinq de cent canons, obéissait directement au grand-amiral Édouard Russel ; l'arrière-garde, ou escadre *bleue*, était conduite par le chevalier John Ashby ; on y comptait trente-deux vaisseaux.

La flotte anglaise, ayant formé sa ligne de bataille, s'était mise en panne pour attendre les Français, qui avaient en ce moment le vent pour eux. L'action s'engagea sur les dix heures du matin (29 mai), et ce furent les Hollandais qui tirèrent les premiers coups. Nous allons emprunter le récit du baron de Sainte-Croix.

« Quand on fut à la portée du fusil, dit cet historien, l'action commença de part et d'autre, et devint d'autant plus meurtrière, qu'il survint un calme. Le brave Nesmond se fit alors remorquer et alla se mettre par le travers du premier vaisseau de la ligne ennemie. Secondé par d'Amfreville et Relingue, il empêcha ainsi l'amiral Allemonde de revirer avec sa division pour doubler l'armée française et la mettre entre deux feux. Cet inconvénient arriva, néanmoins, quelques heures après, lorsque le vent eut tourné du sud-ouest au nord-ouest, et qu'une division de l'arrière-garde, aux ordres de Pannetier, n'ayant pu encore prendre son poste, fut obligée de joindre l'avant-garde. Les Anglais, après avoir perdu quatre heures à poursuivre cet officier, vinrent tous ensemble tomber sur le corps de bataille. Chaque vaisseau français eut alors à se défendre contre plusieurs des ennemis, et fut forcé de se battre des deux bords.

» C'est dans ce moment que le chevalier de Coëtlogon se détache de l'arrière-garde et vient, en écartant les ennemis par la vivacité de son feu, se placer auprès de Tourville, son général et son ami. Celui-ci avait attaqué Russel, qui lui ripostait vigoureusement et ne lui montrait aucune disposition à baisser son pavillon devant lui.

» Un brouillard épais se lève vers les trois heures après midi ;

mais Tourville ne peut en profiter pour se soustraire aux ennemis. Le calme et la marée contraire auraient fait tomber une partie de sa flotte au milieu d'eux s'il n'eût pas ordonné de mouiller. Russel n'imita point cette manœuvre et laissa dériver ses vaisseaux, qui, à la faveur du brouillard, passèrent entre ceux des Français et joignirent le corps de bataille de ces derniers, qu'ils attaquèrent avec furie. Ils lancèrent plusieurs brûlots, et, avec le secours de la marée, en amenèrent cinq presque sous le beaupré de l'amiral français. Cet intrépide général n'en fut pas effrayé ; il évita les uns d'un coup de gouvernail et dériva les autres par le moyen de ses chaloupes. — Gabaret arrive alors avec une partie de l'arrière-garde, qu'il commandait ; il s'approche de Tourville et jette l'ancre. Des vaisseaux ennemis tombent sur lui et l'obligent de couper ses câbles. L'action recommence à huit heures et continue jusqu'à dix avec assez de vivacité. La nuit seule put mettre fin à ce terrible combat, qui avait duré douze heures, et où la fortune semblait d'abord ne vouloir se déclarer pour aucun des deux partis, personne n'ayant encore amené son pavillon. »

A tout prendre, cependant, l'avantage de cette première journée, outre le grand honneur d'avoir tenu tête à l'ennemi avec des forces si inégales, l'avantage était pour les Français. « En effet, suivant l'observation d'un autre historien, ils avaient fait éprouver à l'ennemi des pertes plus grandes qu'ils n'avaient eu à en supporter eux-mêmes. Pas un vaisseau de la flotte de Tourville n'avait péri ; il n'en était même aucun qui ne fût, bien ou mal, en état de naviguer, tandis que les alliés avaient à regretter plusieurs des leurs et avaient consumé en vain presque tous leurs brûlots (1). »

Mais les jours qui suivirent cette lutte mémorable furent marqués par un enchaînement de désastres qu'il n'était donné ni à la prudence de prévenir ou d'éviter, ni au courage de conjurer. En effet, tout fit défaut à la fois à l'amiral français : le vent et la marée, qui lui furent contraires ; des rades sûres dans le voisinage du combat, pour recevoir ses vaisseaux les plus maltraités ; un ciel sans brume qui lui permît de promener son regard sur l'horizon et de rétablir, dans sa retraite, l'ordre et l'ensemble qu'avaient troublés les incidents du combat. Tourville était cependant parvenu à rallier autour de lui, dans la matinée du 30 mai, les quatre cinquièmes de sa flotte ; mais les vaisseaux

____
(1) L. Guérin, ouvrage cité.

Combat de la Hogue.

inégalement maltraités ne purent pas longtemps marcher de conserve. L'ordre avait été donné par l'amiral de gouverner pour
sortir de la Manche par le raz Blanchard, passage étroit et périlleux, entre l'île d'Aurigny et la presqu'île du Cotentin. La tête de
la flotte, conduite par le chef d'escadre Pannetier, parvint à
franchir le raz, au nombre de vingt vaisseaux; mais, la marée
venant à manquer, les treize derniers, parmi lesquels se trouvait
celui que montait Tourville, se virent obligés de mouiller sur un
fond de roches. Au retour de la marée, les vaisseaux chassèrent
sur leurs ancres (1), et la rapidité du courant les rejeta sous le
vent des ennemis. Tourville prit alors le parti de se réfugier à la
Hogue et d'y échouer (2). Déjà trois de ses plus gros vaisseaux en
avaient fait autant à Cherbourg, qui, alors, bien que Vauban eût
commencé à le fortifier, n'offrait guère un abri plus sûr que la

(1) On dit qu'un vaisseau *chasse sur ses ancres* lorsque la violence du vent ou d'un courant,
ou la grosse mer, le force à entraîner ses ancres.

(2) *Échouer*, c'est toucher sur le fond de la mer, volontairement ou accidentellement, de manière que le vaisseau ne puisse plus flotter.

Hogue. L'un de ces trois vaisseaux était le *Soleil-Royal*, sur lequel Tourville avait combattu l'avant-veille. Aux dix vaisseaux qui s'étaient échoués à la Hogue, vinrent s'en joindre deux autres détachés d'une division que le chef d'escadre de Nesmond parvint à faire rentrer à Brest, par un long détour, après avoir gagné la côte septentrionale de l'Ecosse.

« Les alliés, dit Sainte-Croix, avaient formé trois divisions : la première, sous les ordres du chevalier Ashby, poursuivit les bâtiments français qui venaient de passer le raz Blanchard ; la seconde, commandée par Delaval, s'attacha aux vaisseaux qui s'étaient réfugiés à Cherbourg ; la troisième se porta sur la Hogue. Le vice-amiral Rooke, qui conduisait cette dernière escadre, donna des preuves de son habileté et de son courage. Embarqué sur un simple canot, et à la tête d'environ deux cents chaloupes bien armées, qui étaient protégées par l'artillerie d'une frégate et de deux demi-galères, il s'avança (le 2 juin) vers la plage où l'on découvrait les principaux débris de la flotte française. Pour les défendre, on se hâta d'équiper des bateaux du pays ; mais, l'ennemi arrivant au commencement du flot, ils se trouvèrent échoués ; et, lorsqu'il y eut assez d'eau pour les relever, jamais il ne fut possible de faire soutenir l'aspect seul des Anglais aux équipages effrayés, composés d'enfants et de vieillards.

» Tourville, de Villette, Coëtlogon et plusieurs capitaines se mirent dans leurs chaloupes, osèrent résister à Rooke, et donnèrent par là le temps de sauver quantité de canons et d'agrès. Bientôt il fallut céder à la force ; les Anglais se portèrent avec tant d'ardeur sur les vaisseaux échoués, qu'ils parvinrent à les aborder. « Dès que les soldats et les matelots, dit un écrivain de » cette nation (Dalrymple), eurent gagné le flanc de ces navires, » ils jetèrent leurs mousquets, poussèrent par trois fois de grands » cris de joie et grimpèrent sur ces hautes machines avec leurs » coutelas à la main, et plusieurs même sans aucune arme. Les » uns coupaient les cordages, d'autres mettaient le feu aux vais- » seaux ; quelques-uns en braquaient les canons contre les cha- » loupes, les plates-formes et les forts. Ils tirèrent peu sur ceux » qui étaient dans ces bâtiments, parce qu'ils croyaient que les » vaisseaux étaient les seuls ennemis auxquels ils eussent affaire. » Aussi voyait-on les Français sortir sans obstacle d'un côté de » leurs navires et s'en aller dans leurs bateaux, tandis que les

» Anglais, entrant par l'autre, travaillaient à les détruire. Mais,
» ennuyés enfin de faire du mal en détail, les assaillants se réuni-
» rent tous pour mettre le feu aux bâtiments français; ensuite ils
» en descendirent avec les mêmes cris de joie qu'ils avaient
» poussés en les abordant. »

» Cependant la précipitation avec laquelle les Français quittè-
rent leurs vaisseaux, et l'affreux désordre qui en fut la suite, leur
coûtèrent plus de monde que la perte de la bataille. Plusieurs,
s'empressant d'entrer dans les chaloupes déjà pleines, en furent
repoussés et se noyèrent; d'autres, cherchant à s'y accrocher,
eurent les mains coupées; ils se virent aussitôt engloutis, la rage
dans le cœur, et n'ayant que le temps de maudire leurs compatriotes. Le péril ne rendit pas tous ceux-ci barbares; mais aucun
ne mérite mieux d'être cité qu'un matelot normand; il s'appelait
Billard, et était maître d'équipage de l'*Admirable* (capitaine
Beaujeu), un des navires échoués. S'exposant au feu des ennemis,
il alla trois fois à son bord et en ramena les gens qui s'y trouvèrent. Il sauva encore tous les hommes qu'il put ramasser à la
mer. Les Anglais, s'étant aperçus de ses efforts réitérés, se res-
pectèrent assez eux-mêmes pour ne plus tirer sur lui à son troisième voyage (1). »

L'amiral Rooke employa deux jours à consommer l'incendie des
douze vaisseaux échoués à la Hogue. Le *Soleil-Royal* et un autre
vaisseau de ligne furent brûlés dans la rade de Cherbourg par
Delaval, qui en incendia un troisième à la Fosse de Galet, tout
près de là.

Le roi Jacques fut témoin du désastre qui ruinait ses dernières
espérances. A mesure que les vaisseaux s'embrasaient, quelques
canons, qui n'avaient pas été déchargés, partaient et envoyaient
leurs projectiles du côté du rivage. Quelques boulets tuèrent plusieurs personnes autour du malheureux monarque : « Je le vois
bien, s'écria-t-il, le ciel combat contre moi; » et il se retira navré
de douleur sous sa tente. Il prit la plume alors et il écrivit à
Louis XIV ces paroles de désespoir et de résignation : « Je prie
Votre Majesté de ne s'intéresser plus pour un prince aussi malheureux que je le suis, et d'agréer que je me retire, avec ma famille, dans quelque coin du monde, où je puisse ne plus être un
obstacle au cours ordinaire de vos prospérités et de vos conquê-

Hist. de la puissance navale de l'Angleterre, liv. IV.

tes. » Louis XIV lui assigna la résidence royale de Saint-Germain, qu'il ne quitta plus jusqu'à sa mort.

Quant à Tourville, sa conscience lui disait que lui et tous les officiers sous ses ordres avaient fait noblement et bravement leur devoir; il était fier d'avoir pu lutter, sans jamais plier, pendant douze heures, avec quarante-quatre vaisseaux, contre une flotte de près de cent voiles; heureux de n'avoir laissé, même après le désastre du lendemain, aucun trophée à l'ennemi. « Je n'ai manqué, en tout ceci, écrivait-il de la Hogue même, le 3 juin, lorsque l'incendie de ses vaisseaux fumait encore, que par une trop grande ponctualité à suivre les ordres contenus dans mes instructions, et par le malheur des vents qui, m'ayant retardé de mon côté, ont facilité en même temps la jonction des ennemis. » Il eut pour lui le témoignage de ses adversaires mêmes; car lord Russel eut assez de grandeur d'âme pour lui écrire « qu'il le félicitait sur l'extrême valeur qu'il avait montrée en l'attaquant avec tant d'intrépidité, et en combattant si vaillamment avec des forces si inégales. »

Louis XIV, qui avait la principale responsabilité de la catastrophe de la Hogue, l'accepta tout entière avec une dignité et une magnanimité toutes royales; il mesura l'estime qu'il devait à *l'homme qui lui avait obéi à la Hogue*, ce sont ses propres expressions, moins au résultat qu'à l'habileté et au courage dont son amiral avait fait preuve dans une entreprise où l'orgueil de son maître l'avait mis aux prises avec l'impossible. La première fois qu'il revit l'illustre amiral à Versailles, il lui adressa ces flatteuses paroles : « Comte de Tourville, j'ai eu plus de joie d'apprendre qu'avec quarante-quatre de mes vaisseaux vous en aviez battu cent de mes ennemis, pendant un jour entier, que je ne me sens de chagrin de la perte que j'ai faite. » Louis XIV voulut que Tourville se trouvât compris dans la plus prochaine promotion de maréchaux, et le brave et habile marin reçut le bâton de maréchal de France au mois de mars 1693, en même temps que Catinat et Villeroi.

Du reste, on a beaucoup trop exagéré le désastre de la Hogue, en disant qu'il avait été la destruction de notre marine et avait fait perdre l'empire de la mer à Louis XIV. Notre flotte n'était pas si pauvre alors qu'elle ne pût se relever d'une perte de quinze bâtiments; aussi voyons-nous, dès l'année qui suivit cette malheureuse affaire, l'Océan couvert de nos vaisseaux, et Tourville sortir de Brest à la tête de soixante-onze voiles, puis prendre, sur l'amiral Rooke, dans la baie de Lagos, en vue des côtes du Portugal, une terrible revanche de l'incendie de la Hogue.

Cet amiral anglais escortait, avec vingt-cinq vaisseaux de guerre de sa nation et des Provinces-Unies, la flotte marchande de Smyrne, composée, disait-on, de près de quatre cents navires, qui revenaient des mers du Levant avec de riches cargaisons, anxieusement attendues par les spéculateurs de Londres et d'Amsterdam. Il fut rencontré le 28 juin par la flotte de Tourville. La lutte s'engagea, et, après cinq heures de combat, l'escorte anglaise, foudroyée, se déroba à la poursuite des Français, en leur abandonnant peu généreusement, il faut le dire, les malheureux et innombrables navires marchands qu'elle avait sous sa garde. Il est plus facile de dire que de peindre les scènes de terreur et de destruction qui suivirent ce sauve-qui-peut général de la flotte ennemie.

En fin de compte, on estima que les confédérés avaient perdu plus de cent bâtiments de toutes sortes, et une valeur commerciale de plus de trente-six millions. Ce fut une immense débâcle sur les places de Londres et d'Amsterdam. A Londres surtout, le désespoir et la fureur étaient au comble : les négociants de la Cité et la chambre des Communes ne demandaient rien moins que la tête de Rooke, et la mise en accusation de trois amiraux de la Grande-Bretagne. Cependant on trouvait, en France, que Tourville n'en avait pas fait assez : on regretta qu'il n'eût pas pris en bloc toute la flotte de Smyrne, et il ne manqua pas de tacticiens pour prouver, sur le papier, que rien n'était plus facile ! Au faîte où il était arrivé, les critiques, c'est-à-dire les envieux, ne devaient pas manquer à l'illustre amiral.

Les événements ne lui fournirent plus l'occasion d'ajouter quelque nouvelle page glorieuse à sa biographie. Les fatigues d'une carrière active de quarante années, jointes à la faiblesse naturelle de sa constitution, le forcèrent de prendre prématurément sa retraite. Il succomba, le 28 mai 1701, à ses infirmités, avant d'avoir atteint sa soixantième année. Il laissait un fils en bas âge, qui débuta de bonne heure dans la carrière où s'était illustré son glorieux père. Ses débuts donnaient les plus belles espérances; mais il périt à sa première campagne, prouvant du moins que s'il ne lui était pas donné d'ajouter à l'illustration de son nom, il était digne de le porter.

TROMP (Martin-Harpaertz), amiral hollandais, né en 1597, mort en 1653.

Deux hommes, deux grands marins, ont illustré le nom de Tromp. Le premier, Martin-Harpaertz, père du second, fut à bon droit le plus illustre; car il serait le plus grand général de la Hollande, si elle n'avait pas Ruyter, et, comme celui-ci, il dut être l'unique artisan de sa fortune. Non pas qu'il fût né aussi pauvre que le fils du porteur de bière de Flessingue; son père était capitaine dans la marine marchande; ce qui suppose une certaine aisance. Né sur un vaisseau, le jeune Tromp fut bercé au bruit des vagues et des vents; un tillac fut le théâtre de ses premiers jeux; son oreille fut accoutumée dès l'enfance aux terribles explosions de la poudre à canon, et son cœur aguerri contre les horreurs des batailles avant même qu'il pût avoir le sentiment du danger. Aussi avait-il l'œil et le pied marins au suprême degré, et rien n'égalait son calme, son sang-froid, on pourrait dire sa sérénité, au plus fort de l'action la plus chaude et du péril le plus imminent. A le voir si maître de lui-même quand tout était tonnerre, tumulte et mort autour de lui, on eût dit le dieu de la foudre régnant sur la tempête.

Tel était Martin Tromp à cinquante ans. A onze ans, le vainqueur de l'Espagne et de l'Angleterre se révélait déjà. Il était, comme toujours, sur le vaisseau de son père : il le vit emporter par un boulet de canon parti d'un bâtiment corsaire avec lequel le capitaine hollandais était aux prises. Courant alors de l'avant à l'arrière du vaisseau, pour exciter au combat l'équipage que la mort du capitaine remplissait de trouble et d'irrésolution : « Eh quoi! criait-il à ces hommes effarés, ne vengerez-vous pas la mort de mon père! » A la voix de ce généreux enfant, matelots et soldats obéirent à l'envi, comme s'ils eussent entendu la voix de leur capitaine, et continuèrent de combattre. Mais l'effet ne répondit pas à leur courage, et ils ne purent empêcher leur vaisseau d'être pris. Le jeune Tromp fut obligé de rester pendant plusieurs années au service du pirate anglais qui avait tué son père. Ce fut une triste et dure condition sans doute; mais le temps qu'il y passa ne fut pas perdu pour son instruction maritime, et ce fut à l'école même des ennemis de son pays qu'il apprit l'art de les surpasser et de les vaincre. Il est vrai que, de retour en Hollande, il trouva des maîtres non moins habiles dans les Willekens, les Piéter Haynes et les Henri Lonk, amiraux de la compagnie hollandaise des Indes occidentales. Un écrivain français a dit de cette compagnie : « Ses vaisseaux ne rentraient jamais dans les ports que triomphants et chargés des dépouilles des Portugais et des Espagnols... Ses amiraux cherchaient, par des exploits utiles, à conserver sa confiance. Les officiers subalternes voulaient s'élever en secondant la valeur et l'intelligence de leurs chefs. L'ardeur du soldat et du matelot étaient sans exemple. Rien ne rebutait ces hommes fermes et intrépides. Les fatigues de la mer, les maladies, les combats multipliés, tout semblait aguerrir, renforcer et redoubler leur émulation... Jamais ils ne rendaient leur vaisseau ; jamais ils ne manquaient d'attaquer ceux de l'ennemi avec l'intelligence, l'audace et l'acharnement qui assurent la victoire (1). »

Voilà sous quels auspices et sous quels maîtres Tromp devint le premier capitaine de mer de son siècle ; il arriva jeune encore à la dignité d'amiral, dans un pays où l'on avait trop besoin du concours actif et dévoué de tous les citoyens pour laisser croupir dans l'obscurité et l'oubli les plus valeureux et les plus dignes.

Lorsque Martin Tromp, dans la vigueur et la maturité de l'âge et du talent, fut atteint sur son vaisseau-amiral du coup mortel, on supputait qu'il avait assisté à plus de cinquante combats sur mer ; c'était à peu près un combat pour chaque année de sa glorieuse vie, et il faudrait bien un volume pour entrer dans le détail de tous ses exploits pendant une carrière si bien remplie. Nous ne nous attacherons qu'aux actions les plus éclatantes, à celles qui ont donné au nom de Tromp sa grandeur et son importance historique.

En 1639, la cour d'Espagne n'avait pas encore reconnu l'indépendance des Provinces-Unies, bien qu'elle leur fût acquise de fait depuis plus d'un demi-siècle (2) ; et la guerre qu'elle n'avait cessé d'entretenir depuis lors contre la jeune et industrieuse république, commençait à prendre pour cette dernière un caractère inquiétant, lorsque Martin Tromp fut promu par les états-généraux au grade de lieutenant-amiral et mis à la tête de la flotte

----

(1) Raynal, *Hist. philosophique*, etc.

(2) Guillaume de Nassau, dit *le Taciturne*, fondateur de la république des Provinces-Unies, et premier stathouder, fut assassiné, en 1584, par un séide du parti espagnol.

hollandaise. A peine eut-il pris possession de son commandement, que les choses changèrent de face. Il battit, le 16 septembre, pour son début, en vue de Gravelines, la flotte espagnole,
qu'il était allé attaquer, bien qu'elle eût à lui opposer des forces
très supérieures. Le combat avait duré six heures. Tromp détruisit aux Espagnols huit de leurs vaisseaux, dont l'amiral et le vice-
amiral ; leur en prit deux chargés de plus de deux millions en
argent ; ils perdirent, en outre, près de deux mille soldats et matelots tués, et sept cents prisonniers.

Ce premier avantage ne fut que le prélude d'une série de victoires qui donnèrent au pavillon hollandais un éclat qui le fit
admirer et respecter de toute l'Europe A peine le combat de
Gravelines était-il terminé, qu'on vit apparaître sur la côte de
Flandre une nouvelle flotte espagnole, la plus considérable qui se
fût encore montrée dans ces parages depuis la célèbre *Armada* de
Philippe II, de si désastreuse mémoire. Cette flotte, commandée
par l'amiral d'Ocquendo, portait vingt mille hommes de troupes ;
elle se composait de soixante-sept voiles et de quatorze vaisseaux
fournis par les Dunkerquois. Vingt vaisseaux seulement formaient
celle de Tromp. En présence d'une armée ennemie aussi supérieure en nombre, son premier dessein n'était que de lui barrer
le passage ; « mais ayant aperçu, dit un historien, l'avant-garde,
qui portait l'argent, et quatre mille Espagnols qu'on devait débarquer à Dunkerque, il l'attaqua sans être arrêté par le feu, qui
prit aux poudres d'un de ses vaisseaux, lequel sauta en l'air dès
le commencement du combat. Il tint sa petite flotte serrée, péné-
tra et divisa celle des ennemis, et prit un galion et un autre vaisseau, qui furent repris ensuite, à cause de l'avidité du pillage, qui
fit négliger aux Hollandais de mettre leur prise en sûreté.

» Lorsque le jour parut, d'Ocquendo, honteux d'avoir cédé à
une flotte si faible et si inférieure à la sienne, retourna au combat. Il ordonna à son amiral d'attaquer l'amiral ennemi. Tromp
le reçut avec tant de vigueur, qu'il voulut se retirer. Mais l'amiral hollandais le poursuit, le foudroie et le fait couler à fond avec
mille hommes qui le montaient. Un brouillard épais sépara les
deux flottes pour le reste de la journée. Les Hollandais avaient
pris quatre vaisseaux, qui, s'étant trouvés anglais, furent rendus
après ; on ne retint que les soldats et les munitions.

» Tromp, qui avait reçu un renfort de onze vaisseaux, recommença le combat ; mais la flotte ennemie, épouvantée, résolut

d'aller se mettre à couvert dans les Dunes et sous le canon des Anglais. Tromp profita de cette retraite pour faire venir les vaisseaux de Hollande, de Frise et de Zélande. D'Ocquendo se radouba sous le canon de la flotte anglaise, qui s'avança pour le protéger. Les vaisseaux de l'escadre dunkerquoise, à la faveur d'un brouillard, tentèrent le passage. Tromp ne s'en aperçut que lorsqu'il ne pouvait plus s'y opposer. Il coupa cependant une partie de l'escadre; mais les Anglais, qui s'avancèrent, la sauvèrent encore, et elle rentra dans les Dunes. Tromp, au nom des États, fit ses plaintes au roi d'Angleterre, et les appuya de quatre-vingts vaisseaux et de deux mille soldats que lui envoya le prince d'Orange (Guillaume II de Nassau), stathouder de la république. Le roi défendit tout acte d'hostilité et promit de garder une neutralité parfaite.

» La flotte espagnole, dépourvue de ce secours, résolut de retourner en Espagne; mais Tromp étant venu à sa rencontre, d'Ocquendo se vit forcé d'accepter le combat. Il fit couper les câbles et marcha à l'ennemi (18 octobre 1639). Le calme arrêta quelque temps la fureur des combattants; mais, un vent du nord s'étant élevé, le combat devint si terrible, que le bruit du canon et de la mousqueterie ébranla les maisons voisines des côtes d'Angleterre, de France et de Flandre. Les peuples, accourus au rivage, frémissaient. La fumée, qui pendant cinq heures enveloppa les deux flottes, dérobait aux spectateurs cette scène horrible. Tromp et les Hollandais portaient partout l'épouvante et la mort. Les Espagnols tinrent jusqu'à la dernière extrémité. Mais leur flotte était écrasée; il n'y avait pas un vaisseau qui ne fût hors de combat. Il en périt quarante avec leurs équipages, au nombre desquels était le grand galion de Portugal de quatorze cents tonneaux, de quatre-vingts pièces de canon et de huit cents combattants, presque tous gentilshommes. Vingt et un allèrent aux Dunes : les Hollandais les suivirent avec leurs brûlots ; mais les Anglais en sauvèrent dix-huit par commisération. Les Hollandais, de treize qu'ils emmenaient, n'en purent sauver que onze.

» Les vainqueurs et les vaincus avaient fait des prodiges de valeur. L'Espagnol Lopez, resté presque seul sur son vaisseau, se battait encore, et quoiqu'il le vît brûler d'un bout et submergé de l'autre, il continua de se battre, eut un bras emporté et n'en fut pas moins intrépide. Il combattait du bras gauche, jusqu'à ce que, le feu ayant gagné sous ses pieds, il fut englouti à demi consumé par les flammes.

» Les Hollandais ne perdirent que soixante-treize soldats et un vaisseau, qui prit feu avec le galion de Portugal. Les Espagnols perdirent près de huit mille hommes, eurent quatre mille blessés et deux mille prisonniers. »

Telle fut la célèbre bataille des Dunes, qui renouvela pour la monarchie espagnole le désastre de l'*Armada* de Philippe II, et ruina ses forces sur l'Océan. Ce ne fut qu'après la destruction de cette flotte imposante qu'on sut sa véritable destination, et qu'elle n'était pas directement dirigée contre les Provinces-Unies. On apprit, dit Puffendorf, qu'elle en voulait aux Suédois, et qu'elle allait porter secours au roi de Danemark dans la guerre qu'il soutenait contre son voisin de la Baltique. Mais la victoire de Tromp n'en eut pas moins un résultat immense pour la Hollande; aussi les états-généraux décernèrent-ils les plus grands honneurs à leur glorieux amiral. Louis XIII, qui était leur allié, envoya au vainqueur des Dunes une lettre autographe de félicitations, avec des lettres de noblesse et un présent considérable.

Tromp continua de commander avec le même succès la flotte des Provinces-Unies jusqu'à la paix de Munster, signée en 1648, et par laquelle la couronne d'Espagne reconnut enfin, en termes formels, l'indépendance des Provinces-Unies, renonçant à toutes les prétentions qui avaient été la cause de la guerre, leur abandonnant toutes les places qu'elles avaient acquises sur le continent par droit de conquête, et renonçant à les troubler dans leurs possessions et leur commerce des Indes orientales et occidentales.

Le génie de Tromp avait été le principal instrument de cette paix glorieuse, dont le résultat incontestable fut de faire passer entre les mains de ses compatriotes le sceptre des mers. Cette grandeur maritime des Hollandais était insupportable à l'orgueil et à l'ambition de leurs voisins les Anglais. Nous avons déjà dit, dans la notice de Ruyter, comment la guerre éclata, en 1652, entre les deux nations. Cromwell, qui exerçait alors la dictature en Angleterre, sous le titre de *Protecteur*, avait écrit à l'amiral Blake, que Tromp, à la tête d'une croisière, tenait en respect sur les côtes de Kent et de Suffolk : « Il y va de votre honneur et de celui de tous vos braves capitaines de renvoyer ces grenouilles (les Hollandais) dans leurs marais, et de ne pas souffrir qu'elles nous importunent plus longtemps par leurs coassements. »

La croisière hollandaise s'était retirée, et pendant que les états-

généraux, qui avaient trop besoin de la paix pour se laisser entraîner d'enthousiasme dans les aventures de la guerre, négo-
ciaient avec le parlement britannique, les armateurs de cette nation continuaient leurs déprédations. Enfin, Tromp eut ordre de
mettre à la voile, mais une horrible tempête dissipa ses vaisseaux.
Elle l'empêcha de sauver une flottille de plusieurs centaines de
pêcheurs de hareng, que l'amiral Blake prit tout entière. Les
bâtiments qui lui payèrent le dixième de leur cargaison furent
renvoyés, et les autres coulés à fond. « Irrités par ces malheurs,
dit le baron de Sainte-Croix, les états généraux ôtèrent le commandement de leur flotte au brave Tromp, qu'ils voulaient rendre
responsable des caprices de la fortune. Ce général, qui, pendant
quinze ans, avait rendu des services signalés à sa patrie dans le
commandement de ses armées de mer, eut beaucoup de peine à
se garantir des insultes du peuple. »

Ce qui fait pardonner aux républiques les injustices dont elles
se rendent souvent coupables envers leurs plus grands citoyens,
c'est la promptitude et la grandeur qu'elles mettent presque toujours à les réparer. Tromp ne tarda pas à être remis en possession
de son commandement, où nul ne s'était senti digne de le remplacer. Il reprit la campagne, ayant pour vice-amiraux Corneille de
Witt, frère du grand pensionnaire de Hollande, et Ruyter, qui devait bientôt égaler, sinon surpasser sa gloire.

« Il y eut deux combats dans une même journée (29 novembre 1652). Dans le premier, l'amiral anglais (Blake) vint fondre,
vent arrière, sur la flotte hollandaise, qui ne put ni former l'ordre
de bataille ni se rallier. Néanmoins aucun bâtiment ne fut pris :
les Anglais entrèrent dans un seul abandonné par son capitaine ;
mais, à la vue d'un canonnier qui, le boute-feu à la main, allait le
faire sauter, ils se retirèrent avec précipitation. — Dans la seconde action, après un vif engagement, où quatre amiraux se
battirent bord à bord, Blake ayant été blessé, son escadre, quoique supérieure, — il avait quarante vaisseaux contre trente,
— prit chasse, et ne se déroba à la poursuite des ennemis qu'à
la faveur de la nuit : elle ne perdit que trois vaisseaux. Si l'arrière-garde hollandaise eût secondé Tromp dans cette dernière
affaire, il aurait remporté une victoire signalée. Ses ennemis
prétendent que ce général, enflé de ce succès, continua sa route,
après avoir mis à son grand mât un balai ou une branche de
bouleau, pour montrer que son projet était de nettoyer la Manche

des bâtiments anglais (1). » — Ceci pouvait être une réponse aux paroles insultantes de Cromwell, que nous avons rapportées plus haut.

L'hiver suspendit les hostilités; mais elles reprirent vers le mois de février de l'année suivante (1653). La flotte de Hollande était sortie de ses ports pour aller au-devant d'une flotte marchande de deux cents bâtiments qui revenait des Indes, et pour la protéger pendant son trajet dans la Manche. Blake, de son côté, avait appareillé, à la tête de soixante-dix vaisseaux de guerre; il rencontra Tromp entre Port-Land et Boulogne, le 18 février, dans l'après-midi. L'amiral hollandais avait le vent pour lui, ce qui semblait devoir l'engager, dans l'intérêt de la flotte marchande qu'il escortait, à éviter un engagement. Néanmoins, prévoyant un changement du vent, il trouva plus prudent de se débarrasser immédiatement de l'ennemi. Après avoir divisé son armée en trois escadres, il fondit impétueusement sur la flotte anglaise ; mais la nuit vint trop vite et ne lui permit pas de tirer tout le parti qu'il avait espéré de cette attaque subite et vigoureuse. Les Anglais ayant reçu le lendemain un renfort de seize vaisseaux, Tromp rangea les siens en demi-lune, et fit passer son convoi du vent au milieu de la flotte.

Ce fut en cet ordre qu'il soutint tous les efforts de Blake, dont il eût sans doute triomphé, si quelques capitaines hollandais n'eussent pas quitté leur poste. S'apercevant que les frégates ennemies pénétraient alors dans les brèches ouvertes par ces lâches déserteurs, Tromp se forma de nouveau en bataille, et combattit encore jusqu'à la nuit, qui lui donna le temps de se mettre en ordre de retraite. Le troisième jour, malgré quelques canonnades des ennemis, il rentra dans ses ports, n'ayant plus ni poudre ni boulets, mais amenant avec lui presque tout le riche convoi qui avait été confié à sa vigilance. Une pareille défaite, si c'en était une, n'avait rien qui pût porter ombre à la gloire de l'amiral qui l'avait subie. Elle coûta vingt-quatre vaisseaux aux Hollandais, mais ils purent se consoler en apprenant que les Anglais avaient payé leur avantage du prix de douze vaisseaux, dont sept ne furent péniblement remorqués jusque dans le port que pour y être condamnés.

Cromwell ayant repoussé avec hauteur les propositions de paix

____

(1) Sainte-Croix, *Hist. de la puissance navale de l'Angleterre.*

qui lui furent faites par les états-généraux, il fallut continuer la
lutte avec des moyens que Tromp lui-même et les autres amiraux
déclaraient insuffisants. Le lieutenant-amiral général se plaignait
surtout de la faiblesse des vaisseaux qu'on lui avait confiés : les
Anglais en avaient dans leur ligne cinquante plus forts que celui
qui portait son pavillon. Cette infériorité, jointe à celle des équipages, rendait impuissants tous les efforts du courage et toutes
les combinaisons de l'habileté. Aussi, après deux affaires qui eurent lieu dans le mois de juillet 1653, Tromp, qui avait, cette
fois, pour adversaire le général Monck, aidé des conseils de l'a-
miral Deane, se vit-il obligé de céder, malgré des prodiges de
valeur et de tactique, non sans avoir fait éprouver à l'ennemi des
pertes graves et sensibles.

Les Anglais avaient établi une croisière en vue même du Texel,
ce grand arsenal de la marine hollandaise, et faisaient main basse
sur les vaisseaux marchands jusque sous le canon de ses batteries. Les choses en étaient venues au point que le vice-amiral de
Witt s'était vu forcé de dire, dans une assemblée tenue à la Haye :
« Les Anglais sont à présent nos maîtres, et par conséquent ceux
de la mer. » On se répandait en imprécations dans les ports et
dans les comptoirs contre l'imprévoyance des états-généraux, et
les amiraux de la flotte n'étaient pas plus épargnés dans les plaintes injustes que la perspective d'une ruine imminente arrachait
à la crainte et au désespoir de ce peuple de pêcheurs et de marchands.

Cependant les états-généraux, à force de nouvelles levées et
d'activité dans les ports, étaient parvenus à mettre sur pied une
flotte de deux cent vingt voiles, que Tromp et Corneille de Witt
firent sortir, en deux grandes divisions, des rades de Zélande et
du Texel. Les deux armées ayant opéré leur jonction, Tromp alla
à la rencontre de la flotte anglaise, toujours commandée par le
général Monck. Elle était égale par le nombre, mais toujours supérieure par la force des bâtiments. Les deux armées se trouvèrent en présence, et engagèrent l'action dans la matinée du
10 août (1653), jour de saint Laurent. « Jamais, dit un auteur, il
ne s'était vu de spectacle si terrible sur les eaux. » Monck, avant
le combat, avait ordonné à ses capitaines de ne donner ni recevoir
aucun quartier ; de son côté, Tromp était bien fermement résolu
à vaincre ou à mourir. Il sentait que cette journée devait décider
du sort de la Hollande, et que, s'il succombait, la mort seule pou-

vait le soustraire à la honte et à la responsabilité d'un si grand désastre. Il rompit trois fois la ligne de la flotte anglaise. « Bientôt après, dit un historien, investi de toutes parts, ne pouvant voir ni le ciel ni la mer, et son armée étant dérobée à sa vue par une épaisse fumée, presque enseveli dans des tourbillons de flamme, Tromp se trouva abandonné des siens. « Il faut donc, s'écriait-il, » que je périsse, puisque personne ne vient à mon secours! » Au bout de six heures de combat, au moment qu'il animait son équipage, et que, résolu d'aborder l'amiral anglais, il s'avançait pour ordonner quelque manœuvre, ce grand homme fut tué sur le tillac de son vaisseau. En expirant, il prononça ces mots : « Courage, mes enfants! pour moi j'ai achevé ma carrière. »

Le vice-amiral Evertzen, qui prit aussitôt le commandement de la flotte hollandaise, voulut que le pavillon de Tromp continuât à flotter sur le vaisseau de cet illustre général. C'était tout à la fois un hommage à sa mémoire et un moyen de ne pas révéler à l'ennemi le secret de la perte immense que venait de faire la flotte batave. Ailleurs (*voyez* Ruyter) nous avons dit quelle fut la suite de cette journée, et comment se termina la guerre dont elle fut un des derniers épisodes.

Tromp venait à peine d'atteindre sa cinquante-sixième année, lorsqu'il reçut le coup mortel. Il ne touchait pas encore au seuil de la vieillesse, mais il était arrivé au sommet de la gloire et des dignités navales : né sur un vaisseau, il devait mourir comme il est mort, sur un vaisseau et au milieu d'un combat. Pour honorer la mémoire de ce grand homme, les états-généraux firent frapper à son effigie une médaille qui rappelait ses titres à la reconnaissance de la république et aux hommages de la postérité, avec cette inscription : *Il est mort pour la patrie.*

Martin Tromp se montra toujours simple et modeste au sein de la plus grande fortune. Il était bien de ce pays dont on dit que « le travail et la sobriété furent les premiers gardiens de sa liberté (1). » De tous les titres d'honneur qu'on lui prodigua pendant sa vie, il n'accepta que celui de *Grand-père des matelots* dont il était l'idole, et ne prit jamais d'autre qualité que celle de *bourgeois* de Rotterdam.

(1) Voltaire, *Essai sur les mœurs*, etc.

Quant à Corneille Tromp, second fils de ce héros, ce que nous en avons dit en parlant de Ruyter suffit pour le faire connaître. Nous ajouterons seulement à ces particularités quelques dates. En 1676, après la mort du grand Ruyter, il lui succéda dans la dignité de lieutenant-amiral général des armées navales de Hollande ; mais le rôle subalterne que jouèrent depuis lors les Hollandais, comme puissance maritime, ne lui fournit pas d'occasion de se signaler sous ce titre, et d'ajouter à la gloire qu'il s'était déjà acquise avant de l'obtenir. Moins modeste que son père, il ne croyait pas déroger à la fierté républicaine en prenant le titre de *comte*. Il est vrai qu'après le rétablissement du stathoudérat en la personne de Guillaume III, prince d'Orange, et ensuite roi d'Angleterre, on s'était bien relâché de ce puritanisme démocratique dont le grand pensionnaire Jean de Witt avait fait le principe de son gouvernement. — Corneille, comte de Tromp, né à Rotterdam en 1629, y mourut le 31 mai 1691.

Le plus bel éloge que l'on puisse faire de cet amiral, c'est que sa gloire se confond assez volontiers, dans les souvenirs et dans l'estime de la postérité, avec celle de son père.

VOYAGES DU CHEVALIER DE PAGÈS,

CAPITAINE DE VAISSEAU.

Parmi les navigateurs qui ont le plus illustré la marine française, nous ne devons pas omettre le chevalier de Pagès. Par trois expéditions commencées et mises à fin depuis 1767 jusqu'en 1776, cet officier s'est acquis des droits à l'estime des savants, à la reconnaissance de sa patrie, au souvenir de la postérité. Le premier de ces voyages avait pour but de visiter les mers de l'Inde en s'y rendant par l'ouest, de traverser la Chine, et aller par la Tartarie dans la mer du Kamtschatka, et de trouver un passage par terre entre le nord du vieux continent et la partie septentrionale du nouveau monde. Dans cette intention, de Pagès, qui avait déjà passé de Rochefort à Saint-Domingue, partit du Cap-Français pour la Nouvelle-Orléans, le dernier de juin 1767. Par le canal de Cuba et celui de Bahama, il se rendit à l'embouchure sud-est du Mississipi, dont les belles eaux ne perdirent leur couleur blanchâtre et leur douceur qu'à deux ou trois lieues dans la mer. Le cours libre et assez régulier de ce fleuve est au moins de deux lieues et demie par heure. Ce qui en rendit surtout la navigation désagréable à notre voyageur, ce fut une quantité prodigieuse de mouches, dont la piqûre cause différentes sortes de douleurs selon les diverses variétés de ces insectes. A dix lieues de l'embouchure du Mississipi est la séparation de la branche sur laquelle de Pagès s'était embarqué. Un peu plus haut, il vit les marais aux huîtres. Les écailles en sont d'une grosseur prodigieuse et servent à faire de la chaux, car il n'y a pas de pierre dans ce pays. En avançant, on vit les rives du fleuve se couvrir d'épais ombrages, qu'embellissent une multitude de cygnes et de cardinaux ; ces derniers, par la beauté de leur ramage, les uns et les autres par la vivacité de leurs couleurs, ne le cèdent à aucun des oiseaux de l'Europe. Bientôt, notre voyageur découvrit d'immenses plantations de maïs et de nombreuses habitations ; celles-ci sont élevées de quelques pieds au-dessus du sol, afin qu'elles soient à l'abri de l'humidité et des serpents, bien que ces reptiles ne soient pas fort dangereux dans ces contrées.

Le 28 juillet, le chevalier de Pagès mouilla vis-à-vis de la Nouvelle-Orléans, à trente lieues de l'embouchure du Mississipi. Cette ville n'est la résidence ordinaire que des marchands, des officiers du gouvernement. Les commerçants et les colons n'y demeurent que momentanément. Parmi les habitants de la Louisiane, les uns errent sur le bord de la mer pour y tuer des oiseaux aquatiques et en extraire l'huile ; les autres s'avancent à quatre ou cinq cents lieues dans les terres pour chasser l'ours, le chevreuil, ou le bœuf illinois, dont ils rapportent la peau, la graisse et les viandes boucanées ; d'autres travaillent dans les forêts les bois de cèdre, de cyprès et d'érable, dont cette colonie fait un grand commerce avec les îles de l'Amérique. Voyagent-ils par terre, ils ne se nourrissent que du produit de leur chasse, et n'ont pour vêtement qu'une chemise flottante et une ceinture de drap. Sur l'eau, ils se servent de pirogues pour transporter leur famille au lieu de leur chasse ou de leur traite ; là, une cabane de branches d'arbres enduites de limon compose tout leur logement.

Après s'être reposé six jours à la Nouvelle-Orléans, le chevalier de Pagès en repartit, le 4 du mois d'août, pour se rendre à la Nouvelle-Espagne en passant par le pays des Nachitoches et celui des Adaès ; et, comme il lui aurait été impossible de faire ce trajet par terre, il se rembarqua sur le Mississipi. Durant cette naviga-

tion, ce ne furent plus les piqûres d'une infinité d'insectes qu'eut
à redouter notre voyageur, ce furent de véritables dangers. Ils
étaient produits par la quantité d'arbres que le fleuve roule dans
ses eaux, ou dont les branches, s'embarrassant dans les vases et
sur les bords, faisaient sans cesse redouter un naufrage et bor-
naient à quatre lieues l'espace que la pirogue parcourait chaque
jour. Néanmoins, à force de persévérance et de fatigues, on parvint aux bornes de la Louisiane. On aperçut ensuite un établissement français situé sur la rive droite du fleuve ; puis, sur la côte
opposée, une peuplade sauvage, où le chevalier de Pagès se reposa
quelques jours. Pendant l'été, ces Indiens cultivent du maïs ;
l'hiver, ils se nourrissent du produit de leur chasse, dont ils ven-
dent le superflu aux Européens ; ils se louent pour travailler ; et,
deux des rameurs du chevalier de Pagès étant tombés malades,
deux de ces Indiens les remplacèrent. Ce ne fut pas toutefois sans
beaucoup de peine que l'un des deux y consentit ; tendrement
attaché à sa jeune compagne, il s'échappait à tout moment pour
aller la retrouver ; c'étaient des changements d'avis continuels ;
c'étaient tous les jours de nouveaux repas de maïs pilé dans des
morceaux d'arbres creux et bouilli avec des pêches. Enfin, il n'y
eut que l'appât d'une couverture pour lui et d'un morceau de drap
rouge pour sa femme, qui parvint à l'emporter sur leur tendresse.
Cependant, pour leur épargner de nouvelles tentations, notre
voyageur éloigna de leur cabane sa pirogue, en la transportant à
l'autre extrémité du village. Ce village a soixante cabanes ; elles
sont faites de gros arbres, qui, plantés en rond, viennent se joindre par le haut en forme de cône : le peu de distance que leur
rondeur ou leurs inégalités laissent entre eux est rempli par des
branches ; le tout, solidement lié et enduit de limon, ne permet
point de passage à la pluie. A l'exception de l'espace qui forme
une petite porte d'entrée, la cabane est garnie dans sa rondeur
d'un large banc composé de petits arbres rangés tout près les
uns des autres ; on les couvre d'une natte de roseaux, et c'est sur
cette espèce de lit que les Indiens prennent leur sommeil. Le feu
se fait au milieu de la cabane, et la fumée sort par la porte, ou
par une ouverture pratiquée dans le haut, à la jonction des arbres. Les habitations des chefs ont, à trois ou quatre pas de distance, vis-à-vis de la porte, une autre hutte ouverte, qui sert à
prendre l'air et à se mettre à l'abri du soleil. Celle-ci est simple-
ment couverte de feuillages et de roseaux soutenus par quatre

ou six piliers, et c'est le lieu d'assemblée de la nation. Ces sauvages y reçoivent les étrangers, et y passent leur temps de délassement à dormir ou à fumer avec leur casse-tête. Cette arme est une sorte de hache, dont le manche, ordinairement creux, communique au dos de la hache, sur lequel est formé en fer un noyau de pipe. Ces sauvages se distinguent par leur tendresse conjugale et par leur respect pour les vieillards; à la chasse, ils sont pleins d'adresse, à la guerre pleins d'intrépidité. Leurs mœurs sont douces et hospitalières. Les premiers d'entre eux qui aperçoivent des étrangers les annoncent en poussant un cri; aussitôt le chef et les principaux habitants se rassemblent chacun à la porte de sa cabane, et députent l'un des leurs vers les nouveaux arrivants. Ceux-ci leur offrent une bouteille de tafia, et reçoivent en échange une grande quantité de volailles, de poissons et de fruits.

Les femmes de ces Indiens s'occupent de la culture des terres, des soins du ménage, du transport des effets durant les voyages de long cours, et de l'apprêt de ce que la chasse et la pêche ont produit.

Après s'être reposé de ses fatigues, le chevalier de Pagès se rembarqua sur le Mississipi; il navigua, dans le nord, l'espace de quatre-vingts lieues, et parvint à l'embouchure de la Rivière-Rouge, dans laquelle il entra, parce que les Nachitoches habitent dans l'un des cantons qu'elle arrose. C'est ici que des difficultés de tout genre vinrent en foule assaillir notre voyageur. Lorsqu'il eut dépassé l'embouchure de la Rivière-Noire, et qu'il eut vogué encore quelques jours, il arriva à une petite chute de huit pieds.

Un Français, qui habitait dans ce lieu et qui s'était marié avec une Américaine de ces contrées, consentit à piloter la pirogue, qu'il fallut décharger, et que des sauvages, venus d'un village voisin, aidèrent à remonter à travers une espèce de glacis formé par le lit de la rivière et par la chute de l'eau. Deux autres chutes obligèrent de recommencer encore deux fois le même ouvrage, et exigèrent du chevalier de Pagès, de ses rameurs et de ses guides, des efforts sans cesse renouvelés. Pour comble de malheur, ils ne pouvaient dormir sur le bord de la rivière, qui est couvert d'une vase mal desséchée, et où pullulent toutes sortes d'insectes. Souvent même ils y étaient visités par des caïmans, qui, venant dévorer les restes de leurs repas, répandaient une odeur dont l'infection ne tarda point à corrompre les vivres de nos voyageurs. Ceux-ci, après avoir surmonté tous ces obstacles, souffert tous

ces désagréments, enduré toutes ces fatigues, parvinrent à un lac
qui n'avait qu'un demi-pied d'eau sur une vase extrêmement dé-
layée et remplie de racines d'arbres. Il fallut descendre dans le
fleuve et pousser la pirogue avec des peines inconcevables. Malgré les avis du pilote et l'attention qu'on mettait à les suivre,
l'embarcation donnait à chaque instant sur des tronçons d'arbres, où elle restait comme sur un pivot. On ne l'en retirait qu'à
force de bras, en se mettant, jusqu'à la ceinture, dans la vase,
d'où l'on ne sortait jamais sans quelques entailles faites aux jam-
bes ou aux cuisses par des racines ou des coquilles.

Quand on eut passé ce lac, on trouva un courant aussi dangereux que rapide. Pour peu que la pirogue ne se fût pas présentée
au droit fil de la direction de l'eau, les voyageurs auraient péri
sans ressource. Deux jours après, c'était le 2 septembre, on arriva
au grand embarras; ici, la rivière coule à travers des monceaux
de gros arbres qui ont barré le passage, on formé des îlots,
accrus par le charroi de la rivière. Comme il fallait trop de temps
pour se frayer un chemin à coups de hache, le chevalier de Pagès
se rendit à pied à Nachitoches, d'où il n'était éloigné que de deux
lieues. Il y logea chez le propriétaire de sa pirogue et y fut si
mal sous tous les rapports qu'il regretta le biscuit infect auquel
il avait été réduit pendant sa route. Après avoir séjourné trois
jours dans ce poste, qui appartenait alors aux Français, il en
repartit, sous la conduite d'un créole espagnol, afin de se rendre
aux Adaës. Les inégalités du sol, l'embarras que produisaient les
arbres tombés par pourriture ou par vétusté, et l'obscurité des
bois l'égarèrent souvent et furent cause qu'il n'arriva au terme de
son voyage que le lendemain de son départ.

Il s'établit d'abord chez un sauvage baptisé; mais le peu de
nourriture que son hôte eut à lui offrir le contraignit bientôt à
se loger chez un chef de soldats. Bien que la disette se fît moins
sentir dans cette seconde habitation que dans la première, notre
voyageur y éprouva quelquefois les atteintes de la faim. Après
avoir étudié en détail les mœurs et les coutumes des Espagnols
qui occupent ce poste, il se disposa à continuer sa route vers
Mexico. Il en était encore à cinq cent cinquante lieues, et il en
avait deux cent cinquante à franchir pour arriver à l'établissement
espagnol le plus voisin, à travers un chemin fort difficile et coupé
de beaucoup de rivières dont le passage est fort dangereux.
Comme on ne pouvait faire ce trajet sans péril qu'avec une cara-

vane de dix ou douze hommes, le chevalier de Pagès résolut
d'aller joindre celle de l'ancien gouverneur de la province, qui,
rappelé à Mexico, était tombé malade à la mission de Naquadoch.
Pour faire cette route, qui n'était que de cinquante lieues, notre
voyageur acheta un cheval et partit avec quelques soldats appartenant à l'escorte de l'ancien gouverneur et venus pour chercher
des provisions. Bientôt il s'aperçut qu'il avait été volé par son
guide; mais ce désagrément ne fut pas le seul qu'il eut à supporter. L'excès des fatigues qu'il n'avait cessé d'essuyer, la nécessité de coucher presque toujours en plein air, et la fraîcheur des
nuits succédant à la chaleur du jour, lui causèrent une fièvre violente. Ce ne fut que par une sorte de prodige qu'il ne se rompit
pas vingt fois le cou, soit en tombant de cheval, soit en s'accro-
chant aux branches des arbres qui étaient sur son sentier. Lorsque l'accès le prenait, le tournoiement de tête lui ôtait l'usage de
ses sens; la pensée seule lui restait, et il lui était impossible de
s'arrêter, car il fallait arriver le soir aux ruisseaux où se trouvaient l'eau et l'herbe nécessaires aux chevaux de la caravane.
Arrivé à Naquadoch, il se reposa et recouvra la santé. Mais,
ayant négligé de prendre des vivres aux Adaès, il fut obligé d'y
retourner seul pour s'en approvisionner. Au retour de cette nouvelle course, qui ne fut exempte ni de fatigues ni de périls, il
partit, le 2 novembre, avec l'ancien gouverneur, qui emmenait à
sa suite quinze personnes, vingt mules chargées et deux cents
mulets ou chevaux de rechange. Bientôt, on aperçut deux ou trois
villages d'Indiens, nommés *Tegas de San-Pedro.*

On vit quelques-uns de ces sauvages : leur corsage est grand
et nerveux; ils courent à cheval ventre à terre, portant leur fusil
le long de l'avant-bras et une pièce de drap ou une couverture en
écharpe flottant au gré du vent; quelques-uns avaient en croupe
leurs femmes et leurs filles. Huit jours après, on arriva à la rivière de la Trinité, que l'on traversa sur trois files, en mettant les
bêtes de charge au milieu et les cavaliers des deux côtés. Mais
le passage de toutes les autres rivières et des grands ruisseaux
donna bien plus de peine. Quand ils ne se trouvaient pas guéables,
on coupait des arbres dont on formait des radeaux attachés avec
le licou des mules, et sur lesquels on mettait les bagages. En
avant de ces radeaux, un bon nageur se dirigeait avec une corde
qu'il tenait entre les dents; en arrière et de chaque côté, deux
autres nageurs faisaient suivre cette corde à ces légères embar-

cations, et secondaient le courant qui les poussait vers la rive opposée; les mules passaient ensuite plus aisément. Quelquefois les lits profonds et les bords vaseux des rivières obligeaient de pratiquer la descente à coups de bêche, ou de transporter sur la vase des fascines et de la terre. En outre, il fallait parfois y porter d'assez loin les effets qu'on avait laissés sur des endroits secs. Le même travail recommençait sur l'autre bord, et souvent des ruisseaux étroits et vaseux arrêtaient deux ou trois jours. Le seul dédommagement à tant de fatigues était la chasse des coqs d'Inde, des bœufs et des chevreuils : on trouvait aussi des ours, dont la chair est excellente. Quoique le chevalier de Pagès aimât mieux faire usage de la viande que de la farine de maïs, son estomac fatigué ne s'accommodait ni de l'une ni de l'autre. Il les mangeait séparément, ménageant la farine pour les repas où il n'avait pas de viande. Il aurait eu besoin de mêler les deux nourritures ; mais la prudence ne le lui permettait pas, et l'empêchait même de satisfaire son appétit.

Après avoir traversé le Colorado, ou rivière Rouge, et la Guadeloupe, la caravane arriva, le dernier jour de novembre, à San-Antonio. Notre voyageur s'y logea chez un bon Indien qui s'était attiré son affection par la patience et le désintéressement avec lesquels il lui avait rendu service depuis son départ des Adaès. Les manières du Français convenaient à l'Américain, qui, lui soupçonnant de l'argent, n'aurait pas été fâché de lui voir épouser une de ses filles. Mais, quoiqu'il n'y en eût pas une seule qui, par son caractère et par sa beauté, ne méritât de fixer le chevalier de Pagès, et bien qu'il sentit le prix que les mœurs douces et pures de la liberté, une pauvreté honnête et une pieuse éducation donnaient à ces bonnes gens, il était trop vivement épris des charmes de la science et du désir d'en accélérer les progrès pour que toute autre passion trouvât cette place dans son cœur. Aussi, lorsqu'il eut recueilli sur ces contrées et leurs habitants tous les renseignements qu'on put lui fournir, il paya ses dépenses avec son linge, qui était de plus commode valeur que l'argent ; et, à la suite de la caravane, il se remit en route le 27 décembre. Après une marche de quatre-vingts lieues, il parvint au village de la Rhéda, sur les bords du Rio-Bravo, qu'il passa sur une barque et au-delà duquel il voyagea à travers une campagne cultivée. Quand il eut franchi le cours rapide et rocailleux de la *rivière Salée*, il ne trouva pour se désaltérer que des eaux minérales qui n'incommodèrent pas moins les chevaux que les cavaliers. Il parcourut ensuite une plaine hérissée de plantes épineuses dont les piqûres causaient d'assez vives douleurs. Les états des Indiens policés, que les Espagnols conquirent à la mort de Montézuma, commencent à la *rivière Salée*. On rencontra peu après le village de la Caldéra. Lorsqu'on eut laissé à l'ouest le poste de Cuvilla, on eut à parcourir vingt lieues de terrain désert à travers de hautes montagnes; après quoi, l'on découvrit, dans une plaine belle et bien cultivée, la ville du Sartille, où l'on arriva le 20 janvier 1768. Ce fut là que, pour la première fois depuis son départ de la Louisiane, le chevalier de Pagès mangea du pain de froment. Pendant son séjour, il vit célébrer la fête de la Chandeleur, qui est aussi celle de la fête de la ville. Après la messe, on fit en pompe une procession avec l'image de la Vierge, qu'on alla déposer sur un théâtre élevé à côté d'un cirque servant aux combats des taureaux. Après la *sieste*, on ouvrit ces combats par des fanfares que jouaient des instruments placés aux côtés de l'image de la Vierge; ce divertissement dura jusqu'à la nuit, ensuite on acheva la procession en reportant l'image dans l'église. Le lendemain, commença une foire bien pourvue de sucreries, de vins, de pâtisseries et autres friandises. Notre voyageur trouva singulier de voir les Espagnols porter la froideur à l'excès envers leurs femmes. L'une d'elles, qui lui avait paru avoir du bon sens, se plaignit de ce que son mari n'était pas assez galant pour vendre un couteau de chasse qui lui restait, et pour en employer l'argent pour la régaler de sucreries à la foire.

Ayant congédié les Indiens qui l'avaient suivi jusque-là, le chevalier de Pagès partit du Sartille le 10 février 1768. Il était toujours à la suite de l'ancien gouverneur. Bientôt, il eut à marcher pendant trois jours sur une poussière aussi corrosive que de la chaux. Durant cette traversée, il ne trouva d'eau que celle des puits, qui sont très profonds. On paie pour leur entretien l'eau qu'on y prend; elle est saumâtre et d'un mauvais goût; souvent même l'on fait sept ou huit lieues sans en rencontrer. Après huit jours de marche, on arriva à Charcas. L'ancien gouverneur y tomba malade, et le chevalier de Pagès fut obligé de l'y laisser pour ne pas arriver trop tard à Acapulco; car il s'en trouvait encore à deux cent cinquante lieues, et il savait que le galion de Manille, sur lequel il voulait s'embarquer, était déjà rendu dans ce port et devait repartir dans six semaines. Il se mit donc en

route, seul avec son guide. Comme la probité de cet homme lui
était fort suspecte, il le faisait coucher tous les soirs dans les hô-
telleries qu'il rencontrait, tandis qu'il passait la nuit en plein air
au pied des piquets auxquels il avait attaché ses chevaux. Le lendemain de son départ du Sartille, il arriva à San-Louis-Potosi,
ville célèbre par ses mines d'or et d'argent. Il y séjourna deux
jours ; et quatre jours après, il parvint à San-Miguel-el-Grande,
ville belle, et située sur le penchant d'une colline. Enfin, le 28 février, après avoir fait, depuis le Sartille, cent cinquante lieues de
route dans le sud, il découvrit un très grand lac, d'où, comme une
masse immense, s'élève la ville de Mexico. Cette capitale ne tient
à la terre que par les chaussées qui y conduisent. Elles sont au
nombre de six et ont chacune une lieue de longueur, sur une largeur de cent pieds ; on y remarque des arcades de distance en
distance pour donner un libre cours aux eaux du lac. Mexico peut
avoir six lieues de tour et n'est fermée que par des barrières. Le
lac lui tient lieu de fortifications, car il est impossible de le passer
à gué, à cause de la vase, et il n'y a pas assez de bois dans le pays
pour construire un grand nombre de bateaux. Après avoir examiné
et admiré en détail la magnificence de cette opulente capitale, le
chevalier de Pagès se disposa à poursuivre son voyage vers
Acapulco. Abandonné par son guide, qui le quitta en lui dérobant
un cheval, il fut obligé de se remettre seul en route. Il ne lui
arriva d'abord rien de remarquable. Quand il ne se trouva plus
qu'à douze lieues d'Acapulco, il prit un nouveau guide, afin de
continuer à marcher durant la nuit et d'arriver le lendemain au
but immédiat qu'il s'était proposé. Mais à peine avait-il fait six
lieues que l'Indien qui s'était chargé de le conduire se prétendit
fort fatigué et lui demanda quelque relâche. M. de Pagès y consentit ; et, pour ne pas perdre un temps précieux, il poursuivit
sa marche, car il savait qu'on avait vu passer depuis deux jours
le courrier qui apportait les dernières instructions du vice-roi
pour le départ du galion. Ce n'était donc pas sans de bien vives
craintes qu'il s'avançait au terme de son voyage, à travers un
chemin difficile et par une nuit extrêmement obscure. Aussi,
quelles actions de grâces ne rendit-il pas au ciel, lorsque, parvenu à une heure du matin au sommet d'une montagne, il entendit le bruit des flots se brisant contre le rivage, et que, bientôt
après, il aperçut la mer et le vaisseau après lequel il soupirait
depuis si longtemps. Enfin, vers les six heures, ayant parcouru

huit cents lieues environ depuis son départ de la Nouvelle-Orléans,
il arriva au port d'Acapulco. C'est une mauvaise bourgade, presqu'entièrement peuplée de nègres, mais dont la rade est belle,
sûre et vaste. Pendant le séjour qu'y fit M. de Pagès, il y ressentit
trois secousses de tremblement de terre, dont la première fut
la plus considérable.

Ce fut le 2 avril 1768 que, s'étant embarqué sur le galion, il
partit pour Manille. Il est difficile d'exprimer la confusion qui
régnait dans ce navire. Il n'était que de cinq cents tonneaux et
portait, outre son équipage, une multitude de passagers appartenant à toutes les classes de la société. Les commis et les officiers
du vaisseau, qui s'y trouvent aussi en fort grand nombre, ne sont
point marins, ils achètent leur place à chaque traversée, pour en
retirer les appointements, qui sont fort considérables, et pour
faire un grand commerce ; les seuls pilotes, qui ont le grade
d'officiers-majors, entendent la navigation. Le chevalier de Pagès
s'arrangea pour manger avec un d'entre eux ; il n'avait pas eu le
temps de s'approvisionner à Acapulco, et dans le galion, chacun
embarque ses vivres et mange à part. De là naît une confusion
étonnante qu'augmente encore le nombre des serviteurs, beaucoup plus grand que celui des maîtres.

Après soixante-huit jours de navigation, on découvrit les montagnes qui sont à l'est-nord-est de l'île de Guam, la seule des
Mariannes qui soit fréquentée par les Espagnols. Le galion y conduisait un nouveau gouverneur et mouilla, le 10 juin, dans la
partie méridionale de cette île. Quand on eut fait de l'eau, pris
des rafraîchissements, laissé à terre le nouveau gouverneur, et
embarqué celui qui l'avait précédé, on remit à la voile. A des cal-
mes qui augmentèrent du 20 au 25 juin, succédèrent des vents
violents et de fréquents orages ; ce qui força d'hiverner dans l'île
de Samar, où l'on relâcha le premier août, au mouillage de Palapa, près du cap du *Spiritu-Santo*. Le galion fut aussitôt entouré
par quantité de bateaux du pays et par plusieurs petits vaisseaux
nommés *champans*, qui apportaient des rafraîchissements et des
vivres. Les passagers les dévorèrent, car ils n'avaient tous eu,
depuis le premier coup de vent, que huit onces de biscuit par
jour, et de l'eau de pluie gâtée par l'eau de la mer, lorsque la
lame rompait le bord. Dès le mouillage, le chevalier de Pagès
tenta de se rendre à Manille par terre, car la pointe ouest de l'île
de Samar n'est éloignée de la pointe orientale de l'île de Luçon

que par un passage de cinq à six lieues. Notre voyageur descendit
donc dans une pirogue dont les Indiens avaient consenti à le
recevoir, et il vogua à l'ouest pour joindre la pointe d'une île qu'il
voyait devant lui. Bientôt s'éleva un orage qui finit par une pluie
si abondante qu'elle remplit la pirogue. On fut obligé de vider
l'eau. En peu de temps, on relâcha à la pointe vers laquelle on
tendait. L'on y trouva quantité d'autres pirogues et une multitude
d'Indiens. Les uns s'étaient dépouillés de leur chemise pour ne
pas la mouiller, et avaient roulé leurs larges culottes jusqu'à la
ceinture, où elles étaient repliées. Les autres étaient vêtus d'une
espèce de corset commençant sous les bras et finissant à mi-
cuisses; un grand rochet leur couvrait les bras et les épaules; le
tout était formé par plusieurs couches de cette toile brune et rude
que la nature ourdit des fibres du cocotier et qui se trouve attachée au corps et entre les branches de l'arbre. Ils avaient la tête
couverte d'une espèce de plateau un peu convexe et fait de
feuilles de nipe, arrangées par la racine autour d'un cerceau de
trois pieds de diamètre; ces feuilles venaient se joindre au centre
par leur pointe; une bande de peau de routan, attachée en rond
au-dessous de ce plateau, faisait la forme de cette espèce de
chapeau. Ces Indiens étaient armés d'un couteau de chasse à
lame serpentée, nommé *cris* ou *campilan*; ils portaient au bras
un long bouclier de bois pouvant garantir tout le corps. Ils faisaient derrière ce bouclier cent contorsions différentes, en feignant de combattre et d'éviter des blessures. Au milieu du fracas
produit par l'orage, ils paraissaient transportés d'une joie qui
n'était pas sans inspirer quelque épouvante. Ce sentiment était
encore fortifié chez M. de Pagès par tout ce qu'on lui avait dit sur
leurs liaisons avec les Mahométans et avec les sauvages du fond
des terres. Bientôt, il en vit venir d'autres mieux vêtus qui lui
offrirent du riz. Il accepta leur invitation, et quand l'orage eut
cessé, il se rembarqua. Ce ne fut pas sans risquer tantôt d'être
emporté dans la haute mer et d'y périr, tantôt d'échouer contre
les écueils qui bordent la côte, qu'il arriva à un village nommé
Lawan. Les maisons qui le composent sont éparses dans un bois;
leur forme est carrée, et elles sont construites en bambous placés
de manière à produire un grillage, ou seulement en long, mais à
jour. La façon dont elles sont perchées sur des piliers de bambous et leurs vacillations au moindre mouvement de ceux qui les
habitent, leur donnent l'air de véritables cages. Dans ce lieu, le

chevalier de Pagès reçut l'hospitalité chez le curé, qui était jé-
suite; il se rembarqua au coucher du soleil, fit douze lieues durant la nuit, et, au point du jour, il arriva à Catarman. Là, il
apprit que dans la même nuit, presque à la même heure, et aux
mêmes écueils où il était passé, les corsaires mahométans avaient
pillé trois pirogues et fait esclaves ceux qui s'y étaient trouvés.
On lui dit encore que les Indiens qui l'avaient conduit étaient de
l'île de Capul, qui n'avait aucune communication avec les Européens et qui servait d'asile aux Mahométans.

Pour se rendre de Catarman à Luçon, notre voyageur n'avait
plus à faire que huit ou dix lieues; mais, à cause des corsaires
de Mindano, Holo, Bornéo, Paragoa, personne n'osa le passer au
détroit de San-Bernardino, qui était leur principale croisière.
Outre cela, on exagérait beaucoup la longueur de la route de
San-Bernardino à Manille; on la disait de cent cinquante lieues,
par des chemins impraticables dans cette saison. Fortifiées par
l'apparition soudaine des corsaires, qu'en frappant sur des
tam-tam les gardes annonçaient du haut des collines et des
caps, toutes ces objections décidèrent M. de Pagès à retourner à
Palapa. Il y étudia les mœurs et les usages des habitants de Samar,
et examina tout ce qui a rapport à l'histoire naturelle de cette
île. Ce soin l'occupa jusqu'au départ du galion, sur lequel il se
rembarqua et fit voile, le 7 octobre, pour Manille. Comme la baie
de cette ville n'avait pas assez d'eau pour le navire, on mouilla au
port de Cavite, qui n'en est qu'à deux lieues. Le chevalier de Pagès
se rendit à Manille, où il se logea chez des Indiens. Leurs maisons,
comme celles des habitants de Samar, étaient construites en bambous. Celles des Espagnols étaient en pierres et fort belles. Au lieu
de vitres, on se sert d'une sorte de coquillage transparent comme
la nacre et donnant assez de clarté. Les Indiens de Luçon, ainsi
que ceux de Samar, sont détournés du travail par leur penchant
à la bienfaisance. Ils gardent chez eux, pendant trois ou quatre
mois, les gens de leur nation appartenant à des villages éloignés.
Quelqu'un de leurs parents est-il malheureux, ils prennent chez
eux tous ses enfants. D'ailleurs les personnes issues d'une même
lignée se séparent peu, et l'on voit souvent dans la même maison
quatre ou cinq branches de la même famille, dont tous les membres vivent en bonne intelligence, mangent au même plat, et
couchent dans la même chambre, sur des nattes étendues à terre.
Ces peuples trafiquent avec ceux de la Chine, auxquels des traités

de commerce les lient depuis les temps les plus reculés. Les habitants de Luçon font différents beaux ouvrages en or et en une espèce de tombac d'un tiers plus précieux que ce métal. Les chaînes d'or que leurs femmes travaillent égalent tout ce qu'on fabrique ailleurs de plus beau dans ce genre.

Le chevalier de Pagès avait espéré que les Dominicains, qui fournissaient les missions de la Chine, l'y introduiraient avec eux et lui faciliteraient les moyens de traverser cet empire jusqu'à la Tartarie. Cette voie était la seule qui lui présentât quelque chance de succès ; mais elle lui fut interdite par le peu de bonne volonté qu'y mirent ces missionnaires. Il se décida donc à continuer son voyage par l'Inde, et après avoir séjourné six mois à Luçon, il s'embarqua pour Batavia sur une goëlette espagnole, le 7 mars 1769, et il mouilla le 15 avril dans la rade de cette ville. Cette rade est formée du côté de la terre par deux sinuosités que laissent deux pointes avancées, et du côté du large par plusieurs îles que les Hollandais occupent pour leurs arsenaux, leurs magasins et autres ateliers. Batavia est à une demi-lieue du bord de la mer, au haut d'un beau canal bien entretenu, où des bâtiments de quatre cents tonneaux peuvent entrer. Le chevalier de Pagès admira les rues de cette ville, qui forment autant de petites promenades. Elles sont bordées de maisons presque régulières, dont le bas des murs est plaqué en briques différemment peintes ou faïencées. Il règne le long de chaque maison une espèce de terrasse élevée de deux ou trois marches sur le niveau de la rue ; elle est séparée des terrasses voisines par des bancs, et elle est couverte de tentes pour la commodité de la promenade de chaque propriétaire. Au bas est un espace égal de six à sept pieds, pavé en larges carreaux et servant aux piétons ; on trouve ensuite un sol de gravier uni, fin et sablé, pour le passage des voitures, et enfin une allée d'arbres touffus, toujours verts et taillés en éventail, qui régnent le long d'un canal de quinze toises de largeur ; le dessous de ces arbres est occupé par une petite terrasse, élevée d'un ou deux pieds au-dessous du sol de la rue ; elle est proprement pavée en larges carreaux ; le canal est revêtu de murs avec des escaliers de distance en distance, et la même uniformité se rencontre à l'autre bord du canal.

M. de Pagès visita aussi les faubourgs, qui sont au nombre de trois : le premier est peuplé de Portugais et d'Indiens originairement Malabres ou Bengales ; le second est habité par des Chinois

qui occupent des maisons élégantes et simples, et dont les temples
sont ornés des statues des anciens Chinois dignes de vénération;
le troisième faubourg sert de demeure aux Indiens de ce vaste
archipel et à ceux qui sont venus de la Terre-Ferme de l'Inde; il
est plus vaste, mais moins peuplé que les deux autres, et l'on y
voit des jardins aussi beaux que ceux des Hollandais.

Le conseil de Batavia couronne les rois indiens, et reçoit leurs
ambassadeurs avec beaucoup d'appareil. Notre voyageur en vit
arriver un qui était chargé des affaires du roi de Palimban, dont
la compagnie hollandaise était mécontente. Ce ministre, à son
débarquement, fut reçu par l'introducteur des étrangers, qu'on
nomme chabandar, et qui était venu au-devant de lui en grand
cortége. L'ambassadeur lui remit la lettre de son souverain, qui
fut placée sur un carreau soutenu d'un grand bassin d'argent que
portait un officier. Elle était escortée, de même que l'ambassadeur, par un nombreux détachement. Le canon de l'amiral et la
mousqueterie accompagnèrent de leurs décharges la présentation
de cette lettre, et le cortége se remit en marche pour le château.
Le conseil y était assemblé, et les avenues étaient bordées de
troupes. L'ambassadeur étant arrivé au château, la lettre fut présentée au conseil, qui en entendit le contenu; une décharge de
mousqueterie et du canon de l'amiral précéda et suivit cette lecture. L'ambassadeur se retira ensuite, et le conseil se sépara.

Bombay étant le seul port commode, sûr et fortifié qui soit à la
proximité de la Terre-Ferme de l'Inde, le chevalier de Pagès
s'embarqua pour cette destination, et y parvint non sans avoir
éprouvé des vents contraires et des orages. Il en repartit pour
Surate, où il mouilla le 6 septembre. Dans cette ville, il vit le
château qui y est enclavé, et sur lequel flottaient le drapeau des
Anglais et celui du nabab, souverain de cette contrée. Il assista
à la sortie de ce prince, dont l'escorte était de trois mille soldats,
outre un pareil nombre de gens à pied, à cheval ou en palanquin;
le cortége était fermé par plusieurs chameaux, par quatre élé-
phants richement ornés et par une musique fort bruyante.

Six jours après son arrivée à Surate, le chevalier de Pagès prit
le costume des Marates et partit pour visiter leur pays. En avançant dans ces contrées il fut surpris de voir la familiarité de toutes
sortes d'animaux qui se jouaient devant lui. Les arbres étaient
couverts d'oiseaux, d'écureuils et de singes, qui ne fuyaient point
à son approche : heureux effet de la coutume où sont les habitants

de ne tuer aucun animal. Au bout d'une route de dix lieues, il arriva à Nausary, où, se trouvant fatigué, il loua un bœuf. À Gondivi il fut fort étonné lorsqu'on lui servit son dîner dans un plat de feuilles, qu'il fut obligé d'aller jeter après son repas; on lui donna aussi pour gobelet une feuille qu'il jeta de même; car les Indous, étant divisés par castes, ne peuvent rien toucher de ce qui a servi à des personnes d'une autre caste que la leur. Après avoir passé à Pardy et à Deman, notre voyageur parvint à Danou, village enlevé aux Portugais par les Marates, mais où la religion chrétienne est toujours exercée librement et publiquement. On y célébrait des fêtes à l'occasion de quelques mariages, et les brames de la plus haute classe, que la curiosité attirait soit à la porte de l'église, soit aux divertissements, s'y tenaient avec la plus grande décence. Les pagodes attirèrent les regards de M. de Pagès; il y vit des statues grotesques regardées comme des emblèmes de la divinité, et des idoles qui sont en vénération, parce qu'elles rappellent quelque bienfait reçu de Dieu.

Le 12 novembre, il se remit en route, traversa Trapor, Mahim, et séjourna à Agassein. Il visita les environs de cette ville, qui, outre un grand nombre de productions, fournissent des palmiers sauvages dont la sève donne une boisson assez bonne, avec laquelle on fabrique de l'eau-de-vie. On boit de l'eau de citerne; néanmoins il est des personnes charitables qui ont fait creuser des puits, pour l'entretien desquels elles ont aussi établi des fonds. Les maisons de campagne sont construites en bambous, enduites de limon et recouvertes en feuilles de palmiers. Les maisons de ville ont trois étages; chaque étage est composé de trois gradins en amphithéâtre, sur le plus haut desquels on trouve des deux côtés deux petits cabinets où l'on renferme ce qu'on a de plus précieux. Au milieu de ce dernier gradin est un grand espace où sont étendus des tapis qui servent à recevoir la compagnie. Sur le premier gradin est ordinairement un bassin d'une assez grande dimension. La face du bâtiment est ouverte et soutenue en-dedans par des colonnes; au-dehors, une galerie entoure le mur qui ferme les trois autres côtés; les bassins sont remplis par des puits à roue, qui s'élèvent depuis le rez-de-chaussée jusqu'au premier étage. Le pavé de ces maisons est composé de pierres molles, pilées et liées avec du plâtre, de l'huile et des blancs d'œufs. Ce pavé, bien battu, est tellement uni qu'il ne forme qu'une même pierre d'un vernis très luisant; le haut de la maison est en terrasse et pavé comme le reste des appartements.

Le 6 décembre, le chevalier de Pagès se rendit à Bassein, et de là à l'île de Saleet, qui a huit lieues de longueur. Durant son séjour dans l'Inde, il suivit exactement la manière de vivre des brames : il habitait à la campagne; du riz, des fruits et des herbages qu'il cueillait dans son jardin et qu'il apprêtait lui-même, composaient toute sa nourriture; deux pièces de coton formaient son vêtement journalier : il en portait une sur les épaules et l'autre à la ceinture; il avait laissé croître sa barbe et marchait la tête et les pieds nus; son vêtement de cérémonie était une longue robe blanche composée d'un corset cousu à un jupon, le tout ouvert par-devant, croisé par son ampleur et plissé à la ceinture; un turban et des souliers à la mauresque complétaient son costume; il passait son temps à lire, à se promener, ou à travailler dans son jardin; quelques chèvres et quelques volailles qu'il avait achetées contribuaient à son amusement; enfin, il dormait sur des nattes dont la fraîcheur lui procurait un doux sommeil.

Le 19 mars 1770, il fut de retour à Surate. Cette ville est riche et commerçante; l'aisance des habitants s'annonce par la multitude des palanquins et des carrosses, et par le nombre des domestiques et des cipayes; car tout particulier a le droit de soudoyer des gens armés. Les cabriolets maures y sont aussi communs, aussi commodes, aussi lestes que dans nos capitales; ils sont traînés par des bœufs accoutumés à aller au galop; les bambous, qui composent le timon et le train de cette espèce de voiture, suppléent, par leur élasticité, à nos soupentes.

On peut juger de l'opulence des commerçants de Surate par celle de l'armateur propriétaire du vaisseau sur lequel s'embarqua M. de Pagès. Quoique son commerce fût diminué de moitié, cet armateur possédait dix gros vaisseaux armés en guerre, et il les donnait à fret à des Anglais; il avait des esclaves tant pour facteurs dans ses différents comptoirs, que pour subrécargues, capitaines et officiers de détail des vaisseaux où il chargeait pour son compte; il arborait sur ses navires son pavillon particulier; il avait à Bassora une factorerie également avec son pavillon, et possédait en toute souveraineté une île considérable sur l'Euphrate. Son commerce s'étendait dans toute l'Inde, depuis la Chine jusqu'à Bassora. Sa maison avait au moins cent esclaves supérieurs, qui en avaient d'autres à eux. Lorsqu'il sortait en cérémonie, il était sur un éléphant, environné de ses parents à cheval ou en palanquin, et escorté de nombreux domestiques; deux cents cipayes le précédaient, et une bruyante musique terminait sa marche.

Le navire sur lequel devait monter M. de Pagès étant prêt à mettre à la voile, il se rendit à bord, et partit pour Bassora le 20 avril 1770. Après treize jours de navigation, on toucha à Masurte, ville mal bâtie, dominée par des montagnes qui l'entourent du côté de la terre et qui ne la laissent communiquer avec le reste de l'Arabie que par une gorge très étroite dont le sol est rocailleux, escarpé, en sorte que cent hommes pourraient y arrêter une armée entière. Après avoir appareillé pour le détroit d'Ormuz, on louvoya huit jours, afin de dépasser les îles d'Ormuz et de Mamouth. On entra ensuite dans le golfe Persique, où régnaient alors les vents du nord-ouest, ce qui en rendait le passage fort dangereux; enfin on relâcha à Bender-Aboucheir, puis à l'île de Careith, où l'on fit de l'eau; après quoi, l'on se dirigea vers l'embouchure de l'Euphrate. L'ignorance des pilotes fit qu'on n'y arriva qu'avec beaucoup de peines, après avoir passé sur divers bancs et avoir même échoué deux fois. Quand on eut remonté ce fleuve dans un espace de quarante lieues, on mouilla devant Bassora. Ayant pris les renseignements les plus circonstanciés sur les productions, les habitants et le commerce de cette ville, le chevalier de Pagès profita d'une caravane de Bédouins, qui allait vendre de jeunes chameaux à Alep. Lorsqu'il eut appris ce que lui coûterait le loyer d'un chameau pour lui, le port de ses effets et de son eau, et le service d'un Arabe qui devait lui apprêter à manger, il courut chercher ses effets qu'il avait laissés à bord, il s'habilla à la turque, remercia le consul de France qui avait traité pour lui avec les Bédouins, et, dans la compagnie de huit de ces Arabes, il monta pour la première fois de sa vie sur un chameau. Vers le soir, il joignit la caravane, avec laquelle il se mit en route le lendemain. Au bout de sept jours de marche, il découvrit un camp d'Arabes, et reçut un mouchoir pour mettre sur sa tête, et une abe, espèce de sac de laine qui, par la manière dont il est tissu, n'est pas moins impénétrable à la pluie qu'aux rayons du soleil. A l'approche de la caravane, les Arabes campés firent sortir plusieurs de leurs guerriers, qui, la lance à la main, coururent sur les voyageurs : ceux-ci, sautant alors à bas de leurs chameaux, allèrent au-devant d'eux. Les deux partis s'entremêlèrent, en feignant de combattre et en poussant de grands cris. Ensuite, une partie de la caravane fut introduite dans le camp, et tout rentra dans la plus profonde tranquillité. M. de Pagès se dirigea aussi vers ce camp. Lorsqu'il en fut à quarante pas, il rencontra un Arabe qui le salua poliment, le conduisit dans sa tente, et, pour lui faire honneur, lui donna la place du fond. Cet Arabe était forgeron, il avait un petit fourneau qu'il chauffait avec du charbon fait avec des racines que fournissent les ronces du désert; quatre peaux, en forme de vessie, que des enfants soufflaient, lui servaient à allumer son feu. Sa tente, comme toutes les autres, était partagée dans sa longueur; une moitié était occupée par les hommes, l'autre par les femmes, qui travaillaient de la laine. Notre voyageur alla ensuite visiter les puits autour desquels les tentes sont dressées, et qui ne sont que des trous faits en terre sans revêtement; l'eau n'est qu'à six pieds de profondeur. Il jeta encore un coup d'œil sur le reste des tentes, et il s'aperçu. qu'elles étaient toutes ouvertes du côté opposé au vent qui, six mois, souffle du même côté. Quoique les étrangers soient fort rares dans cette contrée, qui est au milieu du désert, ni les hommes ni les enfants ne montraient la moindre curiosité à la vue de l'étranger qui venait observer leurs demeures.

Cependant, après avoir fait de l'eau, la caravane se remit en marche. Quatre jours après elle arriva à un lac d'une puanteur insupportable, mais où il fallut cependant s'approvisionner. Non loin de là, sur une butte formée de main d'homme et haute d'environ vingt pieds, s'élevait un château à trois tours. Du haut des murailles de cette forteresse abandonnée, le chevalier de Pagès sentit encore les restes d'un vent lourd et échauffé par la réverbération du sable; il vit le soleil se coucher pâle et rougeâtre; il contempla l'aspect grisâtre, uniforme, que lui offrait le désert, et que ne pouvaient égayer ni des herbes de quatre pouces ni des ronces d'un pied et demi. Le jour suivant, on se remit en chemin. Après cinq jours de marche, on aperçut, vers le soir, douze Arabes avec leurs chameaux; le chef de la caravane les fit poursuivre à coups de fusils, et ils s'enfuirent en abandonnant du linge, des outres et des massues. Le lendemain, à midi, l'on vit venir un cavalier avec lequel on parlementa et qui se retira au bout d'un quart d'heure. Les compagnons de notre voyageur préparèrent alors leurs armes et poursuivirent leur route. Bientôt après arrivèrent cinq cents hommes, tant cavalerie qu'infanterie.

La caravane n'en avait que cent cinquante à leur opposer. Cependant, le chef qui la commandait fit accroupir les chameaux réunis et serrés les uns contre les autres ; à deux cents pas en avant, il plaça les fusiliers, et posta les lanciers à vingt pas d'un pavillon bleu, orné de caractères blancs, qu'il avait arboré au coin de la caravane du côté de l'ennemi, et que soutenait le reste des Arabes armés de sabres et de massues. Après ces dispositions, il attendit de pied ferme ses adversaires. Ceux-ci fondirent sur ses troupes en tirant des coups de fusil, et rétrogradèrent quand ils furent attaqués ; ils continuèrent cette manœuvre jusqu'à la nuit, et la passèrent sans renouveler leurs hostilités. La caravane l'employa à poster des troupes, à pousser des reconnaissances, et à se réjouir. Dans la journée du lendemain, on négocia beaucoup plus qu'on ne combattit. La nuit étant survenue, on disposa tout pour une prompte fuite. Le conducteur de M. de Pagès lui fit abandonner ses provisions les plus embarrassantes, répartit les autres sur divers dromadaires, l'avertit de se bien tenir sur le sien, et lui annonça qu'on allait se mettre en route. A quatre heures du matin, notre voyageur fut invité à monter sur son dromadaire, et la caravane partit aussitôt comme un éclair en revenant sur ses pas. Qui pourrait cependant exprimer les souffrances qu'éprouva M. de Pagès durant cette fuite précipitée ? Perché sur sa monture comme sur une table, les mouvements qu'elle lui donnait étaient d'une insupportable violence, et répondaient jusqu'à ses poumons. Ses deux mains lui servaient d'arcsboutants en avant et en arrière ; mais le froissement les avait déchirées, et ses nerfs n'avaient plus de ressort ; vingt fois il fut au moment de lâcher prise. Enfin, six Arabes avec lesquels il était parti de Bassora l'entraînèrent loin de la caravane, lui firent contourner au large l'espace qu'il venait de quitter, et le remirent dans sa route. Bientôt son dromadaire broncha, renversa sa charge, et le jeta assez loin. Un Arabe, qui était près de lui, faisant accroupir sa monture, le reçut en croupe derrière lui. Notre voyageur perdit en cette circonstance une partie de ses effets et tous ses vivres. Il voulut récompenser l'Arabe qui, en le prenant sur son dromadaire, s'était exposé à périr pour conserver sa vie ; mais ce ne fut qu'avec la plus grande peine qu'il réussit à lui faire agréer quatre piastres, seule somme dont il pût disposer. Cet Arabe et les cinq autres, prenant sur les vivres dont ils s'étaient munis, le nourrirent avec des gâteaux d'orge, cuits sous la cendre ou sous le sable réchauffé, et broyés ensuite avec des dattes et du beurre fait avec le lait de la femelle du chameau ; et la portion qu'ils donnaient au voyageur français était toujours plus forte que la leur. Cependant, ce malheureux voyageur était rendu de fatigues et de souffrances ; il était couvert de plaies aux endroits qui lui servaient à s'accrocher sur le bât de sa monture ; et, comme les secousses rejetaient ce bât, le cavalier demeurait souvent sur la bosse du dromadaire. Aussi, cet infortuné cavalier ne pouvait-il plus faire usage de ses nerfs ; ses mains s'agitaient comme les touches d'un clavecin ; il avait perdu l'appétit indispensable au rétablissement de ses forces, et la célérité de son voyage l'empêchait de se livrer au sommeil. Enfin, après un long trajet au milieu du désert, où il faillit mille fois tomber entre les mains de hordes ennemies, il parvint à des montagnes qu'il franchit, puis à un pays bien cultivé, et enfin à Damas, où il fut parfaitement reçu par les Jésuites, qui l'y logèrent durant cinq jours.

Le 9 du mois d'août, il poursuivit sa route pour se rendre à Baruth, sur les bords de la Méditerranée, et il y parvint après avoir traversé le fertile vallon de Béca, les montagnes du pays des Druses, et une plaine fort bien cultivée. Quand il se fut reposé, à Baruth, chez les Capucins, il en repartit pour aller visiter le Quesrouan, et il ne tarda point à arriver à Jelton. Il s'y arrêta chez un cheick, ou seigneur, issu de la famille qui gouverne le Quesrouan. Il y fut accueilli fort amicalement par ce prince, à qui les Jésuites l'avaient recommandé. Il passa tout le temps de son séjour dans ce canton chez différents cheicks, qui lui donnaient des collations, et dans leurs assemblées qui se tenaient sous des arbres ; là on s'occupait d'une conversation amusante, à laquelle succédaient une lecture pieuse et la récitation des prières. Toutes les autres parties du Quesrouan eurent aussi part aux excursions du chevalier de Pagès. De Jelton il se rendit au Masra, village près duquel il admira les ruines d'un ancien édifice, qui, d'après l'inscription grecque placée à l'un de ses angles, paraît avoir été construit trois cent douze ans avant l'ère vulgaire ; en s'en retournant, il prit une autre route et passa sur une arche naturelle, large de quarante pas, longue de quatre-vingts et élevée d'environ cent pieds au-dessus d'un torrent dont elle facilite le passage. A Agousta, il visita le patriarche d'Antioche, dont il fut reçu très poliment, et il revint ensuite à Baruth, après dix jours d'absence. De là, il passa à Seyde, où il espérait s'embarquer sur un navire français. Trompé dans son attente, il céda aux sollicitations du consul français de cette Échelle, et accorda quelque temps aux soins qu'exigeait sa santé, délabrée par tant de courses et de fatigues.

Dans quelque contrée lointaine que l'ait poussé son avide désir de s'instruire, il a toujours su contribuer à l'avancement des connaissances humaines; et sa constante persévérance à tout rechercher, son inépuisable ardeur de tout connaître, son infatigable attention à tout observer, soumises à de si longues et si rudes épreuves, rendront sans cesse le nom du chevalier de Pagés cher à tous ceux qu'intéressent et les progrès de la science et la réputation de notre marine.

FIN.

TABLE.

—

FIN DE LA TABLE.

9 782329 234212